DIE WORTE DER SIEBEN WEISEN

TEXTE ZUR FORSCHUNG

Band 89

DIE WORTE DER SIEBEN WEISEN

Herausgegeben, übersetzt und kommentiert
von
JOCHEN ALTHOFF und DIETER ZELLER

Mit Beiträgen von
Markus Asper, Dieter Zeller und Lothar Spahlinger

Einbandgestaltung: Neil McBeath, Stuttgart.

Die Deutsche Bibliothek verzeichnet diese Publikation
in der Deutschen Nationalbibliografie;
detaillierte bibliografische Daten sind im Internet über
http://dnb.ddb.de abrufbar.

Die Herausgabe des Werkes wurde durch
die Vereinsmitglieder der WBG ermöglicht.
Gedruckt auf säurefreiem und alterungsbeständigem Papier
Printed in Germany

ISBN-13: 978-3-534-19505-3
ISBN-10: 3-534-19505-1

Inhaltsverzeichnis

Vorwort

Dieses Bändchen möchte die antiken Zeugnisse für die Worte der Sieben Weisen zugänglich machen. Es interessiert sich nicht so sehr für die Einzelpersönlichkeiten dieses Gremiums, die ohnehin im Dunkel der Geschichte ohne scharfe Konturen bleiben und als Traditionsgaranten oft auswechselbar erscheinen. Im Mittelpunkt stehen vielmehr die Textcorpora, die in ihrem Namen überliefert werden, soweit sie Spruchcharakter haben. Andere Gattungen (Anekdoten, Aussprüche mit erzählerischer Einbettung, Symposien, Briefe) sollen nur am Rande eine Rolle spielen; sie sind z.T. in der Sammlung von SNELL 1971 nachzulesen. Er bringt von den Sprüchen nur die den Sieben zugeschriebenen Einzelworte und einen Auszug aus Demetrios von Phaleron, während ihm das Übrige zu trivial erscheint. Aber gerade weil die Worte einen weit verbreiteten ethischen Standard erkennen lassen, sollten sie einmal in ihren verschiedenen alten Überlieferungsformen zusammengestellt werden. Eine solche repräsentative Sammlung der griechischen Texte mit deutscher Übersetzung fehlt bisher. TZIATZI-PAPAGIANNI 1994 hat zwar inzwischen die Worte in ihrem vollen Umfang ediert, aber nicht in ihren antiken Quellen, sondern indem sie zwei bzw. drei byzantinische Redaktionen rekonstruierte. Eine deutsche Übersetzung wird nicht geboten, und auch eine inhaltliche Erschließung konnte nicht mehr geleistet werden. Dazu sind freilich die zahlreichen Angaben zu Parallelen sehr hilfreich.

Während ältere Arbeiten zur Ethik der Griechen – z.B. SCHMIDT 1882 – unsere Worte berücksichtigen, basieren neuere Forschungen zur „Greek Popular Morality" (PEARSON 1962, DOVER 1974, DEN BOER 1979) auf anderen Quellen. Unter den Klassischen Philologen und Historikern hat aber jüngst wieder E. A. JUDGE 1998, 473-476 auf unsere Texte aufmerksam gemacht. Und in den letzten Jahrzehnten greifen immer wieder Neutestamentler auf sie zurück, sei es um frühjüdische Weisheitsdichtung (konkret: Pseudo-Phokylides – so KÜCHLER 1979, III 5) oder die neutestamentlichen Verhaltensnormen überhaupt (so BERGER 1984, 1049-1074) in den Rahmen griechischer Gnomologien zu stellen. Besonders Formen und Inhalte der Briefparänese lassen sich im Vergleich mit den Worten der Sieben Weisen erhellen (ZELLER 1993). Eine Ausgabe, die zugleich wissenschaftlichen Ansprüchen gerecht wird und dem Nicht-Fachmann verständlich ist, ist also an der Zeit. Dabei müssen die literarischen Zeugnisse durch archäologische Funde ergänzt werden. Sie sind z.T neueren Datums und konnten deshalb in früheren Anthologien nicht verwertet werden.

Der vorliegende Band ist ein Gemeinschaftswerk. Das bringt als Vorteil gegenseitige Hinweise und Korrektur; das bringt aber auch manche Meinungsverschiedenheiten mit sich, die stehen bleiben müssen. Im ersten Beitrag stellen die Herausgeber die griechischen Texte mit Übersetzung vor und versuchen, sie in eine Überlieferungsgeschichte einzuordnen. Dabei ist J. ALTHOFF als klassischer Philologe besonders für die Textdarbietung, die Übersetzung und philosophiegeschichtliche Anmerkungen verantwortlich. Der literatursoziologische Essay von M. ASPER beschäftigt sich sodann mit den Sieben Weisen als fiktiver Institution von der archaischen über die hellenistische Zeit bis in die der römischen Kaiser und untersucht die Funktion ihrer Sprüche für die Gesellschaft. Der Aufsatz von D. ZELLER fasst die Worte der Sieben Weisen als Zeugnis volkstümlicher griechischer Ethik. Dazu wird das disparate Material erst einmal nach thematischen Gesichtspunkten gegliedert; außerdem werden Varianten in der weiteren mit den Sieben Weisen verknüpften Überlieferung und Sachparallelen aus Literatur vergleichbaren Niveaus herangezogen, die ähnliche Verhaltensmaßregeln geben. In seinem literaturwissenschaftlichen Beitrag bietet L. SPAHLINGER schließlich mit Ausonius, *Ludus septem sapientium* ein Beispiel für die Rezeption der Sprüche in der lateinischen Spätantike.

Bei der Herstellung der Druckvorlage war uns Herr Johannes BREUER, MA, eine unschätzbare Hilfe; Herr Stephan ZIERLEIN, MA, las das Ms. sorgfältig durch. Beiden Mitarbeitern sagen wir herzlichen Dank.

Mainz, im Juni 2006 *Die Herausgeber*

I.

Antike Textzeugnisse und Überlieferungsgeschichte

I. Antike Textzeugnisse und Überlieferungsgeschichte

von Jochen Althoff und Dieter Zeller

Wer sich einen Überblick über die Überlieferung der Sieben Weisen verschaffen möchte, mag zunächst in das einschlägige Standardwerk schauen, die Fragmentsammlung der vorsokratischen Philosophen, die HERMANN DIELS und WALTHER KRANZ herausgegeben haben. Hier gibt es tatsächlich unter Nr. 10 einen Eintrag: „Die Sieben Weisen".[1] Der Einstieg ist allerdings nicht sehr ermutigend. Denn Diels beginnt mit einem Auszug aus Diogenes Laertios I 40ff, in dem der Philosophenbiograph (um 220 n. Chr.) Nachrichten über Charakter und Zahl der Sieben Weisen referiert (Testimonium A 1). Aus diesen Referaten wird hauptsächlich erkennbar, dass hinsichtlich ihrer Biographie und ihrer Äußerungen nahezu alles umstritten ist. Ja, es ist bereits unklar, ob sie als Philosophen bzw. „nach Weisheit Strebende" (φιλόσοφοι), Dichter (ποιηταί) oder „Weise" (σοφοί) zu gelten haben, als „Einsichtige" (συνετοί) oder „Gesetzgeber" (νομοθετικοί). Es wird zwar von einem Treffen der Sieben Weisen berichtet, aber wo dies stattfand und wer daran teilnahm, steht nicht fest. Dasselbe gilt für die Zuordnung einzelner Sprüche zu diesen Sieben Weisen, ihre Anzahl und die Namen, die zu ihnen gerechnet werden.

1. Die delphischen Urworte und ihr Nachklang auf Thera

Schon weiter zurück zu den Anfängen führt das zweite Testimonium (A 2) bei DIELS/KRANZ. Hier werden zwei Platonstellen zitiert:

[1] Es ist in diesem Zusammenhang nicht ganz uninteressant, wenn HORNA 1935, 85f darauf hinweist, dass Diels sich in Anlehnung an Arbeiten Wachsmuths in einem frühen Aufsatz (Zur Literatur der griechischen Florilegien, Jb. f. Philol. 105 [1872] 189ff) mit den griechischen Florilegien befasst hat. Von daher gelangte er an die ps.-plutarchischen *Placita*, die das Fundament der *Doxographi Graeci*, und damit auch der Fragmente der Vorsokratiker bilden.

Protagoras 343A 1 – B 3:

Im Zusammenhang rühmt Sokrates nicht ohne Ironie die Weisen der Spartaner, die kurz und bündig – eben „lakonisch“ – bemerkenswerte Aussprüche von sich geben. Ihnen stellt er nun unsere Gruppe von Sieben Weisen zur Seite:

> τούτων ἦν καὶ Θαλῆς ὁ Μιλήσιος καὶ Πιττακὸς ὁ Μυτιληναῖος καὶ Βίας ὁ Πριηνεὺς καὶ Σόλων ὁ ἡμέτερος καὶ Κλεόβουλος ὁ Λίνδιος καὶ Μύσων ὁ Χηνεύς, καὶ ἕβδομος ἐν τούτοις ἐλέγετο Λακεδαιμόνιος Χίλων. οὗτοι πάντες ζηλωταὶ καὶ ἐρασταὶ καὶ μαθηταὶ ἦσαν τῆς Λακεδαιμονίων παιδείας, καὶ καταμάθοι ἄν τις αὐτῶν τὴν σοφίαν τοιαύτην οὖσαν, ῥήματα βραχέα ἀξιομνημόνευτα ἑκάστῳ εἰρημένα· οὗτοι καὶ κοινῇ συνελθόντες ἀπαρχὴν τῆς σοφίας ἀνέθεσαν τῷ Ἀπόλλωνι εἰς τὸν νεὼν τὸν ἐν Δελφοῖς, γράψαντες ταῦτα ἃ δὴ πάντες ὑμνοῦσιν, ‚Γνῶθι σαυτόν‘ καὶ ‚Μηδὲν ἄγαν‘.

Danach wird jedem der Sieben Weisen ein kurzer markanter Ausspruch zugeschrieben (s.u. 3). Als ein solch separat umlaufendes Wort des Pittakos nennt Sokrates gleich (343B): „Es ist schwierig, edel zu sein“. Daneben[2] gelten zwei bekannte Inschriften am Tempel von Delphi als kollektive Weihung der Sieben.

Charmides 164D 3 – 165A 7:

In diesem Dialog geht es eigentlich um die Definition der Selbstbeherrschung, der Besonnenheit (σωφροσύνη). Kritias, ein Gesprächspartner des Sokrates, kommt zur Einsicht:

> σχεδὸν γάρ τι ἔγωγε αὐτὸ τοῦτό φημι εἶναι σωφροσύνην, τὸ γιγνώσκειν ἑαυτόν, καὶ συμφέρομαι τῷ ἐν Δελφοῖς ἀναθέντι τὸ τοιοῦτον γράμμα. καὶ γὰρ τοῦτο οὕτω μοι δοκεῖ τὸ γράμμα ἀνακεῖσθαι, ὡς δὴ πρόσρησις οὖσα τοῦ θεοῦ τῶν εἰσιόντων ἀντὶ τοῦ Χαῖρε, ὡς τούτου μὲν οὐκ ὀρθοῦ ὄντος τοῦ προσρήματος, τοῦ χαίρειν, ... καὶ λέγει πρὸς τὸν ἀεὶ εἰσιόντα οὐκ ἄλλο τι ἢ Σωφρόνει, φησίν. αἰνιγματωδέστερον δὲ δή, ὡς μάντις, λέγει· τὸ γὰρ Γνῶθι σαυτόν καὶ τὸ Σωφρόνει ἔστιν μὲν ταὐτόν, ὡς τὰ γράμματά φησιν καὶ ἐγώ, τάχα δ’ ἄν τις οἰηθείη ἄλλο εἶναι, ὃ δή μοι δοκοῦσιν παθεῖν καὶ οἱ τὰ ὕστερον γράμματα ἀναθέντες, τό τε Μηδὲν ἄγαν καὶ τὸ Ἐγγύη πάρα δ’ ἄτη. καὶ γὰρ οὗτοι συμβουλὴν ᾠήθησαν εἶναι τὸ Γνῶθι σαυτόν, ἀλλ’ οὐ τῶν εἰσιόντων [ἕνεκεν] ὑπὸ τοῦ θεοῦ πρόσρησιν· εἶθ’ ἵνα δὴ καὶ σφεῖς μηδὲν ἧττον συμβουλὰς χρησίμους ἀναθεῖεν, ταῦτα γράψαντες ἀνέθεσαν.

[2] Wenn man mit CB εἰρημὲν’ ἅ statt εἰρημένα liest, wären die von den Einzelnen geprägten Worte mit denen in Delphi identisch. Dann müsste man dort aber sieben Sprüche erwarten.

Protagoras 343A 1 – B 3:

„Zu diesen (vollkommen gebildeten Menschen) gehörten auch Thales von Milet, Pittakos von Mytilene, Bias von Priene, unser Solon, Kleobulos von Lindos, Myson von Chen,[3] und als siebter wurde der Spartaner Chilon zu ihnen gezählt. Diese waren alle Nacheiferer, Liebhaber und Schüler der Bildung der Spartaner, und man kann erkennen, dass ihre Weisheit von dieser Art ist: Von jedem wurden kurze, der Erinnerung werte Worte geprägt; diese kamen auch gemeinsam zusammen und weihten dem Apollon in den Tempel von Delphi eine Erstlingsgabe[4] der Weisheit, indem sie das niederschrieben, was alle preisen: ‚*Erkenne dich selbst*' und ‚*Nichts allzusehr*'".

Charmides 164D 3 – 165A 7:

„Denn nahezu möchte ich sagen, dass eben dies σωφροσύνη ist, das ‚Sich Erkennen', und ich stimme mit dem überein, der in Delphi diese Inschrift geweiht hat. Denn zu diesem Zweck scheint mir die Inschrift als Weihung vorzuliegen, dass sie als Anrede des Gottes gegenüber den Eintretenden anstelle des Χαῖρε (Glück auf) dient ... Und er sagt zu dem jeweils Eintretenden nichts anderes als ‚sei besonnen' (so meinte er). Allerdings spricht er in rätselhafterer Form, wie ein Seher; denn das ‚*Erkenne dich selbst*' und das ‚Sei besonnen' ist zwar dasselbe, wie die Inschrift und ich behaupten, aber vielleicht glaubt einer, es sei etwas anderes. Das wenigstens scheint mir auch denen widerfahren zu sein, die die späteren Inschriften geweiht haben, das ‚*Nichts allzusehr*' und das ‚*Bürgschaft, und schon ist Unheil da*'. Denn diese glaubten, das ‚Erkenne dich selbst' sei ein Ratschlag (συμβουλή), und nicht eine Anrede der Eintretenden von dem Gott. So schrieben sie dies als Weihegabe, damit auch sie nicht weniger nützliche Ratschläge weihten."

[3] Seit altersher (Diodor IX 7, Pausanias X 24,1) nimmt man an, Platon habe Myson statt des ihm unsympathischen Tyrannen Periandros von Korinth eingeführt. Anders FEHLING 1985, 22f.44 und B. MANUWALD, Platon, Protagoras (= Platon, Werke, hrsg. v. E. Heitsch/C. W. Müller, Bd. VI 1), Göttingen 1999, 336.

[4] MANUWALD 1999, 338 will ἀπαρχή qualitativ verstehen: „das Beste". SCHLEIERMACHER übersetzt „ein Musterstück". Jedenfalls verrät der Ausdruck ein Wissen darum, dass die Weisen noch mehr produziert haben.

Auch hier erscheinen die Inschriften in Delphi – es wird noch eine dritte über das Unheil von Bürgschaften erwähnt – als Weihegaben; allerdings wurden sie von unbekannten Einzelnen, nicht von den Sieben Weisen, und sukzessive, nicht bei einem einzigen Treffen, gestiftet. Kritias interpretiert die erste, das „Erkenne dich selbst“, als Begrüßung durch Apoll, die freilich als Ratschlag missverstanden worden sei, wie die weiteren als Ratschläge gedachten Inschriften bezeugen. Dies lässt denn doch vermuten, dass die Stifter Weise sein wollten. Die Auffassung im *Charmides* scheint aber eine Vorstufe der Theorie darzustellen, die Platon dann im *Protagoras* entfaltet. Auch im ps.-platonischen Dialog *Hipparch.* 228D ist noch nicht von den Sieben Weisen die Rede,[5] sondern vergleichsweise wird lediglich auf die „weisen Inschriften in Delphi“ wie das „Erkenne dich selbst“ und das „Nichts allzu sehr“ und anderes Derartiges Bezug genommen.

Zum ersten Mal begegnen also in einem frühen Dialog Platons (1. Viertel des 4. Jh.), dem *Protagoras*, die Sieben Weisen als Kollegium. Ob sie als solches schon früher bekannt waren – etwa in den Traditionen von ihrem Wettkampf bzw. ihrem Symposion – braucht uns hier nicht zu beschäftigen.[6] Sie stehen von jeher schon in dem Ruf, kurz gefasste Weisheiten formuliert zu haben. So werden ihnen nun auch zwei Empfehlungen zugeschrieben, die zur Zeit Platons „in aller Munde“ waren. Sie waren in der Vorhalle des delphischen Tempels, den die Alkmeoniden um 500 v. Chr. neu errichteten, gut sichtbar angebracht.[7] Aristoteles, fr. 3 ROSE[3] will sogar wissen, dass das „Erkenne dich selbst“ schon in dem auf das „eherne“ Heiligtum folgenden sagenhaften Steinbau stand, der 548/7 abbrannte. Die Inschriften werden in anderen Quellen z.T. Apollon als Orakel in den Mund gelegt oder einzelnen menschlichen Verfassern, besonders dem Lakedämonier Chilon, zugeteilt. Auch das braucht hier nicht im Einzelnen dokumentiert zu werden; die Tatsache macht nur die platonische Zuschreibung an das Kollektiv der Sieben Weisen als sekundär verdächtig. Daneben lebt eine Tradition weiter, die eines der delphischen Urworte jeweils einem aus der Schar der Sieben zuweist (s.u. 3).

Dass man die drei Worte vom Tempel in Delphi auch andernorts zusammen als Aussprüche der Sieben Weisen überlieferte, könnte eine *Steintafel aus* der südlichsten Kykladeninsel *Thera*[8] belegen, die der Herausgeber auf Grund der Schrift ins 4. Jh. v. Chr. setzt. Er hat sie bei einem runden Gebäude in der Nähe des Ephebengymnasiums abgeschrieben. Sie enthält fünf Zeilen; davon weisen

5 Anders OIKONOMIDES 1987, 68 Anm. 8.

6 Vgl. dazu auch den Beitrag von ASPER S. 88ff.

7 Eine genauere Lokalisierung als die bei Pausanias X 24,1 gegebene ist nicht möglich: Vgl. ST. SCHRÖDER, Plutarchs Schrift De Pythiae Oraculis (BAK 8), Stuttgart 1990, 427-431.

8 Mit Nachzeichnung publiziert bei HILLER VON GAERTRINGEN, Inscriptiones insularum maris Aegaei (IG XII 3), Berlin 1898, Nr. 1020.

Z. 1-4 dieselbe Art von Buchstaben auf, die 5. Zeile eine viel spätere Schrift. In der 1. Zeile ist zwar nur noch der Anfang ΕΓΓ zu lesen, sie ist aber ziemlich sicher zu der uns aus Delphi bekannten Maxime zu ergänzen:

1. 'Εγγύα, πάρα δ' ἄτα	Bürgschaft, schon ist Unheil da.[9]

Denn auch die 3. und die 4. Zeile bieten einen delphischen Spruch:

3. Μηδὲν ἄγαν	Nichts allzusehr.
4. Γνῶθι σεαυτόν	Erkenne dich selbst.

Dieser delphische Grundstock ist allerdings in der 2. Zeile erweitert worden. Leider ist nur noch das anfängliche Σ und ein Aufstrich lesbar. Am wahrscheinlichsten ist immer noch die Ergänzung von BRUNCO 1884, 340:

2. Σπουδαῖα μελέτα	Mühe dich um Rechtschaffenes,

eine Forderung, die Demetrios von Phaleron (s.u. 2.3) von Solon überliefert.[10]

Die 5. Zeile, bei der noch am Anfang ΑΡ()ΣΤΟ, in der Mitte ein Α zu erkennen ist, wird oft zu

5. Ἄριστον τὸ μέτρον	Das Beste ist Maß(halten)

ergänzt, ein Spruch, der im Spitzensatz des Kleobulos bei Demetrios μέτρον ἄριστον ein Pendant hat. Aber VON GÄRTRINGEN macht auf die andere Schriftart aufmerksam und vermutet eher einen kaiserzeitlichen Namen. Nun wäre es denkbar, dass man einen unleserlich gewordenen Satz in der Kaiserzeit nachgezogen hat. Dann müsste man aber in der Mitte M lesen, und nicht mit VON GÄRTRINGEN A. Doch bleiben die Rekonstruktionen unsicher. Plausibel ist nur, dass die Tafel mit Merksprüchen nicht einfach die delphischen Urworte wiedergeben will, sondern, wie die Erweiterungen zeigen, Worte von Weisen. Dafür spricht auch die Schulumgebung.

[9] OIKONOMIDES 1987, 72 möchte aus Platzgründen eher die Imperativform von S 69 (ἐγγύην φεῦγε) annehmen; aber auch das Μηδὲν ἄγαν entspricht nicht ganz diesem Schema.

[10] Allerdings dort mit Artikel. OIKONOMIDES 1987, 72 rekonstruiert als erstes Wort σεαυτὸν und schlägt dann aus der Sammlung des Sosiades (s.u. 4.3) Nr. 8 σεαυτὸν ἴσθι, Nr. 129 σεαυτὸν αἰδοῦ oder Nr. 96 σεαυτὸν εὖ ποίει als Füllsel vor. Ersteres ist unsinnig, denn S 8 entspricht dem schon vorhandenen Γνῶθι σεαυτόν, was Oikonomides allerdings nicht erkennt.

2. Die Sammlungen des Demetrios von Phaleron und des Apollodor

Als Testimonium 3 der Sieben Weisen (Nr. 10) drucken DIELS/KRANZ aus der Anthologie des Johannes Stobaios (aus Stoboi in Makedonien, etwa 5. Jh. nach Chr.) die Partie III 1,172. Dieser Abschnitt ist von Stobaios mit einer Quellenangabe überschrieben: „Des Demetrios von Phaleron (Sammlung) der Aussprüche der Sieben Weisen“ (Δημητρίου Φαληρέως τῶν ἑπτὰ σοφῶν ἀποφθέγματα). Zu dieser Quelle werden wir gleich noch etwas ausführen (2.1).

Das Hauptkennzeichen dieser Sammlung ist, dass die Sprüche jeweils einzelnen Weisen namentlich zugeordnet sind (sie also in sieben Kapitel unterteilt ist). Dabei wird anfangs versucht, sie gleichmäßig zu verteilen, indem für Kleobulos, Solon, Chilon und Thales jeweils 20 Sprüche aufgeführt werden. Bei den letzten drei Weisen gelingt dies nicht mehr, obwohl sich am Ende des Pittakos-Kapitels (V 13) und am Ende des Bias-Kapitels (VI 17) noch eine Gestaltung finden ließe, die das Einhalten dieser Zahl ermöglichen könnte. Dort stehen nämlich jeweils lange Aufzählungen von Eigenschaften, die man hochhalten bzw. erreichen soll, so dass man daraus noch weitere Einzelsätze identischer Struktur hätte formulieren können, um die Zahl 20 zu erreichen. Beim letzten Weisen, Periandros, versagt aber auch dieses Mittel. Dieser Befund deutet darauf hin, dass die Zuordnung der Sprüche zu den Sieben Weisen nicht primär ist, sondern dass sekundär eine anonym überlieferte Spruchmasse auf diese Personen verteilt wurde.

Ein solcher Schluss wird auch durch die uneinheitliche formale Struktur der Sprüche nahegelegt. Wir finden sehr kurze Formulierungen wie etwa I 1 μέτρον ἄριστον „Maß (ist) das Beste“, wo ein Verb fehlt und nur Substantiv und Adjektiv stehen. Erweitert findet sich diese Form etwa in I 5 πολυμαθῆ ἢ ἀμαθῆ „(Besser) vielwissend als unwissend“, wo ebenfalls ein Verb („sein“) fehlt, aber eine Alternative ausgedrückt ist, deren eine Hälfte bevorzugt wird. Diese Bevorzugung („besser ist es“) muss syntaktisch ebenfalls ergänzt werden. Vielfach treten aber auch Imperative bzw. imperativische Infinitive hinzu (I 4: φιλήκοον εἶναι ... „Man soll gerne zuhören ...“; I 6: γλῶσσαν εὔφημον κεκτῆσθαι „Man soll eine schweigsame Zunge erwerben“), bisweilen wird durch ein zugesetztes δεῖ „man muss“ die syntaktische Konstruktion dieser imperativischen Infinitive noch vervollständigt (I 2 πατέρα δεῖ αἰδεῖσθαι „Den Vater muss man mit Achtung behandeln“). Häufiger ist eine polare Ausdrucksweise in Antithesen, die eigentlich abundant ist (I 4 φιλήκοον εἶναι καὶ μὴ πολύλαλον „[Man soll] gerne zuhören und nicht viel reden“ – aus dem Ersten folgt notwendig das Zweite, dennoch wird es als das Gegenteil des Ersten ausgedrückt; I 7 ἀρετῆς οἰκεῖον, κακίας ἀλλότριον „Vertraut mit der Tugend, fremd der Schlechtigkeit“). In der elaboriertesten Form wird die mitgeteilte Maxime begründet, was wiederum formal unterschiedlich geschehen kann: entweder durch einen angehängten Begründungssatz (I 16 ... τὸ μὲν γὰρ ἄνοιαν, τὸ δὲ μανίαν δύναται παρέχειν „... das eine kann nämlich als Unverstand, das andere [geradezu] als Wahnsinn aufgefasst werden" – begründendes γάρ sowie eine Steigerung) oder durch eine ausgemalte Konsequenz, wenn die Maxime nicht befolgt werden sollte (I 17 εἰ δὲ μή, δόξεις παροινεῖν „andernfalls wirst du den Eindruck erwecken zu randalieren"). Insgesamt überwiegt die Hauptsatzformulierung, aber auch sonst finden sich ab und an Nebensätze (II 3 ἡδονὴν φεῦγε, ἥτις λύπην τίκτει „Fliehe vor der Lust, die Verdruss gebiert" – der Relativsatz gibt hier allerdings die Begründung: „sie gebiert nämlich Verdruss"; II 9 ... οὓς δ' ἂν κτήσῃ, μὴ ταχὺ ἀποδοκίμαζε „wenn du aber welche gewonnen hast, weise sie nicht schnell wieder zurück"; III 12: Finalsatz als Begründung; VI 4: Finalsatz, dem noch eine Begründung mit γάρ folgt). Singulär ist VI 2 durch das eingeschobene ἔφη „sagte er", das ja allein durch die Zuordnung der Sprüche zu einzelnen Personen implizit (und wörtlich durch die entsprechenden Überschriften) immer vorauszusetzen ist.

Mit dem Charakter der Sprüche als einzelne pointierte Aussagen hängt es zusammen, dass die Lebenssituation, für die sie gedacht sind, nicht ausdrücklich mitgeliefert wird. Das bereitet bisweilen Schwierigkeiten (vgl. etwa II 20), ist aber insgesamt deshalb relativ bedeutungslos, weil es sich um ganz allgemeine Maximen der Lebensführung handelt, die in jeder Lage zu beherzigen sind.

Ein Zusammenhang in der Abfolge der einzelnen Sprüche ist in aller Regel nicht festzustellen. II 10, 11 und 12 scheinen sich an Personen zu richten, die politische Macht ausüben und darüber nach demokratischen Gepflogenheiten Rechenschaft ablegen müssen. IV 6, 7 und 8 beziehen sich auf das Verhalten gegenüber den Eltern, IV 11-13 haben eine parallele Struktur („schlimm ist" plus ein mit verneinendem α-privativum gebildetes Substantiv) und vergleichbare Aussagen, und so ließen sich bestimmt noch ein paar zusammengehörige Blöcke finden; insgesamt ist das aber eher selten. Dies und die vielen inhaltlichen Wiederholungen von Maximen bei den verschiedenen Weisen verhindern es, einzelnen Personen ein spezifisches Profil ihrer Weisheit zuzuordnen.

Schließlich ist darauf hinzuweisen, dass Beziehungen der von Demetrios gesammelten Sprüche zu den delphischen Sentenzen (wenn man einmal von den berühmten Kopfsprüchen am Beginn absieht) nicht festgestellt werden können.

Eine Parallelüberlieferung für die Sammlung des Demetrios findet sich in den Biographien der Sieben Weisen, wie sie Diogenes Laertios in seinen Philosophenviten mitteilt. Dort sind einzelne kleinere Spruchsammlungen in jede individuelle Biographie eingearbeitet, die große Ähnlichkeit mit den bei Demetrios überlieferten Sprüchen aufweisen.[11] Als Quelle für diese Spruchsammlungen nennt Diogenes Laertios in der Solon-Vita I 60 „Apollodor in seinem Buch *Über die Sekten der Philosophen*" (41,1f MARC.: Ἀπολλόδωρος ἐν τῷ Περὶ τῶν φιλοσόφων αἱρέσεων). Dieser Apollodor muss also zumindest für die Sprüche Solons als eine Parallelquelle neben Demetrios von Phaleron mit ähnlicher Substanz gelten, wobei die genauen Verhältnisse ganz unklar sind (s.u. 2.4).

Man hat bisweilen angenommen, dass dieser Apollodor der Epikureer aus Athen mit dem wenig schmeichelhaften Beinamen „der Garten-Tyrann" (ὁ κηποτύρρανος) sei, der am Beginn des 2. Jh.s v. Chr. geboren und um 150 v. Chr. Schulleiter des epikureischen ‚Gartens' (also der Schule) wurde.[12] Von diesem Apollodor ist allerdings nur sehr wenig bekannt, und alle Informationen gehen auf Diogenes Laertios zurück. Obwohl er über 400 Bücher geschrieben haben soll, sind nur vier bis fünf Titel überliefert (je nachdem, ob man die συναγωγὴ δογμάτων [*Zusammenstellung der Lehrmeinungen*] für identisch mit der I 60 zitierten περὶ τῶν φιλοσόφων αἱρέσεων [*Über die Sekten der Philosophen*] hält oder nicht). Die uns interessierende Schrift ist ausschließlich bei Diogenes Laertios I 60 im Zusammenhang mit den Sprüchen Solons zitiert, und es ist daher unklar, ob sie dem Epikureer gehört.[13] Als einziges allgemeineres Argument für eine Überlieferung der Sprüche der Sieben Weisen in der Schule Epikurs kann man auf die eigenen Spruchsammlungen Epikurs, die *Hauptlehrsätze* (Κύριαι δόξαι) und das sog. *Gnomologium Vaticanum* verweisen.[14] Diese Sammlungen stellen einen zentralen Bestandteil der epikureischen Werke dar. Sie sollen gut memorierbare Kernsätze der epikureischen Lehre festhalten und beziehen sich besonders im *Gnomologium Vaticanum* fast ausschließlich auf ethische Fragen, wie ja das spezielle philosophische Interesse Epikurs ein ethisches ist.

2.1 Das Interesse für Gnomen in der Schule des Aristoteles

Als Quelle für die Sprüche der Sieben Weisen wird bei Stobaios, wie wir gesehen haben, Demetrios genannt. Demetrios von Phaleron (bei Athen), geboren ca. 360 v. Chr., hatte vielleicht noch Aristoteles, sicher aber dessen Nachfolger

[11] I 37: Thales; I 60: Solon; I 69f: Chilon; I 78: Pittakos; I 87f: Bias; I 91ff: Kleobulos; I 97f: Periandros.

[12] So etwa R. GOULET in: GOULET-CAZÉ 1999, 105, Anm. 3. Zu Apollodor insgesamt vgl. M. ERLER in: FLASHAR 1994, 280f.

[13] Vorsichtig etwa MARCOVICH 1999, 41,1 im Testimonienapparat seiner Ausgabe: *non constat*.

[14] Vgl. zu beiden Werken ERLER in: FLASHAR 1994, 80-83.

Theophrast gehört.[15] Ob er dem Peripatos formal angehörte oder ihm gar vorstand, ist unklar, dass er aber eng mit ihm verbunden war, kann nicht bestritten werden. Die erhaltenen Schriftentitel bezeugen ein Interesse an allgemeinen ethischen Fragen, an staatstheoretischen und politischen Problemen, aber auch an philologischen Themen. Wichtig sind für uns aber vor allem seine Sammlungen von ethischen, literarischen und auch historischen Materialien, die exakt in der aristotelischen Tradition stehen. So ist eine *Sammlung der Äsopischen Geschichten* (Fabeln) bezeugt (Λόγων Αἰσωπείων συναγωγή), eine *Archontenliste* (Ἀρχόντων ἀναγραφή[16]), daneben hat Demetrios aber auch *Chrien* (χρεῖαι: Sentenzen, oft im Frage-Antwort-Schema, die in kynischer Tradition häufig sind) und weitere Apophthegmen gesammelt.[17] In diesen Zusammenhang gehört auch die Sammlung der Sprüche der Sieben Weisen, die bei Stobaios überliefert ist.

Auch politisch betätigte sich Demetrios und regierte als Anhänger der makedonischen Partei und Statthalter des Diadochen Kassander 10 Jahre lang (von 317-307 v. Chr.) in Athen. Nach seinem Sturz gelangte er nach Alexandrien, wo er ein Berater des ersten Ptolemäerkönigs Lagou wurde (reg. 305-283/2 v. Chr.). Er verkörpert also in seiner Person nicht nur eine Verbindung zwischen philosophischer Bildung und praktischer Politik, sondern auch den Einfluss des Peripatos auf den Wissenschaftsbetrieb im hellenistischen Zentrum Alexandrien. Das Museion, das Ptolemaios Lagou gründete, ist wahrscheinlich in vieler Hinsicht nach den Vorstellungen des Demetrios, und das heißt nach den Forschungsinteressen des Peripatos, organisiert.[18]

[15] Vgl. F. WEHRLI/G. WÖHRLE/L. ZHMUD, Demetrios von Phaleron und Ps.-Demetrios: <Über den Stil>, in: FLASHAR ^{2}2004, 594-599. Die Testimonien und Fragmente finden sich in WEHRLI ^{2}1968. Vgl. auch den Sammelband Demetrius of Phalerum. Text, Translation and Discussion, ed. by W. W. FORTENBAUGH/E. SCHÜTRUMPF (Rutgers University Studies in Classical Humanities vol. IX), New Brunswick/London 2000.

[16] fr. 149-154 WEHRLI. Aus dieser Liste stammt die bei Diog.Laert. I 22 überlieferte Notiz: „Und er (Thales) wurde als erster ‚Weiser' genannt, als in Athen Damasios Archon war (582/81 v. Chr.), zu welcher Zeit auch die Sieben ‚Weise' genannt wurden, wie Demetrios von Phaleron in seiner *Archontenaufstellung* sagt."

[17] fr. 115-122 WEHRLI; ein griechischer Titel ist nicht überliefert.

[18] Wenngleich genaue Zeugnisse darüber fehlen, vgl. R. PFEIFFER, Geschichte der Klassischen Philologie, München ^{2}1978, 124ff, 128ff. Im zweifelhaften Aristeasbrief (viell. 2. Jh. v. Chr.) über den Ursprung der Septuaginta (epist. 9-10) erscheint Demetrios – historisch unrichtig – als Vorsteher (καταστᾰθείς) der Bibliothek in Alexandrien unter Ptolemaios II.; in den Prolegomena zu Aristophanes des Tzetzes (12. Jh. n. Chr.) wird Demetrios als philologischer Lehrer Ptolemaios II. bezeichnet (ὁ γὰρ Πτολεμαῖος φιλολογώτατος ὢν διὰ Δημητρίου τοῦ Φαληρέως). PFEIFFER 133 resümiert: „Wir können es immerhin aus allgemeinen Gründen für möglich halten, daß er (sc. Demetrios), durch seinen Rat beim König, die junge Philologie förderte und ihr den Einfluß seines großen Lehrers Aristoteles nahebrachte."

Wie sehr Demetrios in der peripatetischen Tradition wurzelt, was die Sprüche der Sieben Weisen anbelangt, veranschaulicht ein Blick in die aristotelische *Rhetorik* II 21. Aristoteles behandelt seit II 20 die „gemeinsamen Überzeugungsweisen" (κοιναὶ πίστεις), die in der Rede gebraucht werden. Dabei unterscheidet er grundsätzlich zwischen Beispiel (παράδειγμα) und Enthymem (dem rhetorischen Syllogismos, vgl. *Rhetorik* I 2, 1356b 4ff). Der Spruch (γνώμη) sei aber ein Teil (μέρος) des Enthymems. Nachdem in Kap. 20 das Beispiel behandelt worden ist, wendet sich Aristoteles in Kap. 21 der Gnome zu, wobei es ihm natürlich ausschließlich um die rhetorische Verwendung dieser Ausdrucksweise geht. Er definiert eine Gnome als eine allgemeine Aussage über handlungsrelevante Angelegenheiten und über Ziele, die in Handlungen angestrebt oder vermieden werden müssen. Damit ist die ethische Thematik von Gnomen bestimmt und zugleich eine gewisse Allgemeinheit gefordert. Von dem vollständigen Enthymem unterscheidet sich die Gnome dadurch, dass sie entweder nur die Schlussfolgerung oder nur die Prämissen des Enthymems ausdrückt. Einer Schlussfolgerung ohne die Prämissen entspricht eine Handlungsmaxime ohne Begründung, wie er 1394a 25-28 sagt. Ein Beispiel nimmt Aristoteles aus Euripides, *Hec.* 864f: „Es gibt keinen Sterblichen, der frei ist" (οὐκ ἔστιν ἀνδρῶν [die Euripides-Codices haben stattdessen: θνητῶν] ὅστις ἔστ' ἐλεύθερος) – eine auf den ersten Blick unerwartete Aussage, die für sich genommen eine Gnome ist. Erst durch die nachgeschobene Begründung wird sie zum Enthymem: „denn er ist entweder ein Sklave des Geldes oder des Glücks/Zufalls" (ἢ χρημάτων γὰρ δοῦλός ἐστιν ἢ τύχης). Damit besitzt die Gnome eine Tendenz zur unerwarteten Aussage, eben weil man die Begründung erst erraten muss. Immer dann aber, so sagt Aristoteles 1394b 8ff und b 28ff, wenn etwas Paradoxes oder Umstrittenes ausgesagt wird, sollte der Gnome eine wenn auch noch so knappe Begründung hinzugefügt werden. Ein Beispiel dafür ist ein anonymer Tragikervers (1394b 23): „Unsterblichen Zorn bewahre nicht als Sterblicher." (ἀθάνατον ὀργὴν μὴ φύλασσε θνητὸς ὤν.), denn das „als Sterblicher" gebe die Begründung an. Ein Beispiel für eine Gnome, die keiner weiteren Begründung bedarf, lautet: „Für einen Menschen ist es das Beste, gesund zu sein, wie mir jedenfalls scheint" (ἀνδρὶ δ' ὑγιαίνειν ἄριστόν ἐστιν, ὥς γ' ἐμὶν δοκεῖ[19]). Diese Aussage ist allseits akzeptiert und daher weder unerwartet noch umstritten.

[19] Der Autor dieses trochäischen Tetrameters ist unklar. Teils wird der Chorlyriker Simonides in Anspruch genommen (gestorben 468 v. Chr.; fr. 146 PAGE), teils der Komödiendichter und Gnomologe Epicharm aus Sizilien (blühte 488-485 v. Chr.; fr. 262 KAIBEL, 23 B 19 DIELS/KRANZ). Es ist für Epicharm dunkel, ob er tatsächlich selbst Gnomen verfasst hat oder ob vielmehr wie bei Menander aus seinen Komödien solche Gnomen sekundär ausgezogen und separat ediert worden sind. Jedenfalls gab es eine Gnomensammlung des Axiopistos (4. Jh. v. Chr., 23 B 8-46 DIELS/KRANZ), die fälschlich dem Epicharm zugeschrieben wurde, vgl. DIELS/KRANZ Bd. 1, 194 Anm. zu der im Hibeh-Papyrus I 1 erhaltenen Einleitung einer ebenfalls dem Epicharm zugeschriebenen Gnomensammlung aus der Zeit des Ptolemaios Philadelphos (reg. 285-246 v. Chr.).

Wie Platon im *Protagoras* erwähnt auch Aristoteles in der *Rhetorik* 1394b 35 „Lakonische Äußerungen“ (Λακωνικὰ ἀποφθέγματα) als eine Art von Gnomen,[20] darüber hinaus Sprichwörter (παροιμίαι)[21] und Volksweisheiten (δεδημιευμένα) wie „Erkenne dich selbst“ (γνῶθι σαυτόν) oder „Nichts allzu sehr“ (μηδὲν ἄγαν). Diese Sprüche werden hier also nicht mit den Sieben Weisen in Verbindung gebracht, sondern gelten als anonyme, womöglich mündliche Überlieferung.

Interessant ist, was Aristoteles hinsichtlich der rhetorischen Tauglichkeit solcher Gnomen bemerkt, um die es ihm ja primär geht. Einerseits passe der Gebrauch von Gnomen gut zu älteren Rednern und in solchen Bereichen, wo der Redner Kenntnisse besitze. Wenn man dagegen Gnomen über Sachverhalte benutze, die man nicht kenne, wirke dies einfältig und ungebildet. Das könne man auch daran erkennen, dass bäuerisch-bodenständige Menschen am liebsten in Gnomen redeten. Es ist also Vorsicht angebracht, wenn man nicht mit dem Gebrauch von Gnomen einen ganz unbeabsichtigten Eindruck der Dummheit erwecken möchte. Andererseits bemerkt Aristoteles zur Rezeptionsseite, dass wegen der durchschnittlich geringen Bildung der meisten Zuhörer gerade der Gebrauch von Gnomen gut ankomme. Besonders hilfreich sei dabei die allgemein vorhandene menschliche Tendenz, singuläre Erfahrungen zu verallgemeinern. Diese Tendenz werde von den allgemeinen, auf menschliches Alltagshandeln bezogenen Gnomen gut bedient.

Aber auch in der Schülergeneration des Aristoteles finden wir im Peripatos ein Interesse für volkstümliche, bodenständige Äußerungsformen, zu denen auch unsere Sprüche der Sieben Weisen gehören. Erwähnt sei hier besonders noch der Peripatetiker Klearchos aus dem zypriotischen Soloi.[22] Da dieser Klearchos mehrfach ausdrücklich als Schüler des Aristoteles bezeichnet wird, setzt man ihn für gewöhnlich in die Generation seiner ersten Schüler, speziell Theo-

[20] Wozu Chr. RAPP in seinem Kommentar richtig bemerkt, dass hier die reine Herkunftsbezeichnung „Lakonisch“ (= „aus Sparta“) zu einer stilistischen wird („wortkarg, dicht“): Aristoteles, Rhetorik, übers. und erläutert von Chr. RAPP (Aristoteles, Werke in dt. Übers. begründet von E. Grumach, hrsg. von H. Flashar, Bd. 4/2), Darmstadt 2002, 738.

[21] In der Werkliste des Aristoteles bei Diogenes Laertios findet sich auch ein Titel παροιμίαι (V 26, Nr. 138 = 325,17 MARC.), der am ehesten als eine Sammlung solcher Sprichwörter aufgefasst werden kann. Ähnlich wird Theophrast ein Buch περὶ παροιμιῶν zugeschrieben (Diog.Laert. V 45, Nr. 81). Ein Fragment ist überliefert: fr. 132 WIMMER. Vgl. auch Aristoteles fr. 13 ROSE³ = F 463 GIGON: „Wie könnten denn (sc. die Sprichwörter) nicht etwas Weises sein, über die Aristoteles sagt, sie seien durch ihre Kürze und Geschicklichkeit gerettete Überbleibsel alter Philosophie, die in den großen Katastrophen der Menschheit verloren gegangen sei.“

[22] Vgl. WEHRLI/WÖHRLE/ZHMUD in: FLASHAR ²2004, 583ff; dazu auch ROBERT 1968, 443ff.

phrasts, wenngleich seine Lebensdaten insgesamt ganz dunkel sind (geboren wäre er dann um 340 v. Chr.).[23] In Klearchos' Schriftenverzeichnis sind einige Titel bezeugt (von denen allerdings nur sehr geringe Fragmente erhalten sind), die auf eine Fortführung der aristotelischen zoologischen Arbeit in kleinerem Rahmen hindeuten. Aber insgesamt hing er eher einem „mythisch-populär verstandenen Platonismus" (WEHRLI/WÖHRLE/ZHMUD 583) an, der sich in vielem weit von aristotelischer Lehre entfernte. In das allgemeine kulturhistorische Interesse des Peripatos gliedern sich aber Schriften wie *Über Lebensformen* (περὶ βίων, vgl. Theophrasts *Charaktere*), *Über Rätsel* (περὶ γρίφων) und *Sprichwörter* (παροιμίαι) ein. Namentlich das letztgenannte Werk, das eine Sammlung von Sprichwörtern mit phantasiereichen aitiologischen Erklärungen verband, hat, wie wir gesehen haben,[24] einen Vorläufer bei Aristoteles selbst. Wahrscheinlich gehen die phantasievollen Erklärungen jedoch auf Klearchos zurück und fanden sich bei Aristoteles noch nicht.

Dieser Klearchos hat mit Blick auf die Sieben Weisen in neuerer Zeit ein besonderes Interesse erweckt. Im Jahre 1968 hat L. Robert auf eine kurz vorher ausgegrabene Stele in Aï-Khanum am Flusse Oxos (Amudarja, heute die Nordgrenze von Afghanistan) hingewiesen, die einige Sprüche der Sieben Weisen enthalten haben könnte. Die Inschrift stammt wahrscheinlich aus dem Umfeld eines Gymnasiums dieser hellenistischen Stadt[25]. Von der Stele ist nur noch die Basis erhalten, die ein Epigramm und den Rest der Stelenaufschrift enthält. In diesem Epigramm nun, das den Inhalt der Inschrift bezeichnet, ist ein Klearchos als der Weihende genannt (vgl. 4.2).

Da die Schrift um 300 v. Chr. datiert worden ist,[26] hat Robert die Meinung vertreten, dass der erwähnte Klearchos niemand anderer als unser Peripatetiker

[23] Vgl. aber WEHRLI ^{2}1969, Kommentar zu fr. 1, S. 45: „Für Περὶ ὕπνου (fr. 5-10) ergeben sich aus fr. 6 die 290er Jahre als terminus post quem, vorausgesetzt, daß die dortige Verknüpfung zwischen Brahmanen und Juden auf die Indika des Megasthenes zurückgeht (cf. dazu fr. 5-10); diese können nämlich nicht vor 292 erschienen sein (Stein, RE XV 232, 20). Ziemlich tief ins 3. Jahrhundert würde auch eine Monographie über Arkesilaos (cf. zu fr. 11-12) führen."

[24] Vgl. oben Anm. 21. Die Klearchos-Fragmente der *Sprichwörter* finden sich bei WEHRLI ^{2}1969, fr. 63-83.

[25] Diese Identifikation haben die Ausgräber 1. aus dem Fund einer Inschrift gewonnen, die dem Hermes und dem Herakles, typischen Gymnasialgottheiten, gewidmet ist (Nr. 381 CANALI DE ROSSI) und 2. aus der Bauform des Gebäudes. Vgl. P. BERNARD, Troisième campagne de fouilles à Aï Khanoum en bactriane, CRAI 1968, 263ff, hier: 276ff. Die uns interessierende Säulenbasis stammt aus einer Mauernische dieses Gebäudes.

[26] Vgl. auch die letzte Edition von F. CANALI DE ROSSI, Iscrizioni dello estremo oriente greco (IK 65), Bonn 2004, 224f (= Nr. 382), der die Zuschreibung an Klearchos übernimmt.

Klearchos aus Soloi gewesen sein kann. Diese Identifikation stützt sich nicht nur auf die zeitliche Koinzidenz, sondern auch auf die aus den Quellen bekannten, oben referierten literarischen und philosophischen Interessen des Klearchos, die sich für Robert in dieser Inschrift spiegeln.

Es muss allerdings betont werden, dass diese Identifikation zwar nicht gänzlich abwegig ist, dass sie aber doch auf sehr unsicheren Indizien beruht. Wenn man einmal davon absieht, dass die Inschrift neuerdings bis ins 2. Jh. v. Chr. datiert wird (aber auch die Lebensdaten des Klearchos sind, wie wir gesehen haben, ziemlich unsicher),[27] so muss man doch auf die relative Häufigkeit des Namens hinweisen,[28] die es alles andere als sicher erscheinen lässt, dass die Inschrift eindeutig dem Klearchos von Soloi zugesprochen werden kann.[29] Insbesondere wissen wir nicht, ob Klearchos wirklich jemals soweit an die Grenzen der griechischen Welt gereist ist.

Für Theophrast, an den sich sein Schüler Demetrios besonders eng anlehnt, ist die Überlieferungslage leider sehr viel desolater. Wir besitzen aber einige Titel, die sein Interesse dokumentieren. So ist ein Buch *Über die Gnome* (περὶ γνώμης) erwähnt (Diog.Laert. V 46 [340,11 MARC.]; übrigens ebenso wie eines *Über Enthymeme* [V 47, 340,26 MARC.] und *Über Beispiele* [V 48, 342,3 MARC.] – der enge Anschluss an die aristotelische *Rhetorik* ist unverkennbar). Aber es finden sich auch Titel wie *Sammlung von Sprüchen des Diogenes* (τῶν Διογένους συναγωγή [V 43, 336,20 MARC.]; gemeint ist der Kyniker Diogenes von Sinope) oder *Sammlung der Sprüche Metrodors* (περὶ τῶν Μετροδώρου συναγωγή [V 44, 338,11 MARC.][30]). Am interessantesten ist aber ein Buch *Über die <Sieben?> Weisen* (περὶ τῶν <ζ' add. Usener> σοφῶν [V 48, 342,6 MARC.]), das eine unmittelbare Beschäftigung mit unserem Thema belegen könnte, wenngleich außer dem Titel nichts erhalten ist. Jedenfalls ist es angesichts solcher Werke gut nachvollziehbar, dass Demetrios von Phaleron die Sprüche der Sieben Weisen systematisch sammelte.

Es gibt also innerhalb des Peripatos ein verstärktes Interesse für verschiedene Formen volkstümlicher Literatur (Rätsel, Fabeln, Sprichwörter), weil Aristoteles diese Art der Überlieferung für im Kern philosophisch und damit wertvoll

[27] A. K. NARAIN, Aion 47, 1987, 271.

[28] Vgl. die Einträge in P.M. FRASER/E. MATTHEWS (ed.), A Lexicon of Greek Personal Names, Oxford 1987ff. Es dürfen dabei nicht nur die eindeutig dieser Region zugeordneten Namen in Betracht gezogen werden, da wir nicht wissen, woher ein solcher Klearchos gekommen sein soll.

[29] Dies gilt selbst dann, wenn MERKELBACH/STAUBER 2005, 8ff in ihrer neusten Publikation zum Thema sich der Meinung Roberts anschließen, ohne allerdings neue Gründe anführen zu können.

[30] Es handelt sich wahrscheinlich um Metrodor von Lampsakos, einen engen Schüler Epikurs. Vgl. ERLER in: FLASHAR 1994, 216ff.

erachtete. Dieselbe Überzeugung steht hinter der von Aristoteles entwickelten doxographischen Methode,[31] die er in allen möglichen Zusammenhängen benutzt und in deren Tradition Theophrast mit seinen φυσικαὶ δόξαι (*Lehrmeinungen zu naturphilosophischen Fragen*) die Grundlagen für die Überlieferung der vorsokratischen Philosophen gelegt hat. In dieser Tradition steht Demetrios von Phaleron, den Stobaios als Quelle seiner Spruchsammlung der Sieben Weisen nennt.

Das auffälligste Kennzeichen dieser Sammlung ist, dass die einzelnen Sprüche bestimmten, namentlich genannten Weisen zugeordnet sind. Auch dies ist ein Charakteristikum, das auf dem peripatetischen Hintergrund gut verständlich ist. Im Peripatos entwickelt sich nämlich ein Interesse an historischen, literarischen und wissenschaftlichen Persönlichkeiten, das nahtlos in die Biographien der alexandrinischen Zeit einmündet, auf die fast alle unsere Kenntnisse antiker Dichter und Denker zurückgehen.

Speziell bei Aristoteles ist die Fixierung auf bestimmte Persönlichkeiten aber auch methodisch verankert. Am Anfang der *Topik* definiert er einen dialektischen Syllogismos (also einen im Gespräch entwickelten logischen Schluss) als einen solchen, der nur durch etwas andersartige Prämissen von einem ganz strengen wissenschaftlichen Beweis unterschieden ist. Während ein strenger wissenschaftlicher Beweis ein logisch korrekter Schluss aus absolut wahren Prämissen ist, beruht ein dialektischer Syllogismos auf allgemein akzeptierten Sätzen (ἔνδοξα), die also nicht unbedingt wahr sein müssen. Zu diesen bemerkt Aristoteles I 1, 100b 21f: „Allgemein akzeptierte Sätze sind solche, die entweder allen oder den meisten oder den Weisen richtig scheinen, und von den Weisen entweder allen oder den meisten oder den am meisten bekannten und berühmten“.[32]

Bei der Bestimmung allgemein akzeptierter Prämissen spielt also einerseits eine Art statistisches Argument eine Rolle (wenn alle oder sehr viele Menschen eine Anschauung teilen, ist sie als Ausgangspunkt für einen dialektischen Schluss geeignet), andererseits aber sind die „Weisen“ und ihre Anschauungen wichtig, wobei zusätzlich noch der Grad der Bekanntheit oder Berühmtheit solcher Weisen in die Waagschale geworfen wird. Es liegt auf der Hand, dass die Bestimmung der Bekanntheit nur für einzelne konkrete Personen vorgenommen werden kann, nicht für Weise allgemein. Insofern spielt also ein biographisches Moment hier herein, und es leuchtet ein, dass den Peripatetikern an einer personalen Zuordnung von Sprüchen besonders gelegen war.

[31] Vgl. J. ALTHOFF, Aristoteles als Medizindoxograph, in: P. J. van der Eijk (ed.), Ancient Histories of Medicine, Leiden/Boston/Köln 1999, 57-94.

[32] *Topik* I 1, 100b 21ff: ἔνδοξα δὲ τὰ δοκοῦντα πᾶσιν ἢ τοῖς πλείστοις ἢ τοῖς σοφοῖς, καὶ τούτοις ἢ πᾶσιν ἢ τοῖς πλείστοις ἢ τοῖς μάλιστα γνωρίμοις καὶ ἐνδόξοις. Vgl. hierzu ALTHOFF (wie vorige Anm.) 58ff.

2.2 Die Parallelüberlieferung bei Diogenes Laertios

Das biographische Interesse liegt auch an der Wurzel der Philosophenbiographien des Diogenes Laertios. Das Leben dieses für die gesamte antike Philosophiegeschichtsschreibung wichtigen Autors lässt sich nur sehr ungefähr anhand der von ihm erwähnten datierbaren Philosophen erschließen.[33] Danach wäre er in die Mitte des 3. Jh.s nach Chr. zu datieren.

Diogenes Laertios steht mit seinem Werk nicht nur in der peripatetischen Tradition, sondern spezieller noch in derjenigen der Schulgeschichtsschreibung (διαδοχαί, „Sukzessionen", nämlich von Schulhäuptern). Bei dieser erst im Hellenismus entstehenden Gattung, von der uns keine vollständigen Werke erhalten sind,[34] ging es – vielleicht in Anlehnung an die politische Geschichte der Alexander-Diadochen – darum, die biographischen und systematischen Filiationen der einzelnen Philosophenschulen ungefähr in der Form eines Stammbaums darzulegen. Diogenes macht dies in seinem Proömium I 13 ganz deutlich: Nach einleitenden Bemerkungen über die Entstehung der Philosophie überhaupt führt er dort aus (12,8ff MARC.), dass die Disziplin zwei Anfänge (ἀρχαί) besitze, einen italischen, der mit der Person des Pythagoras und seines Lehrers Pherekydes beginne, und einen ionischen, der auf Anaximander und dessen Lehrer Thales zurückgehe. Die italische Linie ende[35] mit Epikur (dem das zehnte und letzte Buch des Diogenes gewidmet ist), die ionische mit dem Akademiker Kleitomachos (IV 67 knapp behandelt), dem Stoiker Chrysipp (VII 179-202) und dem Peripatetiker Theophrast (V 36-57). Besonders die ionische Hauptlinie weist also mehrfache Verzweigungen auf, denen Diogenes nachgeht.

Das in gewisser Weise genealogische Modell der Lehrer-Schüler-Verhältnisse macht deutlich, dass in der Diadoche-Literatur biographische und doxographische Aspekte miteinander verbunden sind. Ähnlichkeiten in den Lehrmeinungen

[33] Vgl. GOULET-CAZÉ 1999, 13f.

[34] Neben Sosikrates aus Rhodos (2. Hälfte des 2. Jh. v. Chr., FGrHist 461) sind Alexander Polyhistor (1. Jh. v. Chr., FGrHist 273, 85ff) und vor allem Sotion aus Alexandrien (1. Hälfte des 2. Jh. v. Chr., vgl. WEHRLI 1978) zu nennen, der über verschiedene Zusammenfassungen seines Werkes in 13 Büchern stark auf Diogenes eingewirkt hat. Die Fragmente der *Diadochai* sind jetzt (mit Ausnahme des Sotion, den WEHRLI ediert hat) gesammelt von R. GIANNATTASIO ANDRIA, I frammenti delle „Succesioni dei filosofi", Neapel 1989, Sosikrates: 73ff; Alexander: 115ff. Vgl. K. DÖRING, Historia philosopha. Grundzüge der antiken Philosophiegeschichtsschreibung (Sonderdruck der Stiftung „Humanismus Heute" des Landes Baden-Württemberg), Freiburg/Würzburg 1987, 29ff. Sotion hat übrigens vielleicht bereits die Weisen als Vorläufer der eigentlichen Philosophen behandelt, er nennt jedenfalls Periandros (fr. 2 WEHRLI aus Diog.Laert. I 98 mit WEHRLIS Kommentar S. 35).

[35] Das Verb καταλήγει bezieht sich natürlich nur auf die Darstellung, soweit sie Diogenes Laertios vorantreiben konnte, nicht etwa auf ein absolutes historisches Ende.

werden (wie in weiten Teilen des heutigen Universitätsbetriebs auch) als Ergebnisse persönlicher Abhängigkeiten zwischen Lehrern und Schülern aufgefasst. Der systematische Anspruch ist allerdings zumindest bei Sotion und in der Folge auch bei Diogenes sehr hoch: Es wird (wie bei Hesiod am Beginn der griechischen Literatur und Philosophie) versucht, den *gesamten* Bereich der Philosophie strukturiert darzustellen und ganz in der Methode der vorsokratischen Philosophen auf nur sehr wenige Prinzipien zurückzuführen. Daneben kommt aber das biographische, ja geradezu anekdotische Interesse nicht zu kurz, weil sich an die Lebensbeschreibungen der einzelnen Philosophen zwanglos Geschichten über Leben, Charakter, politische Tätigkeiten etc. anbinden lassen. Insgesamt muss man dieser Literatur eine außerordentliche Wirkung bescheinigen, auch wenn sie für uns vor allem durch das einzige fast vollständig erhaltene Werk des Diogenes Laertios repräsentiert wird.[36]

Auf diesem Hintergrund ist es wenig verwunderlich, wenn wir bei Diogenes Laertios auch eine Überlieferung der Sprüche der Sieben Weisen finden, die wie bei Demetrios von Phaleron an die einzelnen Personen gekoppelt ist. Unmittelbar vor I 13, wo die Philosophiegeschichte auf zwei Hauptlinien zurückgeführt wird, findet sich die erste Erwähnung.

Pythagoras, so heißt es I 12, habe als erster den Namen „Philosophie" (φιλοσοφία) gebraucht und sich selbst als „Philosophen" (φιλόσοφος) bezeichnet, denn niemand außer dem Gott sei „weise" (σοφός). Der Mensch kann also nur nach Weisheit streben, und genau das drückt das substantivierte Adjektiv φιλόσοφος („weisheitsliebend") aus. Sehr schnell hätten sich aber die von Pythagoras ehrfürchtig gemiedenen Bezeichnungen „weise" (σοφός, auch σοφισταί als Substantiv) und „Weisheit" (σοφία) für die von ihm mit φιλόσοφος und φιλοσοφία benannten Eigenschaften durchgesetzt, wobei es dann aber Schwierigkeiten der Abgrenzung von den Dichtern gegeben habe, die sich ebenfalls σοφισταί genannt hätten. Dann heißt es (I 13, 12,3-7 MARC.):

> σοφοὶ δὲ ἐνομίζοντο οἵδε· Θαλῆς, Σόλων, Περίανδρος, Κλεόβουλος, Χείλων, Βίας, Πιττακός. τούτοις προσαριθμοῦσιν Ἀνάχαρσιν τὸν Σκύθην, Μύσωνα τὸν Χηνέα, Φερεκύδην τὸν Σύριον, Ἐπιμενίδην τὸν Κρῆτα· ἔνιοι δὲ καὶ Πεισίστρατον τὸν τύραννον. καὶ οἵ<δε> μὲν σοφοί.
>
> „Weise aber wurden die folgenden genannt: Thales, Solon, Periandros, Kleobulos, Chilon, Bias, Pittakos. Dazu gezählt werden Anacharsis der Skythe, Myson aus Chen, Pherekydes aus Syros und der Kreter Epimenides; einige rechnen aber auch den Tyrannen Peisistratos dazu. Und das sind die Weisen."

[36] Diogenes hat allerdings auch viele andere Quellen verarbeitet, wie seine Einteilungen der Philosophen nach Dogmatikern und Skeptikern (I 16), nach ihren Herkunftsorten oder bestimmten Eigenschaften (I 17) etc. verraten.

In dieser Passage wird erkennbar, dass für Diogenes die Sieben Weisen eine bereits nicht mehr klar umrissene Gruppe darstellen. Chronologisch scheinen sie hier in irgendeiner Weise mit Pythagoras in Verbindung gebracht zu sein, dessen neue Wortprägung φιλόσοφοι sich ja bei den Sieben Weisen nicht durchgesetzt zu haben scheint. Pythagoras starb allerdings wohl etwa am Beginn des 5. Jh.s v. Chr.[37], so dass wir mit allen anderen Angaben über die Datierung der Weisen in Widerspruch gerieten.[38] Das Problem löst sich, wenn man davon ausgeht, dass der Abschnitt über die Sieben Weisen an dieser Stelle sekundär hinzugefügt wurde.[39] Die Diskussion über das von Pythagoras erfundene Wort ‚Philosophie' lässt die Frage auftauchen, wie sich denn die Weisen zur Philosophie verhalten, und daher fügt Diogenes hier eine Liste der ihm bekannten Weisen ein. Chronologisch sind wir damit in einer anderen Zeit.

Es gibt offenbar einen ‚harten Kern' von sieben Personen, den Diogenes für mehr oder weniger kanonisch hält und den er im ersten Satz aufzählt. Vier weitere Namen treten hinzu, was so klingt, als sei die Siebenzahl auf bis zu elf Namen erweitert worden. Es ist aber auch nicht auszuschließen, dass es Ersetzungen einzelner Figuren der erstgenannten Gruppe durch andere gegeben haben könnte. Der letzte Satz erweckt den Eindruck, als sei Diogenes (oder seine Quelle) von der Zugehörigkeit des Tyrannen Peisistratos am wenigsten überzeugt, immerhin wird der aber als zwölfter Name von einigen genannt. Von allen hier genannten Weisen hat Diogenes eine Vita in sein Werk aufgenommen.

Die nächste und viel ausführlichere Behandlung der Sieben Weisen ist in die Biographie des Thales von Milet eingefügt. Charakteristisch für die personale Betrachtungsweise ist der Übergangssatz am Ende von I 21: „Jetzt müssen wir aber über die Männer selbst sprechen, und zuerst über Thales."

Nachdem Diogenes die Namen der Eltern des Thales und seines Geschlechts mitgeteilt hat, findet sich in den modernen Ausgaben der Hinweis: „Er gehörte zu den Sieben Weisen, wie auch Platon sagt."[40] Diese vom Wortlaut her nicht ganz sichere Ergänzung des überlieferten Textes wird heute zu Recht von allen Herausgebern akzeptiert. Der Text fährt dann mit der bereits zweimal erwähn-

[37] Vgl. C. Riedweg, Pythagoras. Leben-Lehre-Nachwirkung, München 2002, 18-36; Zeittafel: 177ff, der ihn sehr vorsichtig auf 570-480 v. Chr. datiert.

[38] Vgl. besonders die auf Demetrios von Phaleron zurückgehende Datierung der Sieben in das Archontat des Damasios (582/81 v. Chr.), also noch vor die Geburt des Pythagoras.

[39] Diese scharfsichtige Beobachtung kann R. Goulet in: Goulet-Cazé 1999, 47ff, bes. 51 durch weitere Indizien erhärten. Wenn allerdings bereits Sotion, wie Wehrli dies vermutet hat, die Sieben als Protophilosophen berücksichtigt hat, könnte Diogenes dies von ihm (wahrscheinlich über ein Zwischenglied) übernommen haben.

[40] I 22 (16,15f Marc.): <ἦν δὲ τῶν ἑπτὰ σοφῶν, suppl. Diels> καθὰ καὶ Πλάτων φησί. Das Zitat stammt aus Platon, *Protagoras* 343A 2.

ten Datierung der Sieben durch Demetrios von Phaleron fort.[41] Auch diese Bemerkungen über die Zugehörigkeit des Thales zu den Sieben Weisen unterbrechen (wie bei der ersten Erwähnung in I 13) einen Zusammenhang, der ganz natürlich von der Familie über deren phönizische Herkunft zur Übersiedelung nach Milet führt.[42] Auch hier könnte also eine spätere Hinzufügung vorliegen.

Innerhalb der Biographie des Thales nehmen die verschiedenen Versionen der Geschichte vom Dreifuß einen großen Raum ein (I 27-33). Es geht dabei um einen wertvollen Dreifuß bzw. eine goldene Schale, die als Preis für den weisesten Mann ausgelobt werden. Dabei spielt das Apollon-Orakel in Delphi eine Rolle, und der Preis wandert durch die Hände der verschiedenen Weisen, die jeweils zu bescheiden sind, diese Auszeichnung für sich anzunehmen, bis sie schließlich dem Apoll geweiht wird. Zu diesen Weisen werden namentlich Thales, Solon, Chilon, Myson, Kleobulos, Periandros, Anacharsis, Pittakos und Bias gerechnet (es fehlen aus der Liste von I 13 lediglich Epimenides, der Kreter, Pherekydes von Syros und Peisistratos), und Diogenes fügt vereinzelt Vorverweise ein, die auf die Behandlung dieser Weisen in den entsprechenden Kapiteln hinweisen.[43]

Die Biographie des Thales führt Diogenes bis zu seinem Tode und seinen Grabinschriften (I 39) fort. Danach folgt noch ein besonders markanter Spruch von ihm (I 40, 28,9-11 MARC.): „Von ihm stammt auch das ‚Erkenne dich selbst‘, von dem Antisthenes in seinen *Diadochai* behauptet, es gehöre der Phemonoe, werde aber auch von Chilon beansprucht.“[44] Hier wird also ein berühmter delphischer Spruch dem Thales zugeschrieben, alternativ aber auch der ersten delphischen Pythia[45] oder dem anderen Weisen Chilon. Und nachdem Diogenes schon mehrfach knapp auf die Verbindung von Thales und den Sieben Weisen hingewiesen hat, schiebt er jetzt einen etwas längeren Abschnitt ein, den er mit den Worten eröffnet: „Über die Sieben aber (es ist hier nämlich der Ort, allgemein auch an sie zu erinnern) sind folgende Versionen im Umlauf.“[46]

Während in I 13 eine bloße Liste mit Namen gegeben worden war, werden im folgenden verschiedene Quellen zitiert bzw. referiert, die aber den bereits in I 13 vorhandenen Eindruck verstärken, dass hinsichtlich der Biographien, der

[41] Vgl. oben Anm. 16.

[42] Auch dies hat R. GOULET in: GOULET-CAZÉ 1994, 80 Anm. 2 klar gesehen.

[43] I 30 (21,17 MARC.): ... Μύσωνα, περὶ οὗ λέξομεν. „Myson, über den wir noch sprechen werden.“ I 31 (22,18f MARC.): διὰ τί δὲ, ἐν τῷ περὶ Βίαντος λέξομεν. „Warum aber, werden wir im Abschnitt über Bias sagen.“ Solche Vorverweise belegen ein hohes Maß an vorgängiger Textplanung.

[44] τούτου ἐστὶ τὸ Γνῶθι σαυτόν, ὅπερ Ἀντισθένης ἐν ταῖς Διαδοχαῖς Φημονόης εἶναί φησιν, ἐξιδιοποιήσασθαι δὲ αὐτὸ Χίλωνα.

[45] Vgl. Pausanias X 5,7.

[46] I 40 (28,12f MARC.): περὶ δὴ τῶν ἑπτά (ἄξιον γὰρ ἐνταῦθα καθολικῶς κἀκείνων ἐπιμνησθῆναι) λόγοι φέρονται τοιοῦτοι.

Zahl, der Namen und der Aussprüche dieser Sieben nahezu alles umstritten ist. Und während in I 13 nur vermutet werden konnte, dass einzelne Namen durch andere ausgetauscht wurden, wird dies hier ausdrücklich in verschiedenen Versionen vorgeführt. Insgesamt erhöht sich die Zahl auf bis zu 17 Weise. Diese differierenden Versionen stellt Diogenes hier einfach unkommentiert nebeneinander; der Versuch, irgendwie an die historische Wahrheit zu gelangen, unterbleibt.

Nach diesem Einschub fährt Diogenes mit den unter Thales' Namen überlieferten Briefen fort, von denen er einen an Pherekydes und einen an Solon zitiert. Ab I 45 folgen dann die einzelnen Biographien der Weisen, und zwar nicht nur der Sieben, die in I 13 bereits als kanonisch erschienen (außer Thales I 45-67: Solon; I 68-73: Chilon; I 74-81: Pittakos; I 82-88: Bias; I 89-93: Kleobulos; I 94-100: Periandros), sondern auch der dort zusätzlich erwähnten Anacharsis (I 101-105), Myson (I 106-108), Epimenides (I 109-115) und Pherekydes (I 116-122). Das erste Buch[47] schließt dann mit den Worten (I 122, 91,1-5 MARC.): „Und das sind die sogenannten Weisen, zu denen einige noch den Tyrannen Peisistratos rechnen. Jetzt muss aber über die Philosophen gesprochen werden. Und anfangen muss man mit der ionischen Philosophie, die Thales initiiert hat, bei dem Anaximander gehört hat."[48] Folgerichtig beginnt das 2. Buch mit der Vita des Anaximander.

Diogenes beendet also mit dieser Bemerkung seine lange Digression über die Sieben Weisen, die – ähnlich wie es am Ausgangspunkt I 12 im Zusammenhang mit Pythagoras diskutiert worden war – noch nicht zu den Philosophen im engeren Sinne gehören, aber doch irgendwie berücksichtigt zu werden verdienten. Weshalb sie berücksichtigt werden müssen, führt Diogenes nirgends klar aus. Vermutlich hat er sie in verschiedenen seiner Vorlagen berücksichtigt gefunden und meinte, sie seien als eine Art Vor-Philosophen anzusehen.

Es leuchtet jetzt auch ein, warum sie gerade in die Biographie des Thales eingeschoben worden sind. Thales ist, wie wir schon in I 13 erfahren haben, der Archeget der italischen Sukzession und überhaupt der früheste vorsokratische Denker, von dem man noch etwas (wenngleich wenig) wusste. Er kann daher mit vollem Recht als erster Philosoph im eigentlichen Wortsinn bezeichnet werden. Mit ihm musste eine Philosophiegeschichte in Biographien, wie sie Diogenes vorlegt, beginnen. Zugleich wurde aber Thales zu den Sieben Weisen gerechnet, wie vermutlich bereits am Beginn seiner Vita (I 22) gestanden hat. Daher bot es sich an, an dieser Stelle einen Exkurs über die Sieben und noch

[47] Die Buchgrenze ist nicht einhellig überliefert, so dass MARC. das zweite Buch mit der gleich zitierten Passage beginnen lässt.

[48] καὶ οὗτοι μὲν οἱ κληθέντες σοφοί, οἷς τινες καὶ Πεισίστρατον τὸν τύραννον προσκαταλέγουσι. λεκτέον δὲ περὶ φιλοσόφων· καὶ πρῶτόν γε ἀρκτέον ἀπὸ τῆς Ἰωνικῆς φιλοσοφίας, ἧς καθηγήσατο Θαλῆς, οὗ διήκουσεν Ἀναξίμανδρος.

mehr Weisen einzufügen, auf die überdies in der Anekdote von dem Wanderpreis des Dreifußes immer wieder Bezug genommen wurde. Das passt übrigens auch von der Datierung her, wenn die Sieben Weisen von Demetrios um 582 v. Chr. datiert werden (I 22), Thales aber traditionell mit der Sonnenfinsternis von 585 v. Chr. in Verbindung gebracht wird.[49]

Ob die Partien über die Sieben Weisen später eingefügt wurden, wofür manches sprechen könnte, oder ob die Konzeption des Diogenes von Anfang an eine Behandlung der Weisen vorsah, kann offen bleiben. Wichtig ist für uns, dass er für die Sprüche der Weisen, die jeweils in die Biographien eingearbeitet sind, eine oder mehrere Quelle(n) benutzt hat, die eine große Nähe zu der bei Stobaios überlieferten Sammlung des Demetrios von Phaleron aufweist. Allerdings hat Demetrios eine etwas andere Reihenfolge als Diogenes (Kleobulos, Solon, Chilon, Thales, Pittakos, Bias, Periandros *versus* Thales, Solon, Chilon, Pittakos, Bias, Kleobulos, Periandros). Die Voranstellung des Thales bei Diogenes ergibt sich aus den geschilderten Gründen; warum aber Kleobulos dann vor Periandros gestellt wurde und nicht nach Thales folgte, bleibt unklar.

2.3 Die Texte

Hier folgt die Sammlung der Sprüche der Sieben Weisen durch Demetrios, wie sie bei Stobaios III, 1, 172 überliefert ist. In kleinerem Druck findet sich die jeweilige Parallelüberlieferung bei Diogenes Laertios (s.o. 2). Der jeweils erste Ausspruch steht bei Diogenes Laertios meist außerhalb dieser Blöcke als einzelnes Apophthegmen-Zitat; hier scheint eine andere Überlieferung vorzuliegen.

Wenn die Sprüche bei Diogenes und Demetrios exakt identisch lauten, steht nur „= Diog.Laert. ...“ (natürlich ohne erneute Übersetzung); in allen anderen Fällen (dann steht „Vgl. Diog.Laert. ...“) wird der abweichende Wortlaut noch einmal abgedruckt und meist auch erneut übersetzt. Wenn keine Parallele verzeichnet ist, gibt es keine.

[49] Die Sonnenfinsternis erwähnt Diogenes nicht (sondern Herodot I 74), dafür eine Datierung durch den Chronographen Apollodor (I 37f), nach dem das Geburtsjahr 624 v. Chr. gewesen sei. Manches daran ist zweifelhaft (Synchronismus anhand der Sonnenfinsternis und des Akme-Prinzips?), aber die grobe Datierung wird stimmen.

ᾱ. Κλεόβουλος Εὐαγόρου Λίνδιος ἔφη· I. Kleobulos, der Sohn des Euagoras, aus Lindos sagte: (Vgl. Diogenes Laertios I 92f [65,14-66,12 MARC.])

I 1	μέτρον ἄριστον.	Maß ist das Beste.
	= Diog.Laert. I 93 (67,3 MARC.), außerhalb der Sprüche.	
I 2	πατέρα δεῖ αἰδεῖσθαι.	Den Vater muss man mit Achtung behandeln.
I 3	εὖ τὸ σῶμα ἔχειν καὶ τὴν ψυχήν.	(Man soll) sich in guter körperlicher und seelischer Verfassung befinden.
	Vgl. Diog.Laert. I 92 (65,14f MARC.): συνεβούλευέ τε εὖ τὸ σῶμα ἀσκεῖν.	Und er riet, den Körper gut zu üben.
I 4	φιλήκοον εἶναι καὶ μὴ πολύλαλον.	(Man soll) gerne zuhören und nicht viel reden.
	Vgl. Diog.Laert. I 92 (65,15 MARC.): φιλήκοον εἶναι μᾶλλον ἢ φιλόλαλον.	(Man soll) eher gerne zuhören als gerne reden.
I 5	πολυμαθῆ ἢ ἀμαθῆ.	(Besser) vielwissend als unwissend.
	Vgl. Diog.Laert. I 92 (65,15f MARC.): φιλομαθῆ μᾶλλον ἢ ἀμαθῆ.	(Besser) nach Wissen strebend als unwissend.

I 6	γλῶσσαν εὔφημον κεκτῆσθαι.	(Man soll) eine schweigsame/anständige Zunge erwerben.
	Vgl. Diog.Laert. I 92 (66,1 MARC.): γλῶσσαν εὔφημον ἴσχειν.	(Man soll) eine schweigsame/anständige Zunge haben.
I 7	ἀρετῆς οἰκεῖον, κακίας ἀλλότριον.	Vertraut mit der Tugend, fremd der Schlechtigkeit (soll man sein).
	Vgl. Diog.Laert. I 92 (66,1f MARC.): ἀρετῆς οἰκεῖον εἶναι, κακίας ἀλλότριον.	(selbe Übers.)
I 8	ἀδικίαν μισεῖν, εὐσέβειαν φυλάσσειν.	Ungerechtigkeit hassen, Frömmigkeit bewahren.
	Vgl. Diog.Laert. I 92 (66,2 MARC.): ἀδικίαν φεύγειν.	Vor Ungerechtigkeit fliehen.
I 9	πολίταις τὰ βέλτιστα συμβουλεύειν.	Den Mitbürgern das Beste raten.
	Vgl. Diog.Laert. I 92 (66,2f MARC.): πόλει τὰ βέλτιστα συμβουλεύειν.	Der Stadt das Beste raten.
I 10	ἡδονῆς κρατεῖν	Die Lust beherrschen.
	= Diog.Laert. I 92 (66,3 MARC.)	
I 11	βίᾳ μηδὲν πράττειν.	Nichts mit Gewalt durchsetzen.
	= Diog.Laert. I 92 (66,3f MARC.)	

I 12	τέκνα παιδεύειν.	Kinder erziehen.
	= Diog.Laert. I 92 (66, 4 MARC.)	
I 13	Τύχῃ εὔχεσθαι.	Zum glücklichen Zufall beten.
I 14	ἔχθρας διαλύειν.	Feindschaften auflösen.
	Vgl. Diog.Laert. I 92 (66,4 MARC.): ἔχθραν διαλύειν.	Feindschaft auflösen.
I 15	τὸν τοῦ δήμου ἐχθρὸν πολέμιον νομίζειν.	Den Feind des Volkes (soll man) auch für (seinen) Feind halten.
I 16	γυναικὶ μὴ μάχεσθαι μηδὲ ἄγαν φρονεῖν ἀλλοτρίων παρόντων· τὸ μὲν γὰρ ἄνοιαν, τὸ δὲ μανίαν δύναται παρέχειν.	Mit seiner Frau nicht erbittert streiten und sich (ihr gegenüber) nicht allzu wohlgesonnen zeigen, wenn Fremde dabei sind; das eine kann nämlich als Unverstand, das andere (geradezu) als Wahnsinn aufgefasst werden.
	Vgl. Diog.Laert. I 92 (66,4-6 MARC.): γυναικὶ μὴ φιλοφρονεῖσθαι μηδὲ μάχεσθαι ἀλλοτρίων παρόντων· τὸ μὲν γὰρ ἄνοιαν, τὸ δὲ μανίαν σημαίνει.	Sich gegenüber seiner Frau nicht zu freundlich zeigen noch auch mit ihr erbittert streiten, wenn Fremde dabei sind; das eine nämlich ist ein Zeichen von Unverstand, das andere ein Zeichen von Wahnsinn.
I 17	οἰκέτας παρ' οἶνον μὴ κολάζειν· εἰ δὲ μή, δόξεις παροινεῖν.	Sklaven beim Wein nicht bestrafen; andernfalls wirst du den Eindruck erwecken zu randalieren.
	Vgl. Diog.Laert. I 92 (66,6f MARC.): οἰκέτην παρ' οἶνον μὴ κολάζειν· δοκεῖν γὰρ <ἂν add. COBET> παροινεῖν.	Einen Sklaven beim Wein nicht bestrafen; man würde nämlich wohl den Eindruck erwecken zu randalieren.

I 18	γαμεῖν ἐκ τῶν ὁμοίων· ἐὰν γὰρ ἐκ τῶν κρειττόνων, δεσπότας, οὐ συγγενεῖς κτήσῃ.	Heiraten aus der gleichen Schicht; denn wenn du aus einer höheren Schicht (heiratest), wirst du Herren, nicht Verwandte erwerben.
	Vgl. Diog.Laert. I 92 (66,7ff MARC.): γαμεῖν ἐκ τῶν ὁμοίων· ἂν γὰρ ἐκ τῶν κρειττόνων λάβῃς, φησί, δεσπότας κτήσῃ τοὺς συγγενέας	Heiraten aus der gleichen Schicht; denn wenn du (den Partner) aus einer höheren Schicht nimmst, so sagt er, wirst du die Verwandten als Herren erwerben.
I 19	μὴ ἐπιγελᾶν τῷ σκώπτοντι· ἀπεχθὴς γὰρ ἔσῃ τοῖς σκωπτομένοις.	Lache nicht mit dem Verspottenden; verhasst sein wirst du nämlich den Verspotteten.
	Vgl. Diog.Laert. I 93 (66,9f MARC.): μὴ ἐπιγελᾶν τοῖς σκωπτομένοις· ἀπεχθήσεσθαι γὰρ τούτοις.	Nicht über die Verspotteten lachen; man wird Ihnen nämlich verhasst sein.
I 20	Εὐποροῦντα μὴ ὑπερήφανον εἶναι, ἀποροῦντα μὴ ταπεινοῦσθαι.	Wenn es einem gut geht, soll man nicht arrogant sein, wenn es einem schlecht geht, nicht niedergeschlagen.
	Vgl. Diog.Laert. I 93 (66,10f MARC.): εὐτυχῶν μὴ ἴσθι ὑπερήφανος· ἀπορήσας μὴ ταπεινοῦ.	Wenn es dir gut geht, sei nicht arrogant; wenn es dir schlecht geht, sei nicht niedergeschlagen.
	Diog.Laert. I 93 (66,11f MARC.) fügt hinzu: τὰς μεταβολὰς τῆς τύχης γενναίως ἐπίστασο φέρειν.	Verstehe es, die Wechselfälle des Schicksals edel zu ertragen.

β. Σόλων Ἐξηκεστίδου Ἀθηναῖος ἔφη·
II. Solon, der Sohn des Exekestides, aus Athen sagte:
(Vgl. Diogenes Laertios I 60)

II 1	μηδὲν ἄγαν.	Nichts allzu sehr.
	= Diog.Laert. I 63 (43,12 MARC.), außerhalb der Sprüche	
II 2	κριτὴς μὴ κάθησο· εἰ δὲ μή, τῷ ληφθέντι ἐχθρὸς ἔσῃ.	Sitz nicht als Richter (da), andernfalls wirst du dem Ertappten ein Feind sein.
II 3	ἡδονὴν φεῦγε, ἥτις λύπην τίκτει.	Fliehe vor der Lust, die Verdruss gebiert.
II 4	φύλασσε τρόπου καλοκαγαθίαν ὅρκου πιστοτέραν.	Bewahre einen anständigen Charakter, der glaubwürdiger ist als ein Eid.
	Vgl. Diog.Laert. I 60 (41,2 MARC.): καλοκαγαθίαν ὅρκου πιστοτέραν ἔχε.	Besitze Anständigkeit, die glaubwürdiger ist als ein Eid.
II 5	σφραγίζου τοὺς μὲν λόγους σιγῇ, τὴν δὲ σιγὴν καιρῷ.	Besiegle deine Worte mit Schweigen, dein Schweigen aber mit dem rechten Augenblick.
	Vgl. Diog.Laert. I 58 (40,4f MARC.), außerhalb der Sprüche als selbständiges Apophthegma: ἔφασκέ τε σφραγίζεσθαι τὸν μὲν λόγον σιγῇ, τὴν δὲ σιγὴν καιρῷ.	Er pflegte zu sagen, man solle seine Worte mit Schweigen, sein Schweigen aber mit dem rechten Augenblick besiegeln.

II 6	μὴ ψεύδου, ἀλλ' ἀλήθευε.	Lüge nicht, sondern sag' die Wahrheit.
	Vgl. Diog.Laert. I 60 (41,2f MARC.): μὴ ψεύδου.	Lüge nicht.
II 7	τὰ σπουδαῖα μελέτα.	Sei (nur) auf Rechtschaffenes bedacht.
	= Diog.Laert. I 60 (41,3 MARC.)	
II 8	τῶν γονέων μὴ λέγε δικαιότερα.	Sei nicht rechthaberisch gegenüber deinen Eltern. (wörtl.: „Rede nicht Gerechteres als deine Eltern.")
II 9	φίλους μὴ ταχὺ κτῶ, οὓς δ' ἂν κτήσῃ, μὴ ταχὺ ἀποδοκίμαζε.	Gewinne Freunde nicht schnell; wenn du aber welche gewonnen hast, weise sie nicht schnell wieder zurück.
	Vgl. Diog.Laert. I 60 (41,3f MARC.): φίλους μὴ ταχὺ κτῶ· οὓς δ' ἂν κτήσῃ, μὴ ἀποδοκίμαζε.	(wie oben, aber am Ende): ..., weise sie nicht wieder zurück.
II 10	ἄρχεσθαι μαθὼν ἄρχειν ἐπιστήσῃ.	Wenn du gelernt hast, beherrscht zu werden (oder: dich zu beherrschen), wirst du verstehen zu herrschen.
	Vgl. Diog.Laert. I 60 (41,4f MARC.): ἄρχε πρῶτον μαθὼν ἄρχεσθαι.	Herrsche erst, wenn du gelernt hast beherrscht zu werden.
II 11	εὔθυναν ἑτέρους ἀξιῶν διδόναι καὶ αὐτὸς ὕπεχε.	Wenn du forderst, dass andere Rechenschaft ablegen, lege auch selbst Rechenschaft ab.

II 12	συμβούλευε μὴ τὰ ἥδιστα, ἀλλὰ τὰ βέλτιστα τοῖς πολίταις.	Rate den Bürgern nicht das Angenehmste, sondern das Beste.
	Vgl. Diog.Laert. I 60 (41,5 MARC.): συμβούλευε μὴ τὰ ἥδιστα, ἀλλὰ τὰ ἄριστα.	Rate nicht das Angenehmste, sondern das Beste. (Der Adressat bleibt offen.)
II 13	μὴ θρασύνου.	Sei nicht zu wagemutig.
	Vgl. Diog.Laert. I 60 (41,5f MARC.): νοῦν ἡγεμόνα ποιοῦ.	Mach die Vernunft zur Führerin.
II 14	μὴ κακοῖς ὁμίλει.	Verkehre nicht mit Schlechten.
	= Diog.Laert. I 60 (41,6 MARC.)	
II 15	χρῶ τοῖς θεοῖς.	Gebrauche die Götter.
	Vgl. Diog.Laert. I 60 (41,6 MARC.): θεοὺς τίμα	Verehre die Götter.
II 16	φίλους εὐσέβει.	Geh mit deinen Freunden ehrfürchtig um.
II 17	ὃ ἂν <μὴ> ἴδῃς, μὴ λέγε.	Was du <nicht> gesehen hast, das behaupte/sage auch nicht.[50]
II 18	εἰδὼς σίγα.	Wenn du (etwas) weißt, schweige.
II 19	τοῖς σεαυτοῦ πρᾶος ἴσθι.	Mit den Deinen sei sanft.
II 20	τὰ ἀφανῆ τοῖς φανεροῖς τεκμαίρου.	Das Unsichtbare erschließe aus dem Sichtbaren.[51]

[50] Wenn die erste Verneinung nicht hinzugefügt wird, ist der Spruch bedeutungsgleich mit dem folgenden.

[51] Wahrscheinlich auf die Gerichtssituation bezogen, später wird daraus ein wissenschaftlicher Methodensatz, vergleichbar ὄψις γὰρ τῶν ἀδήλων τὰ φαινόμενα. „Das Er-

γ̄. Χίλων Δαμαγήτου Λακεδαιμόνιος ἔφη· III. Chilon, der Sohn des Damagetes, aus Sparta, sagte: (Vgl. Diogenes Laertios I 69f)

III 1	γνῶθι σαυτόν.	Erkenne dich selbst.
	= Diog.Laert. I 40 (28,9 MARC.), Thales zugeschrieben.	
III 2	πίνων μὴ πολλὰ λάλει· ἁμαρτήσει γάρ.	Wenn Du (Wein) trinkst, rede nicht viel; du wirst nämlich Fehler machen.
	Vgl. Diog.Laert. I 69 (47,17 MARC.): γλώττης κρατεῖν, καὶ μάλιστα ἐν συμποσίῳ.	Die Zunge im Zaum halten, und dies vor allem beim Symposion.
III 3	μὴ ἀπείλει τοῖς ἐλευθέροις· οὐ γὰρ δίκαιον.	Drohe nicht den Freien; es ist nämlich nicht gerecht.
	Vgl. Diog.Laert. I 70 (48,2 MARC.): μὴ ἀπειλεῖν μηδενί· γυναικῶδες γάρ.	Niemandem drohen, denn das ist weibisch.
III 4	μὴ κακολόγει τοὺς πλησίον· εἰ δὲ μή, ἀκούσῃ, ἐφ' οἷς λυπηθήσῃ.	Rede nicht schlecht über deine Nachbarn; andernfalls wird man über dich (Dinge) reden, die dir schmerzlich sein werden.
	Vgl. Diog.Laert. I 69 (47,17ff MARC.): μὴ κακολογεῖν τοὺς πλησίον· εἰ δὲ μή, ἀκούσεσθαι ἐφ' οἷς λυπήσεσθαι.	(selbe Übers., Infinitive statt Imperative)

scheinende ist/ermöglicht die Sicht des Nichtoffenbaren" (Anaxagoras fr. 59 B 21 a DIELS/KRANZ).

III 5	ἐπὶ τὰ δεῖπνα τῶν φίλων βραδέως πορεύου, ἐπὶ δὲ τὰς ἀτυχίας ταχέως.	Zu den Festessen deiner Freunde komme langsam, zu (ihren) Unglücksfällen aber schnell.
	Vgl. Diog.Laert. I 70 (48,2ff MARC.): ταχύτερον ἐπὶ τὰς ἀτυχίας τῶν φίλων ἢ ἐπὶ τὰς εὐτυχίας πορεύεσθαι.	Schneller zu den Unglücksfällen der Freunde als zu ihren glücklichen Ereignissen eilen.
III 6	γάμους εὐτελεῖς ποίου.	Feiere keine teuren Hochzeiten.
	Vgl. Diog.Laert. I 70 (48,4 MARC.): γάμον εὐτελῆ ποιεῖσθαι.	(selbe Übers., Infinitiv statt Imperativ und Sg. statt Pl.)
III 7	τὸν τετελευτηκότα μακάριζε.	(Erst) wenn jemand gestorben ist, nenne ihn glücklich.
	Vgl. Diog.Laert. I 70 (48,4f MARC.): τὸν τεθνηκότα μὴ κακολογεῖν.	Über einen Toten nichts Schlechtes reden.
III 8	πρεσβύτερον σέβου.	Einen Älteren ehre.
	Vgl. Diog.Laert. I 70 (48,5 MARC.): γῆρας τιμᾶν.	Das Alter ehren.
III 9	τὸν τὰ ἀλλότρια περιεργαζόμενον μίσει.	Verabscheue den, der sich in fremde Angelegenheiten einmischt.
	Vgl. Diog.Laert. I 70 (48,5 MARC.): φυλάττειν ἑαυτόν.	Sich nur um sich selbst kümmern.

III 10	ζημίαν αἱροῦ μᾶλλον ἢ κέρδος αἰσχρόν· τὸ μὲν γὰρ ἅπαξ λυπήσει, τὸ δὲ ἀεί.	Schaden wähle eher als verwerflichen Nutzen; das eine nämlich ist nur einmal schmerzlich, das andere immer.
	Vgl. Diog.Laert. I 70 (48,5ff MARC.): ζημίαν αἱρεῖσθαι μᾶλλον ἢ κέρδος αἰσχρόν· ἡ μὲν γὰρ ἅπαξ ἐλύπησε, τὸ δὲ διὰ παντός.	(selbe Übers., Infinitiv statt Imperativ)
III 11	τῷ δυστυχοῦντι μὴ ἐπιγέλα.	Über den Unglücklichen lache nicht.
	Vgl. Diog.Laert. I 70 (48,7 MARC.): ἀτυχοῦντι μὴ ἐπιγελᾶν.	(selbe Übers., Infinitiv statt Imperativ)
III 12	τραχὺς ὢν ἥσυχον σεαυτὸν πάρεχε, ὅπως σε αἰσχύνωνται μᾶλλον ἢ φοβῶνται.	Wenn du von rauhem/zornigem Charakter bist, gib dich ruhig, damit sie dir mehr mit Ehrfurcht als mit Furcht begegnen.
	Vgl. Diog.Laert. I 70 (48,8f MARC.): ἰσχυρὸν ὄντα πρᾷον εἶναι, ὅπως οἱ πλησίον αἰδῶνται μᾶλλον ἢ φοβῶνται.	Wenn man stark ist/an der Macht ist, sanft sein, damit die Nahestehenden mehr Ehrfurcht als Furcht empfinden.
III 13	τῆς ἰδίας οἰκίας προστάτει.	Über dein eigenes Haus sei Herrscher.
	Vgl. Diog.Laert. I 70 (48,9f MARC.): μανθάνειν τῆς αὑτοῦ οἰκίας καλῶς προστατεῖν.	Lernen, über sein eigenes Haus Herrscher zu sein.

III 14	ἡ γλῶσσα σου μὴ προτρεχέτω τοῦ νοῦ.	Deine Zunge soll nicht schneller laufen als dein Verstand.
	Vgl. Diog.Laert. I 70 (48,10 MARC.): τὴν γλῶτταν μὴ προτρέχειν τοῦ νοῦ.	Die Zunge soll nicht schneller laufen als der Verstand.
III 15	θυμοῦ κράτει.	Beherrsche deinen Zorn.
	Vgl. Diog.Laert. I 70 (48,10f MARC.): θυμοῦ κρατεῖν. (Bei Diog.Laert. folgt [48,11 MARC.]: μαντικὴν μὴ ἐχθαίρειν, ohne Parallele bei Demetrios.)	(selbe Übers., Infinitiv statt Imperativ) (Die Wahrsagekunst nicht hassen.)
III 16	μὴ ἐπιθύμει ἀδύνατα.	Strebe nicht nach Unmöglichem.
	Vgl. Diog.Laert. I 70 (48,11f MARC.): μὴ ἐπιθυμεῖν ἀδυνάτων.	(selbe Übers., Infinitiv statt Imperativ)
III 17	ἐν ὁδῷ μὴ σπεῦδε προάγειν.	Dränge nicht danach, auf dem Weg voran zu eilen.
	Vgl. Diog.Laert. I 70 (48,12 MARC.): ἐν ὁδῷ μὴ σπεύδειν.	Auf dem Weg nicht eilen.
III 18	μηδὲ τὴν χεῖρα κινεῖν· μανικὸν γάρ.	Auch nicht die Hand bewegen, denn das ist ein Zeichen von Wahnsinn.
	Vgl. Diog.Laert. I 70 (48,12f MARC.): λέγοντα μὴ τὴν χεῖρα κινεῖν· μανικὸν γὰρ.	Wenn man redet, soll man nicht die Hand bewegen; denn das ist ein Zeichen von Wahnsinn.[52]

[52] Nur durch das hinzugefügte „beim Reden“ wird die Sentenz verständlich.

III 19	νόμοις πείθου.	Gehorche den Gesetzen.
	Vgl. Diog.Laert. I 70 (48,13 MARC.): νόμοις πείθεσθαι. (Dann folgt [48,13 MARC.]: ἠρεμίᾳ χρῆσθαι, ohne Parallele bei Demetrios.)	(selbe Übers., Infinitiv statt Imperativ) (Immer ruhig bleiben.)
III 20	ἀδικούμενος διαλλάσσου, ὑβριζόμενος τιμωροῦ.	Wenn du Unrecht erlitten hast, söhne dich (mit dem Täter) aus; wenn dir aber Gewalt angetan wurde, räche dich.

δ. Θαλῆς Ἐξαμύου Μιλήσιος ἔφη
IV. Thales, der Sohn des Examyes aus Milet, sagte:
(Vgl. Diogenes Laertios I 37)

IV 1	ἐγγύα, πάρα δ' ἄτα.	Bürgschaft – schon ist Verderben da.
	Vgl. Diog.Laert. I 73 (51,4ff MARC.), dem Chilon zugeteilt.	
IV 2	φίλων παρόντων καὶ ἀπόντων μέμνησο.	Denk an deine Freunde, ob sie da sind oder nicht.
	Vgl. Diog.Laert. I 37 (26,8f MARC.): φίλων παρόντων καὶ ἀπόντων μεμνῆσθαί φησι.	Er sagt, man solle an seine Freunde denken, ob sie da sind oder nicht.
IV 3	μὴ τὴν ὄψιν καλλωπίζου, ἀλλ' ἐν τοῖς ἐπιτηδεύμασιν ἴσθι καλός.	Verschönere nicht dein Äußeres, sondern sei schön in deinen Handlungen.
	Vgl. Diog.Laert. I 37 (26,9f MARC.): μὴ τὴν ὄψιν καλλοπίζεσθαι, ἀλλὰ τοῖς ἐπιτηδεύμασιν εἶναι καλόν.	(selbe Übers., Infinitive statt Imperative)

IV 4	μὴ πλούτει κακῶς.	Sei nicht auf schlechte Weise reich.
	Vgl. Diog.Laert. I 37 (26,11 Marc.): μὴ πλούτει, φησί, κακῶς.	Sei nicht, sagt er, auf schlechte Weise reich.
IV 5	μή σε διαβαλλέτω λόγος πρὸς τοὺς πίστεως κεκοινωνηκότας.	Deine Rede soll dich nicht in Misskredit bringen gegenüber denen, die dir Vertrauen geschenkt haben.
	Vgl. Diog.Laert. I 37 (26,11f Marc.): μηδὲ διαβαλλέτω σε λόγος πρὸς τοὺς πίστεως κεκοινωνηκότας.	(selbe Übers.)
IV 6	κολακεύειν γονεῖς μὴ ὄκνει.	Zögere nicht, den Eltern zu schmeicheln.
IV 7	μὴ πατρὸς δέχου τὸ φαῦλον.	Übernimm nicht das Schlechte von deinem Vater.
IV 8	οἵους ἂν ἐράνους ἐνέγκῃς τοῖς γονεῦσιν, τοιούτους αὐτὸς ἐν τῷ γήρᾳ παρὰ τῶν τέκνων προσδέχου.	Welche Gefälligkeiten du den Eltern erweist, solche empfange auch selbst im Alter von deinen Kindern.
	Vgl. Diog.Laert. I 37 (26,12ff Marc.): οὓς ἂν ἐράνους εἰσενέγκῃς, φησί, τοῖς γονοῖσι, τοὺς αὐτοὺς προσδέχου καὶ παρὰ τῶν τέκνων.	Welche Gefälligkeiten du den Eltern erweist, sagt er, dieselben empfange auch von deinen Kindern.
IV 9	χαλεπὸν τὸ ἑαυτὸν γνῶναι.	Schwierig ist es, sich selbst zu erkennen.
	Vgl. Diog.Laert. I 36 (25,20 Marc.), außerhalb der Sprüche: ἐρωτηθεὶς τί δύσκο-	Gefragt, was schwer sei, sagte er:

	λον, ἔφη, Τὸ ἑαυτὸν γνῶναι.	‚Sich selbst zu erkennen'.
IV 10	ἥδιστον οὗ ἐπιθυμεῖς τυχεῖν.	Das Angenehmste ist es, das zu erlangen, wonach du strebst.
	Vgl. Diog.Laert. I 36 (26,1f MARC.), außerhalb der Sprüche: τί ἥδιστον, „τὸ ἐπιτυγχάνειν".	(Gefragt,) was das Angenehmste sei, (antwortete er:) ‚Das Erlangen/der Erfolg'.
IV 11	ἀνιαρὸν ἀργία.	Schlimm ist Untätigkeit.
IV 12	βλαβερὸν ἀκρασία.	Schädlich ist Unbeherrschtheit.
IV 13	βαρὺ ἀπαιδευσία.	Schwer (erträglich) ist Mangel an Erziehung.
IV 14	δίδασκε καὶ μάνθανε τὸ ἄμεινον.	Lehre und lerne das Bessere.
IV 15	ἀργὸς μὴ ἴσθι, μηδ' ἂν πλουτῇς.	Sei nicht untätig, auch nicht, wenn du reich bist.
IV 16	κακὰ ἐν οἴκῳ κρύπτε.	Verbirg Unglück/Unheil im Haus.
IV 17	φθονοῦ μᾶλλον ἢ οἰκτίρου.	Werde lieber beneidet als bemitleidet.
IV 18	μέτρῳ χρῶ.	Handle maßvoll.
IV 19	μὴ πᾶσι πίστευε.	Traue nicht allen.
IV 20	ἄρχων κόσμει σεαυτόν.	Schmücke dich durch die Ausübung deiner Herrschaft selbst. (= Zeichne dich als Herrscher aus.)

ε̄. Πίττακος Ὕρρα Λέσβιος ἔφη·
V. Pittakos, Sohn des Hyrras, aus Lesbos sagte:
(Vgl. Diogenes Laertios I 78)

V 1	καιρὸν γνῶθι.	Erkenne den richtigen Augenblick.
	= Diog.Laert. I 79 (55,8 MARC.), außerhalb der Sprüche.	
V 2	ὃ μέλλεις ποιεῖν, μὴ λέγε· ἀποτυχὼν γὰρ καταγελασθήσῃ.	Sage nicht, was du zu tun vorhast; denn wenn es schiefgeht, wirst du Gelächter ernten.
	Vgl. Diog.Laert. I 78 (54,3f MARC.): ὃ μέλλεις πράττειν, μὴ πρόλεγε.	Was du zu tun vorhast, kündige nicht vorher an.
V 3	τοῖς ἐπιτηδείοις χρῶ.	Gebrauche jeweils zweckdienliche Dinge.
V 4	ὅσα νεμεσᾷς τῷ πλησίον, αὐτὸς μὴ ποίει.	Worüber du dich bei deinem Nachbarn ärgerst, das tue auch selbst nicht.
V 5	ἀπραγοῦντα μὴ ὀνείδιζε· ἐπὶ γὰρ τούτοις νέμεσις θεῶν κάθηται.	Schmähe nicht den, dem es schlecht geht; bei solchen (Handlungen) sitzt nämlich die gerechte Vergeltung der Götter (zu Gericht).
	Vgl. Diog.Laert. I 78 (54,4f MARC.): ἀτυχίαν μὴ ὀνειδίζειν, νέμεσιν αἰδούμενον.	Das Unglück nicht schmähen, weil man sich vor der Vergeltung scheuen soll.
V 6	παρακαταθήκας ἀπόδος.	(Bei dir) deponierte Güter gib zurück.
	Vgl. Diog.Laert. I 78 (54,5f MARC.): παρακαταθήκην λαβόντα ἀποδοῦναι.	Wenn man ein Gut (zur Aufbewahrung) akzeptiert hat, soll man es auch zurückgeben.

V 7	ἀνέχου ὑπὸ τῶν πλησίον μικρὰ ἐλαττούμενος.	Erdulde es, von den Nachbarn ein wenig zurückgesetzt zu werden.
V 8	τὸν φίλον κακῶς μὴ λέγε μηδ' εὖ τὸν ἐχθρόν· ἀσυλλόγιστον γὰρ τὸ τοιοῦτον.	Rede über deinen Freund nichts Schlechtes und über deinen Feind nichts Gutes; so etwas ist nämlich rational nicht nachvollziehbar.
	Vgl. Diog.Laert. I 78 (54,6f MARC.): φίλον μὴ λέγειν κακῶς, ἀλλὰ μηδ' <εὖ> ἐχθρόν.	Über einen Freund nichts Schlechtes reden, aber auch <nichts Gutes> über einen Feind.[53]
V 9	δεινὸν συνιδεῖν τὸ μέλλον, ἀσφαλὲς τὸ γενόμενον.	Es ist gewagt, in die Zukunft zu schauen, das gegenwärtige Geschehen aber ist sicher.
	Vgl. Diog.Laert. I 77 (53,19f MARC.), außerhalb der Sprüche: ἀφανές, „τὸ μέλλον".	(Gefragt,) was unklar sei, (antwortete er): „die Zukunft".
V 10	πιστὸν γῆ, ἄπιστον θάλασσα.	Etwas Zuverlässiges ist das Land, etwas Unzuverlässiges aber die See.
	Vgl. Diog.Laert. I 77 (53,19f MARC.), außerhalb der Sprüche: πιστόν, „Γῆ·" ἄπιστον, „Θάλασσα."	(Gefragt), was zuverlässig sei, (antwortete er): „das Land", was unzuverlässig sei: „die See".
V 11	ἄπληστον κέρδος.	Unersättlich ist Gewinn.
V 12	κτῆσαι ἴδια.	Erwirb Eigenes.

[53] MARC. hat die Textergänzung <εὖ> nach der Parallele V 8 vorgenommen, vielleicht handelt es sich aber um eine bewusste Auslassung, die sich auch auf die Begründung erstreckt (s. 2.4).

V 13	θεράπευε εὐσέβειαν, παιδείαν, σωφροσύνην, φρόνησιν, ἀλήθειαν, πίστιν, ἐμπειρίαν, ἐπιδεξιότητα, ἑταιρείαν, ἐπιμέλειαν, οἰκονομίαν, τέχνην.	Halte hoch Ehrfurcht (gegenüber Göttern und Eltern), Bildung, maßvolles Verhalten, Umsicht, Wahrheit, Treue, Erfahrung, Geschicklichkeit, Freundschaft, Sorgfalt, Wirtschaftlichkeit, Professionalität.[54]
	Vgl. Diog.Laert. I 78 (54,7f MARC.): εὐσέβειαν ἀσκεῖν. σωφροσύνην φιλεῖν. ἀλήθειαν ἔχειν, πίστιν, ἐμπειρίαν, ἐπιδεξιότητα, ἑταιρίαν, ἐπιμέλειαν.	Ehrfurcht einüben. Maßvolles Verhalten lieben. Wahrheit besitzen, Treue, Erfahrung, Geschicklichkeit, Freundschaft, Sorgfalt.

ϛ. Βίας Τευτραμίδου Πριηνεὺς ἔφη·
VI. Bias, der Sohn des Teutramides, aus Priene sagte:
(Vgl. Diogenes Laertios I 87f)

VI 1	οἱ πλεῖστοι ἄνθρωποι κακοί.	Die meisten Menschen sind schlecht.
	Vgl. Diog.Laert. I 88 (62,16f MARC.), außerhalb der Sprüche, ohne ἄνθρωποι, und I 87 (62,3 MARC.): (ἔλεγε ...) τοὺς γὰρ πλείστους εἶναι κακούς.	(Er sagte ...), denn die meisten seien schlecht.
VI 2	εἰς κάτοπτρον, ἔφη, ἐμβλέψαντα δεῖ, εἰ μὲν καλὸς φαίνῃ, καλὰ ποιεῖν· εἰ δὲ αἰσχρός, τὸ τῆς φύσεως ἐλλιπὲς διορθοῦσθαι τῇ καλοκαγαθίᾳ.	Wenn man in den Spiegel schaut, so sagte er, muss man, wenn man dort schön erscheint, Schönes tun, wenn aber hässlich, muss man den Defekt der Natur durch einen schönen Charakter korrigieren.

[54] Reihung unter Aufgabe der normalen Zahl von 20 Gnomen wie in VI 17.

VI 3	βραδέως ἐγχείρει· οὗ δ' ἂν ἄρξῃ, διαβεβαιοῦ.	Geh (eine Aufgabe) langsam an; wenn du aber etwas begonnen hast, bleib dabei.
	Vgl. Diog.Laert. I 87 (62,4f MARC.): βραδέως ἐγχείρει τοῖς πραττομένοις· ὃ δ' ἂν ἕλῃ, βεβαίως τηρῶν διάμενε.	Gehe deine Aufgaben langsam an; wenn du aber etwas gewählt hast, behalte es fest im Blick.
VI 4	μίσει τὸ ταχὺ λαλεῖν, μὴ ἁμάρτῃς· μετάνοια γὰρ ἀκολουθεῖ.	Verabscheue es, schnell (= unüberlegt) zu reden, damit du keinen Fehler machst; Reue folgt nämlich auf dem Fuß.
	Vgl. Diog.Laert. I 87 (62,5f MARC.): μὴ ταχὺ λάλει· μανίαν γὰρ ἐμφαίνει.	Rede nicht schnell, denn das erweckt den Anschein von Wahnsinn.
VI 5	μήτ' εὐήθης ἴσθι μήτε κακοήθης.	Sei weder (zu) gutmütig (= einfältig, dumm), noch von üblem Charakter.
VI 6	ἀφροσύνην μὴ προσδέχου.	Nimm keine Unüberlegtheit an.
VI 7	φρόνησιν ἀγάπα.	Liebe Überlegtheit.
	= Diog.Laert. I 87 (62,6 MARC.)	
VI 8	περὶ θεῶν λέγε, ὡς εἰσίν.	Sage über die Götter, dass sie existieren.
	= Diog.Laert. I 88 (62,6f MARC.)	
VI 9	νόει τὸ πραττόμενον.	Bedenke das, was du tust.
VI 10	ἄκουε πολλά.	Höre vieles.
VI 11	λάλει καίρια.	Rede (jeweils) Angemessenes.

VI 12	Πένης ὢν πλουσίοις μὴ ἐπιτίμα, ἢν μὴ μέγα ὠφελῇς.	Wenn du arm bist, tadle nicht die Reichen, wenn es dir nicht einen großen Nutzen bringt.
VI 13	ἀνάξιον ἄνδρα μὴ ἐπαίνει διὰ πλοῦτον.	Einen wertlosen Mann lobe nicht bloß wegen seines Reichtums.
	= Diog.Laert. I 88 (62,7 MARC.)	
VI 14	πείσας λαβέ, μὴ βιασάμενος.	Nimm (etwas an dich), indem du überzeugst, nicht indem du Gewalt anwendest.
	= Diog.Laert. I 88 (62,8 MARC.)	
VI 15	ὅ τι ἂν ἀγαθὸν πράσσῃς, θεούς, μὴ σεαυτὸν αἰτιῶ.	Was auch immer du Gutes tust, mach dafür die Götter, nicht dich selbst verantwortlich.
	Vgl. Diog.Laert. I 88 (62,8f MARC.): ὅ τι ἂν ἀγαθὸν πράττῃς, εἰς θεοὺς ἀνάπεμπε.	Was auch immer du Gutes tust, führe es auf die Götter zurück.
VI 16	κτῆσαι ἐν μὲν νεότητι εὐπραξίαν, ἐν δὲ τῷ γήρᾳ σοφίαν.	Erwirb in der Jugend gutes Verhalten, im Alter aber Weisheit.
	Vgl. Diog.Laert. I 88 (62,9ff MARC.): ἐφόδιον ἀπὸ νεότητος εἰς γῆρας ἀναλάμβανε σοφίαν· βεβαιότερον γὰρ τοῦτο τῶν ἄλλων κτημάτων.	Als Wegbegleiter nimm dir von der Jugend bis ins Alter die Weisheit hinzu; denn sie ist ein sichererer Besitz als alle anderen Besitztümer.

VI 17	ἕξεις ἔργῳ μνήμην, καιρῷ εὐλάβειαν, τρόπῳ γενναιότητα, πόνῳ ἐγκράτειαν, φόβῳ εὐσέβειαν, πλούτῳ φιλίαν, λόγῳ πειθώ, σιγῇ κόσμον, γνώμῃ δικαιοσύνην, τόλμῃ ἀνδρείαν, πράξει δυναστείαν, δόξῃ ἡγεμονίαν.	Du wirst durch Taten Erinnerung erlangen, durch (Beachtung des) rechten Augenblicks Vorsicht, im Charakter Adel, durch/in Mühen Beherrschung, durch Furcht ehrfürchtiges Verhalten, durch Reichtum Freundschaft, durch Rede Überzeugung, durch Schweigen Schmuck, in der Gesinnung Gerechtigkeit, durch Wagemut Tapferkeit, durch erfolgreiches Handeln Macht, durch Ruhm Herrschaft.[55]

ζ. Περίανδρος Κυψέλου Κορίνθιος ἔφη·
VII. Periandros, der Sohn des Kypselos, aus Korinth sagte:
(Vgl. Diogenes Laertios I 97f)

VII 1	μελέτα τὸ πᾶν.	Alles ist Sorgfalt/Vorausbedenken. oder: Bedenke alles voraus.[56]
	Vgl. Diog.Laert. I 99 (72,2 MARC.), außerhalb der Sprüche: μελέτη τὸ πᾶν.	(selbe Übers., normalisierte Dialektform bzw. Ersatz des Verbums durch das Substantiv)
VII 2	καλὸν ἡσυχία.	Ruhe ist etwas Schönes.
	= Diog.Laert. I 97 (70,11f MARC.)	
VII 3	ἐπισφαλὲς προπέτεια.	Hast ist etwas Gefährliches.
	= Diog.Laert. I 97 (70,12 MARC.)	

[55] Reihung unter Aufgabe der normalen Zahl von 20 Gnomen wie in V 13. – Die Dative changieren zwischen der Funktion eines instrumentalen Dativs („durch ...") und eines lokalen Dativs („in, bei").

[56] μελέτα kann die dorische Form des Substantivs μελέτη sein, aber auch Imperativ Präsens des Verbums μελετάω.

VII 4	κέρδος αἰσχρόν.	Gewinn ist schändlich.
	Vgl. Diog.Laert. I 97 (70,12f MARC.).[57]	
VII 5	<...> φύσεως κατηγορία.	... ist eine Anklage gegen die Natur.[58]
VII 6	δημοκρατία κρεῖττον τυραννίδος.	Demokratie ist besser als Tyrannis.
	= Diog.Laert. I 97 (70,13 MARC.)	
VII 7	αἱ μὲν ἡδοναὶ θνηταί, αἱ δ' ἀρεταὶ ἀθάνατοι.	Lüste sind sterblich, Charakterqualitäten (Tugenden) aber unsterblich.
	Vgl. Diog.Laert. I 97 (70,13f MARC.): αἱ μὲν ἡδοναὶ φθαρταί, αἱ δὲ τιμαὶ ἀθάνατοι.	Lüste sind vergänglich, Ehren aber unsterblich.
VII 8	εὐτυχῶν μὲν μέτριος ἴσθι, ἀτυχῶν δὲ φρόνιμος.	Wenn es dir gut geht, sei maßvoll, wenn es dir aber schlecht geht, vernünftig.
	Vgl. Diog.Laert. I 97 (71,1f MARC.): εὐτυχῶν μὲν μέτριος ἴσθι, δυστυχῶν δὲ φρόνιμος.	(selbe Übers., ἀτυχῶν durch δυστυχῶν ersetzt)
VII 9	φειδόμενον κρεῖττον ἀποθανεῖν ἢ ζῶντα ἐνδεῖσθαι.	Es ist besser, als Sparsamer zu sterben als am Leben zu sein und bedürftig zu sein.
VII 10	σεαυτὸν ἄξιον παρασκεύαζε τῶν γονέων.	Mach dich zu einem, der seiner Eltern wert ist.

[57] MARC. ergänzt aus dem folgenden Spruch: κέρδος αἰσχρὸν <φύσεως κατηγορία>. („Schändlicher Gewinn <ist eine Anklage der/gegen die Natur>").

[58] Entweder verstümmelt oder an VII 4 anzuhängen, siehe dort.

VII 11	ζῶν μὲν ἐπαινοῦ, ἀποθανὼν δὲ μακαρίζου.	Solange du lebst, lass dich loben, (erst) nach deinem Tode aber lass dich glücklich preisen.
VII 12	φίλοις εὐτυχοῦσι καὶ ἀτυχοῦσιν ὁ αὐτὸς ἴσθι.	Sei deinen Freunden derselbe, ob sie glücklich oder unglücklich sind.
	= Diog.Laert. I 98 (71,2f MARC.)	
VII 13	ὃ ἂν ἑκὼν ὁμολογήσῃς, <διατήρει ergänzt aus Diog.Laert.; ποίει Parisinus 1630>· πονηρὸν <γὰρ τὸ ergänzt aus Parisinus 1630> παραβῆναι.	Wozu du dich freiwillig bereit erklärt hast, <das halte durch/tue auch>; schlecht <ist es nämlich>, (einen einmal gefassten Beschluss) zu übertreten.
	Vgl. Diog.Laert. I 98 (71,3 MARC.): ὃ ἂν ὁμολογήσῃς, διατήρει.	Wozu du dich bereit erklärt hast, das tue auch.
VII 14	λόγων ἀπορρήτων ἐκφορὰν μὴ ποιοῦ.	Geheime Reden mache nicht publik.
	= Diog.Laert. I 98 (71,4 MARC.)	
VII 15	λοιδοροῦ ὡς ταχὺ φίλος ἐσόμενος.	Schimpfe so, dass du schnell wieder ein Freund sein kannst.
VII 16	τοῖς μὲν νόμοις παλαιοῖς χρῶ, τοῖς δὲ ὄψοις προσφάτοις.	Gebrauche alte Gesetze, aber frische Speisen.

VII 17	μὴ μόνον τοὺς ἁμαρτάνοντας κόλαζε, ἀλλὰ καὶ τοὺς μέλλοντας κώλυε.	Bestrafe nicht nur diejenigen, die eine Verfehlung begehen, sondern halte auch diejenigen ab, die in Zukunft eine Verfehlung begehen wollen.
	Vgl. Diog.Laert. I 98 (71,4f MARC.), kürzer und ungenauer: μὴ μόνον τοὺς ἁμαρτάνοντας, ἀλλὰ καὶ τοὺς μέλλοντας κόλαζε.	Nicht nur diejenigen, die eine Verfehlung begehen, sondern auch die, die in Zukunft eine Verfehlung begehen wollen, bestrafe.
VII 18	δυστυχῶν κρύπτε, ἵνα μὴ τοὺς ἐχθροὺς εὐφράνῃς.	Verbirg dich, wenn du unglücklich bist, damit du deine Feinde nicht erfreust.

2.4 Das Verhältnis des Demetrios zu Diogenes Laertios und seiner Vorlage

2.4.1 Die Reihenfolge

Die Reihenfolge ist bei beiden Gewährsmännern dieselbe. Nur Chilon 3f sind bei Diog.Laert. I 69f umgestellt.

2.4.2 Überschießendes Spruchmaterial

Die Sammlung des Demetrios ist weit umfangreicher als die bei Diog.Laert. gebotenen Blöcke. Eine Sonderrolle spielen die Kopfsätze, die bei Diog.Laert. jeweils gegen Ende des den betreffenden Weisen gewidmeten Abschnittes als Einzelwort überliefert werden (Diog.Laert. I 39.63.73.79.88.93.99). Möglicherweise sind sie auf einer späteren Redaktionsstufe zu Demetrios hinzugekommen.[59] Davon abgesehen sind die Sprüche des Chilon bei Demetrios nur geringfügig (nur um den Schluss 20) reichhaltiger, die des Kleobulos dagegen

[59] S.u. 3; so auch STANJEK 1891, 12.

haben bei Demetrios ein Mehr in 2.8b.13.15, die des Solon in 2f.5.8.11.16-20, die des Pittakos in 3f.7.11f, die des Bias in 2.5f.9-12.17, die des Periandros in 9-11.15f.18. Den größten Überschuss weisen die Worte des Thales auf (6f.9-20). Gewöhnlich deutet man zwar den Befund dahin, dass Diog.Laert. eine Auswahl aus Demetrios getroffen habe. Doch zwei Indizien machen stutzig. Es lässt sich nämlich beobachten, dass einige überzählige Sprüche Stichworte oder den Sachzusammenhang der Textumgebung aufnehmen (so I 15 ἔχθρας –ἔχθρος; IV 6f γονεῖς; VI 6 ἀφροσύνη – φρόνησις; 12 πλουσίοις – πλοῦτον). VII 9-11 unterbricht dagegen einen Stichwortzusammenhang εὐτυχεῖν – ἀτυχεῖν bei Diog.Laert. Manchmal haben die Einschübe auch Anhalt an den bei Diog.Laert. den Sprüchen voraufgehenden Apophthegmen, die auf Fragen nach dem Angenehmsten, Schwierigsten und anderen Eigenschaften antworten (IV Thales 9f = Diog.Laert. I 36; V Pittakos 9f = Diog.Laert. I 77; V 11, wo ἄπληστος an ἄπιστος von 10 anklingt, könnte ähnlichen Ursprung haben).[60] Die Chrienform, die auch in Florilegien überliefert ist,[61] klingt witziger und könnte ursprünglicher sein. Das alles weist darauf, dass bei Demetrios ein Grundstock bearbeitet und erweitert ist, den die Quelle des Diog.Laert. im wesentlichen erhalten hat.

Freilich gibt es auch einen kleinen Überschuss bei Diog.Laert.: I 93 fügt er zu Kleobulos 20 einen sinngemäßen Anhang über das Ertragen von Schicksalsschlägen hinzu;[62] bei Solon 15 schreibt er statt „Gebrauche die Götter" die anderswo eine Imperativreihe eröffnenden Gebote „Ehre die Götter, habe Ehrfurcht vor den Eltern". I 70 steht zwischen Chilon 15 und 16 ein Spruch über die Mantik. Und statt Chilon 20 hat er eine Empfehlung der Einsamkeit.

2.4.3 Die Formulierung

In der Formulierung des gemeinsamen Gutes zeigt Diog.Laert. (oder seine Vorlage) manchmal eindeutig sekundäre Züge. So erhält der Aufruf „Sei nicht übermütig" (Solon 13) eine philosophische Form: „Mache die Vernunft zum Führer" (Diog.Laert. I 60). Vielleicht ist auch die Vermeidung von πολυμαθής (Kleobulos 5) in Diog.Laert. I 92 (dafür φιλομαθής) durch die Abwertung dieses Wortes in der philosophischen Tradition (Heraklit) bedingt. Der Hass auf den Allotria Treibenden (Chilon 9) wird positiv mit φυλάττειν ἑαυτόν wiedergegeben (Diog.Laert. I 70). Chilon 8 wird moralistisch im Sinn übler Nachrede über Tote verstanden (Diog.Laert. I 70). Anders als bei Pittakos 8 ist nach Diog.Laert. I 78 auch das schlechte Reden über den Feind verpönt. Damit fällt auch die Begründung für das unterschiedliche Verhalten gegenüber Freund und

[60] Solche „Superlativfragen" der Sieben rekonstruiert SNELL 1971, 96f.

[61] Darauf weist TZIATZI-PAPAGIANNI 1994, 4 hin. S. die Parallelen ebd. 197-199.215f.

[62] Er findet sich auch Par.Lat. 6; Mon. Kleobulos 22.

Feind weg. Nicht nur den Freien (Chilon 3), sondern überhaupt niemand darf man nach Diog.Laert. I 70 bedrohen. Es ist möglich, dass Diog.Laert. auch einige moralisch nicht so erhebende Worte, die Demetrios bezeugt, ausgelassen hat, weil sie die Gegenwehr gegen den Feind erlauben (Chilon 20) oder weil sie ungeniert den Besitz preisen (Thales 17, Pittakos 12). Ähnliches könnte man bei Thales 6f (zum Thema „Eltern") erwägen. Dagegen dürfte die Hinzufügung von „und die Seele" in Kleobulos 3 auf Demetrios zurückgehen, es sei denn man vermisst hier eine Pointe. Diese inhaltlichen Unterschiede werden im Beitrag von D. Zeller (s. u. III) noch eigens besprochen. Wo hingegen gleichbedeutende Worte verwendet werden (z.B. ἔχειν in Kleobulos 3, bei Diog.Laert. I 92 ἀσκεῖν), lässt sich meist keine klare Entscheidung treffen.

2.4.4 Stilistik

Stilistisch scheint meist Diog.Laert. zu verbessern. Sicher, wo er die I 60 auch für Apollodor bezeugte 2. Person Sg. im Zitat in Infinitive umgießt. Das ist besonders bei den Begründungen offensichtlich. Vermutlich auch, wo er die Konkreta in Demetrios durch Abstrakta ersetzt (z.B. in I 70 εὐτυχίαι statt δεῖπνα in Chilon 5, das Alter statt den Älteren in Chilon 8; in I 78 den Unglücklichen von Pittakos 5 durch das Unglück). Auch die Zusätze von Füllwörtern wie εἶναι (zu Kleobulos 7), λαβεῖν (zu Kleobulos 18) dürften auf Diog.Laert. oder seine Quelle zurückzuführen sein. Umgekehrt sind etwa in Solon 4 τρόπου, 6 die Antithese, 9 das zweite ταχύ als Ergänzungen von Demetrios verdächtig.

Fazit: Obwohl vielleicht Demetrios von Phaleron der Ältere ist, scheint Apollodor Zugang zu einer knapper gefassten früheren Sammlung zu haben, die bei Demetrios aufgefüllt vorliegt, wohl um bei allen Weisen die bei Chilon vorgegebene Zahl von etwa 20 Sprüchen zu erreichen. Die Tendenz zur Auffüllung ist in den katalogartigen Schlussgliedern (Pittakos 13, wo Demetrios vier Tugenden mehr hat; Bias 17 vielleicht statt der bei Diog.Laert. I 88 zu 16 gegebenen Begründung) offensichtlich; aber auch da, wo kurze Imperative von Demetrios antithetisch ergänzt werden.[63] Was den Wortlaut angeht, kann man jedoch Apollodor bzw. seinem Referenten Diog.Laert. nicht durchweg vertrauen. Diese Folgerungen wurden bisher in der Forschung kaum gezogen. Meist ging man vom Ergebnis bei BRUNCO 1884, 313, aus, alle anderen Versionen seien von Demetrios abhängig. Selbst TZIATZI-PAPAGIANNI 1994, 3f, die an einzelnen Punkten die größere Ursprünglichkeit des Diog.Laert. bemerkt, kommt nur zu dem Schluss, dass dieser eine bessere Fassung der Demetriossammlung als Stobaios benutzt hat. Wieso hat er sie dann so radikal gekürzt?

[63] Kleobulos 8: „Unrecht hassen, *Frömmigkeit bewahren*"; Solon 6: „Lüge nicht, *sondern sag' die Wahrheit*"; Bias 6f: „Nimm keine Unüberlegtheit an, *schätze Überlegtheit*". Jeweils das zweite Glied fehlt bei Diog.Laert.

Unsere Vermutungen führen hingegen darauf, dass im 4. Jh. v. Chr. schon eine Sammlung von Gnomen der einzelnen Weisen existierte, die Demetrios um andere ihm bekannte Sprüche bereicherte.

3. Listen mit den einzelnen Weisen zugeschriebenen Einzelsprüchen

Dass die an der Spitze der Spruchgruppen bei Demetrios jeweils angeführten Sätzchen eine eigene Überlieferungsgeschichte haben, legte schon der Vergleich mit Diog.Laert. nahe. Ein Indiz dafür ist auch, dass byzantinische Handschriften, die sich sonst zunächst an die Spruchgruppen des Demetrios anlehnen (s.u. 5.2), diese Kopfsätze nicht haben[64] bzw. bei Periandros ein anderes Wort („gefalle allen") voranstellen.[65] Ihre Zitation als Einzelwort bei Diog.Laert. macht es wahrscheinlich, dass sie in Listen der Sieben Weisen jeweils den einzelnen Namen hinzugefügt wurden.[66] Außerdem vermerkte man wohl, wie die Überschriften bei Demetrios zeigen, den Vaternamen und die Herkunft. Bei solchen Listen mit einzelnen Aussprüchen mussten auch die drei delphischen Urworte, die bei Platon, *Prot.* 343AB noch als Erzeugnis des ganzen Gremiums gelten, einzelnen Weisen zugeteilt werden. Dabei ergaben sich naturgemäß die stärksten Abweichungen. So schreibt Demetrios das γνῶθι σαυτόν dem Chilon, das ἐγγύα, πάρα δ' ἄτα dem Thales zu; bei Diog.Laert. I 40.73 ist es umgekehrt. Das von Demetrios dem Solon zugesprochene μηδὲν ἄγαν wird in einem Distichon bei Diog.Laert. I 41 dem Chilon vindiziert, in Anth.Pal. IX 366 dem Pittakos. Vergeblich würde man versuchen, ursprüngliche Zugehörigkeiten wiederherzustellen. Doch sei – wie bei SNELL 1971, 12f – hier die wohl Diogenes Laertios vorliegende Liste in der Reihenfolge der von ihm behandelten Geistesgrößen reproduziert:

64 Paris. hängt die drei delphischen Urworte bei Chilon an; Ath. hat sie gar nicht; ebensowenig die Nachdichtung bei WÖLFFLIN; diese bringt allerdings vor D Chilon 2 das inhaltlich dazu passende μέτρον ἄριστον. Paris. und Ath. führen am Ende des mit Demetrios übereinstimmenden Periandros-Blocks μελέτη τὸ πᾶν an.

65 So Paris., Ath., auch Ald.; indirekt bezeugt es auch WÖLFFLIN 214.

66 Diog.Laert. hat sie also weder aus Demetrios entliehen (so R. GOULET in: M.-O. GOULET-CAZÉ 1999, 61) noch dem chrienartigen Spruchgut entnommen, das er sonst neben den Spruchreihen verwertet (vgl. KINDSTRAND 1986). Daraus könnte jedoch der Einzelspruch des Myson Diog.Laert. I 108 stammen. Er ist bezeichnenderweise länger als die Kernsätze der Sieben.

1. Thales	γνῶθι σαυτόν	Erkenne dich selbst.
2. Solon	μηδὲν ἄγαν	Nichts allzu sehr.[67]
3. Chilon	ἐγγύα, πάρα δ' ἄτα	Bürgschaft – schon ist Verderben da.
4. Pittakos	καιρὸν γνῶθι	Erkenne den richtigen Augenblick.
5. Bias	οἱ πλεῖστοι κακοί	Die meisten sind schlecht.
6. Kleobulos	μέτρον ἄριστον	Maß ist das Beste.
7. Periandros	μελέτη τὸ πᾶν	Alles ist Sorgfalt.

Dass solche Listen umliefen, zeigen auch die Darstellungen der Sieben Weisen in der Rundplastik, auf Fresken oder in Mosaiken, soweit sie Beischriften haben.[68] Die Abfolge der Weisen und die ihnen zugeordneten Kernsprüche mögen schwanken, das ändert nichts am formalen Prinzip. Derartige Aufzählungen sind dann später sowohl im griechischen wie im lateinischen Sprachraum in Prosa wie in Versform erhalten.[69]

An griechischen Texten seien beispielsweise genannt: Anth.Pal. IX 366 (von Demetrios abweichend)[70]; sachlich, aber nicht in der Abfolge mit Demetrios übereinstimmend: eine elegische Dichtung (BOISSONADE 1962, 143) und eine prosaische Reihe (BOISSONADE 1962, 144) im Kodex 1630 der Pariser Königlichen Bibliothek. Aus der lateinischen Überlieferung soll erwähnt werden: Die literarkritisch bedenkliche hexametrische Aufstellung bei Hyginus, *fab.* 221.2; das unter dem Namen des Ausonius laufende Epigramm *De septem sapientibus ex Graeco* sowie Gedichte des Sidonius Apollinaris und des Luxorius.[71] Ausonius' *Ludus septem sapientium* dagegen weiß um verschiedene Zuschreibungen, kennt also vermutlich verschiedene Listen. Der Zweck dieser Merkdichtungen ist pädagogischer Art, wie z.T. in den Einleitungen ausdrücklich gemacht wird.[72]

[67] Ein starker Konkurrent ist der Rat Solons, auf das Ende des Lebens zu schauen, um sich ein Urteil über einen Menschen bilden zu können. Er wird etwa bei Ausonius, *ludus* 56 formuliert: ὅρα τέλος μακροῦ βίου; vgl. Anth. Pal. IX 366; schol. in Lukian, *Phal.* I 7 RABE und u. III 2.1.

[68] Vgl. den Überblick bei RICHTER 1965, 81-91; VON HEINTZE 1977. Die in Tivoli gefundenen Hermen haben Namen und Hauptmaxime in Griechisch. Ein Mosaik aus Baalbek (1./2. Jh. n. Chr.) mit Namen, Herkunft und Spruch bestätigt Demetrios. Das aus dem 6. Jh. stammende Mosaik aus Nerodimlje (Kosovo) zeigt in einem Band Name, Herkunft und Spruch auf Lateinisch. Wegen der vielen Differenzen ist es keineswegs von Ausonius abhängig (gegen DJURIČ 1990, 124).

[69] Vgl. die Zusammenstellung der Handschriften bei BÜHLER 1989, 30-33 und im Anhang von TZIATZI-PAPAGIANNI 1994, 435-446.

[70] Ähnlich schol. in Lukian, *Phal.* I 7 RABE. Das Gedicht des Antipater Sidonius Anth.Pal. VII 81 gibt nur die Geburtsorte.

[71] Genaueres dazu am Anfang des Beitrags von SPAHLINGER (u. S. 161ff).

[72] Vgl. etwa bei BOISSONADE 1962, 143: „Vernimm, o Jüngling, der Sieben Weisen weit schallende Grundsätze (ἐριηχέα δόγματα) und richte dich danach als Steuerruder deines Lebens."

4. Die Imperativreihen auf dem delphischen Stein

DIELS/KRANZ haben in die Fragmente der Vorsokratiker nur diejenigen Sprüche aufgenommen, die einzelnen Weisen persönlich zugeordnet sind, verweisen aber in den Anmerkungen auf noch andere Spruchsammlungen (Sosiades und die Inschrift von Miletupolis). Gerade an der bei Stobaios III 1,173 erhaltenen Sammlung des Sosiades ist ersichtlich, dass es neben den auf Personen aufgeteilten Spruchgruppen noch einen anderen Aggregatzustand der „Unterweisungen der Sieben Weisen" gibt: Reihen von kurzen imperativischen Sätzen, die den Weisen kollektiv zugeschrieben werden. Vielleicht hat man diese Überlieferungsform zunächst verschmäht, weil das Alter des Sosiades fraglich schien. Zwar war seit Beginn des letzten Jahrhunderts (1907) die Inschrift aus Miletupolis bekannt, die ebenfalls ohne Namensnennung eine größere Zahl ähnlicher Sprüche in derselben Form enthält wie die bei Sosiades überlieferten (vgl. unten 4.1). Aber deren Beziehung zu den Sieben Weisen oder zu Delphi ist nicht bezeugt. Es mussten weitere archäologische Funde hinzukommen, die diesen Bezug bestätigten. Zu nennen sind die Säulenbasis von Aï-Khanum (vgl. unten 4.2) und die Papyri aus Athen und Oxyrhynchos (vgl. unten 4.4 und 4.5). Danach wird es wahrscheinlich, dass ein delphisches Original – welche Form der Stein hatte, lässt sich allerdings nicht genau sagen – für diese Abschriften Modell stand.

Während die bei Demetrios und Diogenes Laertios mit einzelnen Personen verbundenen Sprüche formal uneinheitlich und insbesondere häufiger länger sind, sind die Sprüche der delphischen Tradition immer durch eine außerordentliche Kürze gekennzeichnet. In der Regel handelt es sich um nur zwei Worte, deren eines ein Verb im Imperativ ist. Selten tritt ein Adverb oder eine Verneinung hinzu, auch präpositionale Ergänzungen führen nur selten zu drei und mehr Worten. Der Artikel fehlt ebenfalls fast immer. Man kann also von nur wenig erweiterten Imperativreihen sprechen. Die Reihenfolge der Sprüche gehorcht selten nachvollziehbaren inhaltlichen Gesetzen. Beim P.Ath. und bei Sosiades stehen am Anfang grundsätzliche Worte über die Pflichten gegenüber dem Gott bzw. den Göttern, den Eltern, den Gesetzen. Solche Imperative eröffnen auch in anderen Quellen pädagogische Mahnung.[73] Es geht aber schon zu weit zu postulieren, solche Imperative müssten auch das Incipit der originalen delphischen Inschrift gebildet haben.[74] Denn der Stein von Miletupolis und P.

[73] S. unten III Anm. 130.221.243.

[74] So OIKONOMIDES 1987 in seinem Versuch, mit P.Ath. und den Inschriften von Miletupolis und Aï-Khanum eine Art delphischen Urtextes – gleichsam als Vorform von Sosiades – herzustellen. Das ist methodisch fragwürdig. Denn während die Inschrift von Aï-Khanum nach Sosiades rekonstruiert wird (s. 4.3), zeigen P.Ath und Miletupolis ein eigenwilliges Verhältnis zu Sosiades, das in seiner Komplexität jeweils bei der Einleitung zu diesen Dokumenten dargestellt wird.

Oxyrrhynchus Nr. 61.4099 belegen diesen Anfang nicht, bei beiden lautet der erste identifizierbare Spruch „Hilf den Freunden". Es ist daher unklar, welche Sprüche wirklich zum originalen delphischen Grundstock gehört haben und was spätere Erweiterungen oder Veränderungen sind. Jedenfalls kann nicht zweifelhaft sein, dass mit diesen delphischen Sprüchen eine eigene, wirkmächtige Überlieferung vorliegt, die von der personal zugeordneten Spruchüberlieferung getrennt zu betrachten ist, wenngleich es bereits seit frühester Zeit Überschneidungen gegeben hat.

4.1 Die Inschrift von Miletupolis

Bei einer Reise durch den Kyzikus-Distrikt in der heutigen Türkei im Jahre 1906 hat der Archäologe F. W. HASLUCK in dem Ort Kermasti, dem antiken Miletupolis (heute: die Flur Melde, 5 km nordwestlich von Mustafakemalpaşa), ca. 50 km südlich vom Marmarameer, ein Fragment einer Marmorstele gefunden, das ca. 37 cm hoch, 27,5 cm breit und 8 cm tief und oben und unten abgebrochen ist. Der erhaltene Text ist also nur ein Ausschnitt aus einer unbekannten größeren Textmenge. Der genaue Fundzusammenhang des Stückes ist unbekannt; heute befindet es sich im Museum in Bursa. Auf dieser Stele ist eine Inschrift in zwei unsauber voneinander getrennten Kolumnen eingraviert, von deren erster noch 25 Zeilen lesbar sind, von deren zweiter noch 31 Zeilen. Nicht nur sind die Kolumnen unsauber voneinander getrennt, sondern sie sind auch in unterschiedlich großer Schrift ausgeführt (die rechte kleiner als die linke), so dass am Anfang etwa 3 Zeilen der rechten auf zwei Zeilen der linken Kolumne kommen. Aber auch diese Zeilenverteilung ist ganz ungenau. Darüber hinaus ist für die zweite Kolumne kein einheitlicher linker Rand eingehalten, sondern eine Art ‚Flattersatz' durchgeführt. All das macht den Eindruck einer insgesamt sehr sorglos ausgeführten Inschrift.[75]

[75] Diels hat dies in der gleich zu nennenden Ausgabe der Inschrift zu folgendem bemerkenswerten Kommentar veranlasst (S. 395): *ab hac igitur levitate Graecorum, quae (an melius: qui?* Hrsgg.*) leges formulasque sacras numquam ea religione colebant qua Romani vel Iudaei (cf. Cic. pro Flacc. 4, 9) ne Miletopolitani quidem exempli conditor abhorruit, ut ipsa scripturae futtilitas testimonio est. proinde adulescentes qui gymnasium illud frequentabant, ubi positum fuit, sicut coniectum est, non nimiam praeceptis illis auctoritatem tribuisse credas.* „Von dieser Leichtigkeit der Griechen, die die heiligen Gesetze und Formeln niemals mit derselben religiösen Ehrfurcht behandelten wie die Römer oder die Juden (vgl. Cic. pro Flacc. 4, 9), schreckte nicht einmal der Aufsteller des Beispiels aus Miletupolis zurück, wie ja die Nachlässigkeit der Inschrift selbst beweist. Daher darf man wohl annehmen, dass die jungen Leute, die jenes Gymnasium bevölkerten, wo die Inschrift, wie vermutet wird, aufgestellt war, diesen Vorschriften nicht allzu viel Autorität zugemessen haben."

Die Inschrift hat HASLUCK nach einem Abklatsch zuerst im Journal for Hellenic Studies 27, 1907, 61-67, hier: 62-63 publiziert. Maßgeblich ist nach wie vor die Edition von H. DIELS in DITTENBERGER, vol. III, Nr. 1268. Sie wird im wesentlichen wiederholt von E. SCHWERTHEIM, Die Inschriften von Kyzikos und Umgebung, Teil II: Miletupolis, Inschriften und Denkmäler (IK 26), Bonn 1983, Nr. 2 (mit Abb. Nr. 5), S. 3-5. Datiert wird die Inschrift nach der Buchstabenform auf das Ende des 4. Jh. oder den Anfang des 3. Jh. v. Chr.

Über die Stadt Miletupolis ist aus antiken Quellen nur sehr wenig bekannt.[76] Die Stadtgründung könnte bereits im 7., wahrscheinlicher aber im 6. Jh. v. Chr. möglicherweise von Milet aus erfolgt sein. Im Jahre 410/09 v. Chr. taucht sie in einer Athener Tributliste auf und scheint auch sonst mit Athen verbunden gewesen zu sein. In den *Hellenika von Oxyrhynchos* (einem nur fragmentarisch erhaltenen Fortsetzungswerk der Geschichte des Thukydides) wird über den Heerzug des Spartaners Agesilaos im Jahre 395 v. Chr. berichtet, der vergeblich versuchte, Miletuteichos, einen Ort in der Nähe von Miletupolis, einzunehmen. Der weitere Verlauf der Geschichte von Miletupolis ist sehr unklar, bis die Stadt im Jahre 281 v. Chr. unter seleukidische Herrschaft gelangte. Ausgerechnet aus dieser sehr dunklen Phase der Stadtgeschichte stammt unsere Inschrift, die immerhin ein gewisses geistig-kulturelles Interesse und damit doch wohl einen gewissen Wohlstand der Stadt dokumentiert.

Auffällig sind vor allem die Parallelen zu der Spruchsammlung des Sosiades, die ebenfalls keine Aufteilung der Sprüche nach den Sieben Weisen vornimmt, sondern sie summarisch zuschreibt. Um diesen Zusammenhang zu verdeutlichen, sind die Parallelen zu Sosiades mit „S" plus Spruchzahl angegeben (es steht „= S XX", wenn völlige Wortgleichheit gegeben ist, „vgl. S XX", wenn es Abweichungen gibt. Nur reine Abweichungen der Schreibweise bleiben unberücksichtigt).

Es stellt sich heraus, dass im Großen und Ganzen die Reihenfolge der Sprüche, wie sie bei Sosiades überliefert ist, auf unserer Inschrift beibehalten ist. So beginnt die erste Kolumne mit S 15-33, wobei S 17 fehlt und durch die Einschaltung anderer Sprüche ersetzt ist, die sich ebenfalls bei Sosiades finden, aber an anderer Stelle und in abweichender Formulierung. S 23-25 fehlen ohne Ersetzung. S 26-33 sind im Wesentlichen vorhanden, es gibt aber Einschaltungen und Änderungen. Gegen Ende der ersten Kolumne ist der Zusammenhang mit Sosiades (S 37-44) sehr erratisch. Die zweite Kolumne hat im wesentlichen die Reihenfolge von S 92-117, aber S 94, S 100 und S 106 z. B. fehlen ganz. Darüber hinaus ist die Reihenfolge bisweilen in kleinerem Rahmen vertauscht (z. B. S 101, 102, 105, 103, 104). Da der Stein nur fragmentarisch erhalten ist, ist es denkbar – und wenige Buchstabenreste deuten darauf hin –, dass oberhalb

[76] Die folgenden Überlegungen sind aus der wertvollen Zusammenschau von SCHWERTHEIM 89ff übernommen.

und unterhalb der beiden Kolumnen noch weiterer Text des Sosiades stand, in welchem Umfang, bleibt jedoch unklar.

Dass es zwischen beiden Spruchsammlungen Abweichungen im Wortlaut gibt, wird auch bei Betrachtung der erhaltenen und daher direkt vergleichbaren Textabschnitte deutlich: Kleinste Änderungen weisen etwa II 8 (ἁμαρτών statt ἁμαρτάνων, S 101) und II 12 (πρᾶσσε statt πρᾶττε, S 104) auf, etwas umfangreichere Variationen zeigen z. B. II 14 (ὁμόνοι[αν] ἄσκει statt ὁμόνοιαν δίωκε, S 107) oder II 16 (ἀπόρρητα κρύπτε statt ἄρρητον κρύπτε, S 108). Schließlich gibt es in I 5 oder II 18 Zusätze, die wir bei Sosiades nicht finden.

Insgesamt muss man also gewisse Parallelen der Inschrift zur Sammlung des Sosiades konstatieren, aber mindestens ebenso viele Abweichungen.

Die Inschrift wird im Folgenden nach der Ausgabe von DIELS bei DITTENBERGER wiedergegeben. Zur besseren Zitierbarkeit sind die beiden Kolumnen mit I und II bezeichnet, der dann die Zeilenzahl folgt.

Kolumne I

I 1	[φί]λοις βοήθει = S 15	Hilf den Freunden.
I 2	[θ]υμοῦ κράτει = S 16	Beherrsche den Zorn.
I 3	[ἄ]δικα φεῦγε	Fliehe vor unrechten (Taten).
I 4	μαρτύρει ὅσια vgl. S 49	Bewahre beim Zeugnis heiliges (Recht).
I 5	[ἡ]δονῆς κράτει[77]	Beherrsche die Lust.
I 6	[τ]ύχην νό[μ]ιζ[ε] = S 68	Glaube an die *Tyche*.
I 7	[π]ρόνοιαν τ[ί]μ[α] = S 18	Ehre die Voraussicht.
I 8	ὅρκωι μὴ χρῶ = S 19	Gebrauche keinen Eid.

[77] Die Klammersetzung bei Diels: ἡ[δονῆς κράτει ist ein Druckfehler.

I 9	[φ]ιλίαν ἀγάπα = S 20	Liebe die Freundschaft.
I 10	[π]αιδείας ἔχου vgl. S 21	Halte an Bildung fest.
I 11	[δ]όξαν δίωκε = S 22	Strebe nach Ruhm/gutem Ruf.
I 12	ἀρετὴν ἐπαίνει vgl. S 26	Lobe die Tugend.
I 13	πρᾶσσε δίκαια vgl. S 27 (πρᾶττε)	Handle gerecht/Tue Gerechtes.
I 14	χάριν ἀπόδος vgl. S 75	Erstatte Dank zurück.
I 15	φίλοις εὐνόει = S 28	Sei den Freunden wohlgesonnen.
I 16	[ἐ]χθροὺς ἀμύνου = S 29	Wehre die Feinde ab.
I 17	συγγενεῖς ἄσκει vgl. S 30	Verehre deine Verwandten.[78]
I 18	[κ]ακίας ἀπέχου = S 31	Halte dich von Schlechtigkeit fern.
I 19	[κ]οινὸς γίνου = S 32	Werde umgänglich.
I 20	τὰ ἴδια φύλασσε vgl. S 33 (φύλαττε)	Pass auf dein Eigentum auf.
I 21	φίλωι χαρίζου = S 37	Tu dem Freund einen Gefallen.

[78] Diels glaubte, dass S 30 (εὐγένειαν ἄσκει „Übe einen noblen Charakter ein.“) durch ein Missverständnis aus diesem Spruch entstanden sei.

I 22	ὕβριμ μείσει = S 41	Verabscheue Frevel.
I 23	[ε]ὔφημος γίνου vgl. S 36	Werde schweigsam.
I 24	ἱκέτας ἐλέει vgl. S 42	Habe Mitleid mit Bittflehenden.
I 25	[υἱ]ο[ὺ]ς πα[ίδευε] = S 44	Erziehe deine Kinder/Söhne.

Kolumne II

II 1	πέρας ἐ[πιτέλει] vgl. S 92	Erreiche das Ziel.
II 2	πᾶσιν φιλοφρό[νει] vgl. S 93	Geh mit allen freundlich um.
II 3	γυναικὸς ἄρχ[ε] = S 95	Über (deine) Frau behalte die Oberhand.
II 4	σαυτὸν εὖ πο[ίει] = S 96	Tu dir Gutes.
II 5	εὐπροσήγορος γί[νου] = S 97	Werde höflich.
II 6	ἀποκρίνου ἐγ καιρῶ[ι] = S 98	Antworte im richtigen Augenblick.
II 7	πόνει μετ' εὐκλείας = S 99	Mühe dich mit Ruhm.
II 8	[ἁ]μαρτὼν μετανόει vgl. S 101 (ἁμαρτάνων)	Wenn (du) einen Fehler gemacht hast, besinne dich eines Besseren.
II 9	ὀ[φ]θαλμοῦ κράτ[ει] = S 102	(Dein) Auge halt im Zaum.

II 10	φιλίαν φύλασσε = S 105	Freundschaft bewahre.
II 11	βουλεύου χρόνω[ι] = S 103	Berate mit (hinreichend) Zeit.
II 12	πρ[ᾶ]σσε συντόμω[ς] vgl. S 104 (πρᾶττε)	Handle unverzüglich/ohne Umschweife.
II 13	τὸ [δί]καιον νέμ[ε]	Teile Gerechtes zu.
II 14	ὁμόνοι[αν] ἄσκει vgl. S 107	Übe Einmütigkeit.
II 15	μηθενὸς καταφρόνε[ι] vgl. S 56	Verachte niemanden.
II 16	ἀπόρρητα κρύπτε vgl. S 108	Geheimes verberge.
II 17	τὸ κρατοῦμ φοβοῦ = S 109	Vor der Macht (wohl: der anderen) fürchte dich.
II 18	χρόνωι πίστευ[ε]	Vertraue der Zeit.
II 19	<μὴ> λά[λ]ε[ι] πρὸς ἡδονήν	Rede nicht (jemandem) zu Gefallen.[79]
II 20	προσκύνει τὸ θεῖο[ν]	Verehre das Göttliche kniefällig.
II 21	καιρὸμ προσδέχου = S 111	Den rechten Augenblick warte ab.
II 22	ἔχθραν διαλύου vgl. S 112	Feindschaften löse auf.
II 23	ἐπὶ ῥώμηι <μὴ> καυχῶ = S 114	Mit (deiner) Kraft prahle (nicht).[80]

[79] Text sehr unsicher. OIKONOMIDES liest λάβε πρ. ἡδ. „Nimm (etw.) zur Lusterfüllung." Der von Diels vermutete Ausfall der Negation ist hier viel schwerer erklärbar als in II 23.

[80] Ausfall der Negation durch Haplographie.

II 24	γῆρας προσδέχου = S 113	Das Alter (gemeint wohl: alte Menschen) nimm freundlich auf.
II 25	χρῶ τῶι συμφέροντ[ι] vgl. S 110	Gebrauche das Nützliche.
II 26	εὐφημίαν ἄσκ[ει] = S 115	Zu schweigen übe.
II 27	ψεῦδος αἰσχύνο[υ]	Scheue dich vor einer Lüge.
II 28	ἀπέχθειαν φεῦγε = S 116	Fliehe davor, verhasst zu sein.
II 29	πιστεύων μὴ ἀ[πατῶ?]	Lass dich durch Vertrauen nicht täuschen. (?)[81]
II 30	πλούτει δ̣[ικαίως] = S 117	Sei reich, aber auf gerechte Weise.
II 31	ὁμολογ[ίαις ἔμμενε] vgl. S 107	Bewahre Übereinkünfte.

4.2 Der Fund von Aï-Khanum

Für eine Neubewertung des Steins von Miletupolis und des Sosiades-Textes sorgte ein Aufsehen erregender Fund, den eine Gruppe französischer Archäologen unter Paul Bernard 1966 in Aï-Khanum am Fluss Oxus machte.[82] Hier in Baktrien, an der nordöstlichen Ecke des Alexanderreiches, war eine griechische Stadt gegründet worden. Darin entdeckte man in der Vorhalle eines einem gewissen Kineas geweihten Heroons eine Stelenbasis. Darauf steht ein Epigramm aus zwei Distichen, das der Epigraphiker L. Robert an den Anfang des 3. Jh. v. Chr. datiert. Wenn freilich das Heroon erst unter den griechisch-baktrischen Königen entstand,[83] muss man auf eine Zeit nach 250 v. Chr. heruntergehen.

Ἀνδρῶν τοι σοφὰ ταῦτα παλαιοτέρων ἀνάκειται
        ῥήματα ἀριγνώτων Πυθοῖ ἐν ἠγαθέαι

[81] Text sehr unsicher. Andere haben vermutet „Höre nicht auf, Vertrauen zu haben." (ἀ[πόκαμνε], ἀ[πείπῃς]), aber Diels verweist darauf, dass sonst eher zum Misstrauen geraten wird (S 128, S 142 etc.).

[82] Für das Folgende vgl. ROBERT 1968; er sieht in Kineas den Stadtgründer.

[83] So auf Grund von Ziegelstempeln NARAIN 1987.

ἔνθεν ταῦτα Κλέαρχος ἐπιφραδέως ἀναγράψας
    εἴσατο τηλαυγῆ Κινέου ἐν τεμένει.

Diese weisen Worte gar alter, weit berühmter Männer
    sind geweiht im hochheiligen Pytho;
Von dort hat Klearchos dies sachverständig[84] aufgeschrieben
    und weithin strahlend im Hain des Kineas hingesetzt.

Rechts von dieser Erklärung stehen – in größerer Schrift – fünf Zeilen, die offenbar Teil dieser „weisen Worte" sind:

Παῖς ὢν κόσμιος γίνου,	Als Kind sei anständig,
ἡβῶν ἐγκρατής,	als Jugendlicher beherrscht,
μέσος δίκαιος,	als Erwachsener gerecht,
πρεσβύτης εὔβουλος	als Greis vernünftig
τελευτῶν ἄλυπος.	im Sterben ohne Kummer.

Diese auf die Lebensabschnitte abgestimmten Anweisungen bilden auch den Schluss der Sammlung des Sosiades (Nr. 143), nur dass dort statt γίνου ἴσθι und statt εὔβουλος das synonyme εὔλογος verwendet wird. Das lässt vermuten, dass auf der Stele, für deren Fuss die Basis eine Einbettung zeigt, eine ähnliche Serie von kurzen Imperativsätzen wie bei Sosiades geboten wurde. Den letzten Spruch hätte man, entweder weil auf der Stele kein Platz mehr war oder wegen seiner Bedeutung als einzige längere Einheit, auf die Basis geschrieben. Diese Vermutung wird bestätigt durch einen dreieckigen Steinsplitter, den man einen Meter entfernt von der Basis entdeckte. Er stammt offenbar von der unteren linken Ecke der Stele. In der untersten Zeile liest Robert φιλοσοφ[... Das lässt sich eindeutig mit Sosiades 48 ergänzen zu:

φιλόσοφος γίνου	Strebe nach Weisheit.

Über dem Φ ist ein E zu erkennen. Auch der bei Sosiades 47 vorangehende Spruch – freilich lauten so noch mehrere andere an – beginnt mit einem E: εὐλόγει πάντας. Nimmt man darüber ebenso viele Sprüche wie bei Sosiades an, so kommt man auf eine Stelenhöhe von über 70 cm. Die Maximen waren sehr wahrscheinlich in drei Kolumnen angeordnet, wovon sich die letzte in dem erhaltenen Fünfzeiler auf der Basis fortsetzt. Teilt man die Restmenge von 142 Zeilen bei Sosiades durch 3, so ergeben sich tatsächlich etwa 47-48 Sprüche pro Kolumne. Trotz der kleinen Abweichung im Wortlaut des letzten Spruches wird also die Inschrift im Großen und Ganzen mit dem Text des Sosiades identisch gewesen sein. Dessen Verfasser wird ihn ebenso von einem delphischen Origi-

[84] Zu dieser Bedeutung des Adverbs ἐπιφραδέως vgl. ROBERT 1968, 423.

nal abgeschrieben haben wie der Gewährsmann unserer Inschrift, Klearchos.[85] Das wird dadurch zur Gewissheit, dass noch byzantinische Handschriften bei dieser Art von kurzen Imperativsätzen die Herkunft aus Delphi vermerken.[86] Weil auch der Stein von Miletupolis die Form einer Stele, verankert in einer Basis, habe, vermutet Robert,[87] neben den im Pronaos fixierten Urworten hätte in Delphi nach dem Neubau des Tempels 373 v. Chr. eine entsprechende Stele mit den zahlreichen Maximen existiert.

Es bleibt zu konstatieren, dass selbst ganz am Rande der durch die Alexanderzüge erweiterten hellenistischen Welt ein Interesse daran bestand, die Sprüche der Sieben Weisen an einem exponiertem Ort jugendlicher Erziehung auszustellen und dabei zu betonen, dass sie sorgfältige Abschriften der delphischen Sprüche sind. Der weihende Klearchos vertraute dabei auf die Strahlkraft der auf diese Weise vorgenommenen Publikation, offenbar weil an dem Ort ein hoher Publikumsverkehr vorausgesetzt werden konnte. Das ganze ist natürlich als eine Parallele zu der im hoch berühmten Delphi aufgestellten Inschrift anzusehen, stellt aber zugleich einen Akt der Identifikationsstiftung dar, der an diesem Außenposten der hellenistischen Welt zum Zwecke kultureller Selbstbehauptung sicher notwendig war.

4.3 Die Spruchsammlung des Sosiades

Im Gegensatz zu Johannes Stobaeus III 1,172 (Sammlung des Demetrios von Phaleron, oben 2.3) sind die Sprüche dieser Sammlung (Johannes Stobaeus III 1,173) nicht namentlich einzelnen Weisen zugeordnet. Über den Autor Sosiades ist bis auf diese eine Erwähnung nichts bekannt.

Es überwiegen die oben (s.o. 4) beschriebenen Zweiwortsätze. Begründungen für die Imperative fehlen ganz. Am Ende (S 143) geht die Syntax in eine reihende Form über, wie dies auch bei einigen einzelnen Weisen zugeschriebenen Spruchsammlungen des Demetrios zu beobachten ist. Immerhin ist aber hier durch die Reihenfolge der Lebensalter eine chronologische Abfolge und ein innerer Zusammenhang gegeben.

Die berühmten ‚Kopfsätze' (am Beginn der Reihen von Demetrios von Phaleron) ähnlich knapper Prägung, die zum Teil auf eine delphische Inschrift zurückgehen, sind bisweilen in etwas verfremdeter Form in diese Sammlung ein-

[85] Dass dies der Peripatetiker Klearchos von Soloi war, sucht ROBERT 1968, 443-457 wahrscheinlich zu machen. S.o. 2.1. Diese Identifikation wird allerdings nach der neuesten Korrektur der Datierung schwieriger: vgl. NARAIN 1987, 120ff.

[86] Vgl. unten 5.2 zu Rhed., Laur., Ath. und 5.1 zu den *Hermeneumata Stephani.*

[87] 1968, 440. Allerdings weisen Dübellöcher an beiden Seiten in Miletupolis auf Hängung.

geflossen: μέτρον ἄριστον (D I 1) fehlt, vielleicht entspricht es S 11; μηδὲν ἄγαν (D II 1) = S 38; γνῶθι σαυτόν (D III 1) entspricht S 8; ἐγγύα, πάρα δ' ἄτα (D IV 1) entspricht S 68; καιρὸν γνῶθι (D V 1) = S 10; οἱ πλεῖστοι ἄνθρωποι κακοί (D VI 1) fehlt; μελέτα τὸ πᾶν (D VII 1) fehlt.

Was die Reihenfolge der Sprüche anbelangt, so sind an den Anfang einige sehr allgemeine Aufforderungen gestellt, die z. T. aus der Sphäre des Religiösen stammen. Ab S 9 geht es aber über zum sehr pragmatischen Bereich der Heirat, und im Folgenden ist eine stringente inhaltliche Abfolge nicht mehr festzustellen. Unverkennbar ist indes eine Tendenz zur Paarbildung: S 9 und 10 gehören in der Weise zusammen, dass S 9 einen besonnenen Umgang mit der Heirat anrät, S 10 aber wohl die Forderung erhebt, im umsichtig erkannten rechten Zeitpunkt eben doch zu heiraten. Dennoch ist S 10 natürlich als einzelner Spruch umfassender und bezieht sich auf alle möglichen Handlungen. Ähnlich gehören S 24 und 25 zusammen: „Preise den (sittlich) Schönen" könnte im Umkehrschluss bedeuten: „Tadle den sittlich Schlechten", aber dieser Deutung wird vorgegriffen durch S 25, das kategorisch fordert, überhaupt niemanden zu tadeln. Eine solche antithetische Zusammenstellung, wie sie hier verhindert wird, findet sich in S 28 und 29: „Den Freunden sei wohlgesonnen – die Feinde wehre ab." Ähnlich antithetisch stehen S 33 und 34. Wieder anders beziehen sich S 35 und 36 aufeinander: Wer auf alles hört (S 35), der muss notwendigerweise schweigsam sein (S 36). Die erste Forderung bedingt also die zweite, streng logisch gesehen ist eine der beiden überflüssig. Solche Imperativ-Paare lassen sich noch häufiger finden.

Σωσιάδου τῶν ἑπτὰ σοφῶν ὑποθῆκαι
Die Unterweisungen der Sieben Weisen nach Sosiades

Der Text folgt WACHSMUTH/HENSE, vol. III 1894 (Nachdr. 1958), Buch III, 1,173 (3,80 MEINEKE). Verglichen wurde die neue Übersetzung in MERKELBACH/STAUBER 2005, 9ff.

S 1	ἕπου θεῷ.	Folge dem Gott.
S 2	νόμῳ πείθου.	Gehorche dem Gesetz/dem Brauch, Herkommen.
	Vgl. D III 19: dort νόμοις (Plural).	
S 3	θεοὺς σέβου.	Verehre die Götter.
S 4	γονεῖς αἰδοῦ.	Behandle die Eltern mit Achtung.
S 5	ἡττῶ ὑπὸ δικαίου.	Ordne dich dem Gerechten unter/Lass dich von einem Gerechten besiegen.
S 6	γνῶθι μαθών.	Erkenne, nachdem du gelernt hast.
S 7	ἀκούσας νόει.	Denke (erst) nach, nachdem du zugehört hast.
S 8	σαυτὸν ἴσθι.	Kenne dich selbst.
	Vgl. D III 1 (ingressiv).	
S 9	γαμεῖν μέλλε.	Zögere zu heiraten.
S 10	καιρὸν γνῶθι.	Erkenne den rechten Augenblick.
	= D V 1.	
S 11	φρόνει θνητά.	Habe (nur) Sterbliches im Sinn/Strebe (nur) nach Sterblichem.
S 12	ξένος ὢν ἴσθι.	Wisse, dass du ein Fremder/Gast bist.
S 13	ἑστίαν τίμα.	Ehre den Herd.

S 14	ἄρχε σεαυτοῦ.	Herrsche über dich selbst.
S 15	φίλοις βοήθει.	Hilf den Freunden.
S 16	θυμοῦ κράτει.	Beherrsche den Zorn.
S 17	φρόνησιν ἄσκει.	Übe (maßvolle) Vernunft.
S 18	πρόνοιαν τίμα.	Ehre die Voraussicht.
S 19	ὅρκῳ μὴ χρῶ.	Gebrauche keinen Eid.
S 20	φιλίαν ἀγάπα.	Liebe die Freundschaft.
S 21	παιδείας ἀντέχου.	Halte an Bildung fest.
S 22	δόξαν δίωκε.	Strebe nach Ruhm/gutem Ruf.
S 23	σοφίαν ζήλου.	Bemühe dich um Weisheit.
S 24	καλὸν εὖ λέγε.	Preise den (sittlich) Schönen.
S 25	ψέγε μηδένα.	Tadle niemanden.
S 26	ἐπαίνει ἀρετήν.	Lobe die charakterliche Qualität/Tugend.
S 27	πρᾶττε δίκαια.	Handle gerecht/Tue Gerechtes.
S 28	φίλοις εὐνόει.	Sei den Freunden wohlgesonnen.
S 29	ἐχθροὺς ἀμύνου.	Wehre die Feinde ab/Verteidige dich gegen die Feinde.
S 30	εὐγένειαν ἄσκει.	Übe einen noblen Charakter ein.
S 31	κακίας ἀπέχου.	Halte dich von Schlechtigkeit fern.
S 32	κοινὸς γίνου.	Werde umgänglich.
S 33	ἴδια φύλαττε.	Pass auf dein Eigentum auf.
S 34	ἀλλοτρίων ἀπέχου.	Halt dich von fremden Gütern fern.

S 35	ἄκουε πάντα.	Höre alles/jeden (= jede Seite).
S 36	εὔφημος ἴσθι.	Sei schweigsam.[88]
S 37	φίλῳ χαρίζου.	Tu dem Freund einen Gefallen.
S 38	μηδὲν ἄγαν. = D II 1.	Nichts allzu sehr.
S 39	χρόνου φείδου.	Geh sparsam mit der Zeit um.
S 40	ὅρα τὸ μέλλον.	Schau auf das, was kommen wird.
S 41	ὕβριν μίσει.	Verabscheue Frevel/übermütige Gewalttat.
S 42	ἱκέτας αἰδοῦ.	Behandle Bittflehende mit Achtung.
S 43	πᾶσιν ἁρμόζου.	Vertrag dich mit allen.
S 44	υἱοὺς παίδευε.	Erziehe deine Söhne.
S 45	ἔχων χαρίζου.	Wenn du etwas hast, gib davon ab.
S 46	δόλον φοβοῦ.	Fürchte die List (eines anderen).
S 47	εὐλόγει πάντας.	Sprich über alle (nur) Gutes.
S 48	φιλόσοφος γίνου.	Strebe nach Weisheit.
S 49	ὅσια κρῖνε.	Urteile Gott gemäß.
S 50	γνοὺς πρᾶττε.	Handle (erst), nachdem du erkannt hast.
S 51	φόνου ἀπέχου.	Halte dich von Mord fern.
S 52	εὔχου δυνατά.	Bete um mögliche Dinge.

[88] Eigentlich: „Äußere nur Worte mit guten Vorzeichen" beim Opfer = „Schweige andachtsvoll".

S 53	σοφοῖς χρῶ.	Verkehre mit Weisen.
S 54	ἦθος δοκίμαζε.	Prüfe den Charakter (eines anderen).
S 55	λαβὼν ἀπόδος.	Wenn du etwas empfangen hast, gib es zurück.
S 56	ὑφορῶ μηδένα.	Verdächtige niemanden.
S 57	τέχνῃ χρῶ.	Gebrauche Kunstfertigkeit/Handle professionell.
S 58	ὃ μέλλεις, δός.	Was du (geben) willst, gib (sofort).
S 59	εὐεργεσίας τίμα.	Ehre Wohltaten.
S 60	φθόνει μηδενί.	Sei auf niemanden neidisch.
S 61	φυλακῇ πρόσεχε.	Sei auf der Hut/wachsam.
S 62	ἐλπίδα αἴνει.	Lobe die Erwartung/Hoffnung.
S 63	διαβολὴν μίσει.	Verabscheue die Verleumdung.
S 64	δικαίως κτῶ.	Erwirb (alles) auf gerechte Weise.
S 65	ἀγαθοὺς τίμα.	Ehre die Guten.
S 66	κριτὴν γνῶθι.	Anerkenne den Richter.
S 67	γάμους κράτει.	Halte dich beim Heiraten zurück.
S 68	τύχην νόμιζε.	Glaube an die *Tyche* (= den Zufall).
	Vgl. D I 13.	
S 69	ἐγγύην φεῦγε.	Flieh vor einer Bürgschaft.
	Vgl. D IV 1.	
S 70	ἁπλῶς διαλέγου.	Unterhalte dich aufrichtig/geradeheraus.

S 71	ὁμοίοις χρῶ.	Verkehre mit Ähnlichen.
S 72	δαπανῶν ἄρχου.	Beherrsche dich bei deinen Ausgaben.[89]
S 73	κτώμενος ἥδου.	Freue dich, wenn du (etwas) erwirbst.
S 74	αἰσχύνην σέβου.	Verehre die Scham (= schamhaftes Verhalten?).
S 75	χάριν ἐκτέλει.	Sei dankbar.
S 76	εὐτυχίαν εὔχου.	Bete für glückliches Gelingen.
S 77	τύχην στέργε.	Liebe den (glücklichen) Zufall/Sei mit dem Zufall zufrieden.
S 78	ἀκούων ὅρα.	Wenn du etwas hörst, schau (genau) hin.
S 79	ἐργάζου κτητά.	Mühe dich (nur) um Dinge, die du erwerben kannst.[90]
S 80	ἔριν μίσει.	Streit verabscheue.
S 81	ὄνειδος ἔχθαιρε.	Schmach/Schande hasse.[91]
S 82	γλῶτταν ἴσχε.	Die Zunge halte im Zaum.
S 83	ὕβριν ἀμύνου.	Frevel/übermütige Gewalt wehre ab.
S 84	κρῖνε δίκαια.	Urteile gerecht/Gib gerechte Urteilssprüche ab.
S 85	χρῶ χρήμασιν.	Benutze (dein) Geld.

[89] Es scheint zweifelhaft, ob die Übers. „Fange als erster an, großzügig zu sein." (MERKELBACH/STAUBER) das Richtige trifft.

[90] „Schaffe Dinge, die man kaufen kann." (MERKELBACH/STAUBER) ist möglich, scheint uns aber unwahrscheinlich.

[91] Entweder passivisch: „Hasse es, Schmach zu erleiden." oder aktivisch: „Hasse es, Schmach anzutun."

S 86	ἀδωροδόκητος δίκαζε.	Unbestechlich sprich Recht.
S 87	αἰτιῶ παρόντα.	Beschuldige (nur) einen Anwesenden.
S 88	λέγε εἰδώς.	Sprich (erst), wenn du etwas weißt.
S 89	βίας μὴ ἔχου.	An Gewalt halt dich nicht fest.
S 90	ἀλύπως βίου.	Ohne Schmerz lebe.[92]
S 91	ὁμίλει πρᾴως.	Sei im Umgang sanftmütig.
S 92	πέρας ἐπιτέλει μὴ ἀποδειλιῶν.	Das Ziel erreiche, ohne (vorher) nachzulassen.
S 93	φιλοφρόνει πᾶσιν.	Geh mit allen freundlich um.
S 94	υἱοῖς μὴ καταρῶ.	(Deine) Söhne verfluche nicht.
S 95	γυναικὸς ἄρχε.	Über (deine) Frau behalte die Oberhand.
S 96	σεαυτὸν εὖ ποίει.	Tu dir Gutes.
S 97	εὐπροσήγορος γίνου.	Werde höflich.
S 98	ἀποκρίνου ἐν καιρῷ.	Antworte im richtigen Augenblick.
S 99	πόνει μετ' εὐκλείας.	Mühe dich mit Ruhm.
S 100	πρᾶττε ἀμετανοήτως.	Handle, ohne dass du es bereuen musst.
S 101	ἁμαρτάνων μετανόει.	Wenn (du) einen Fehler gemacht hast, besinne dich eines Besseren.
S 102	ὀφθαλμοῦ κράτει.	(Dein) Auge halt im Zaum.
S 103	βουλεύου χρόνῳ.	Berate mit (hinreichend) Zeit.

[92] Vgl. S 143 und S 133. Ein aktives Verständnis: „Lebe ohne (jemandem) Leid zuzufügen." (MERKELBACH/STAUBER) scheint von daher eher unwahrscheinlich.

S 104	πρᾶττε συντόμως.	Handle unverzüglich/ohne Umschweife.
S 105	φιλίαν φύλαττε.	Freundschaft bewahre.
S 106	εὐγνώμων γίνου.	Werde vernünftig/wohlgesinnt.
S 107	ὁμόνοιαν δίωκε.	Einmütigkeit verfolge.
S 108	ἄρρητον κρύπτε.	Unsagbares verberge.
S 109	τὸ κρατοῦν φοβοῦ.	Vor der Macht (wohl: der anderen) fürchte dich.
S 110	τὸ συμφέρον θηρῶ.	Dem Nützlichen jage hinterher.
S 111	καιρὸν προσδέχου.	Den rechten Augenblick warte ab.
S 112	ἔχθρας διάλυε.	Feindschaften löse auf.
S 113	γῆρας προσδέχου.	Das Alter (gemeint wohl: alte Menschen) nimm freundlich auf.[93]
S 114	ἐπὶ ῥώμῃ μὴ καυχῶ	Mit (deiner) Kraft prahle nicht.
S 115	εὐφημίαν ἄσκει.	Zu schweigen übe.
S 116	ἀπέχθειαν φεῦγε.	Fliehe davor, verhasst zu sein.
S 117	πλούτει δικαίως.	Sei reich, aber auf gerechte Weise.
S 118	δόξαν μὴ λεῖπε.	Lass Ruhm nicht außer Acht.
S 119	κακίαν μίσει.	Schlechtigkeit verabscheue.
S 120	κινδύνευε φρονίμως.	Wage nur kalkulierbare Risiken.[94]
S 121	μανθάνων μὴ κάμνε.	Werde nicht müde zu lernen.
S 122	φειδόμενος μὴ λεῖπε.	Höre nicht auf zu sparen.

[93] Auch möglich: „Richte dich auf das Alter ein.“ (MERKELBACH/STAUBER), im Sinne von „Akzeptiere das Alter.“

[94] Auch möglich: „Wenn du in Gefahr bist, sei besonnen.“ (MERKELBACH/STAUBER).

S 123	χρησμοὺς θαύμαζε.	Orakelsprüche bewundere.
S 124	οὓς τρέφεις, ἀγάπα.	Liebe die, die du ernährst.
S 125	ἀπόντι μὴ μάχου.	Mit einem Abwesenden kämpfe nicht.
S 126	πρεσβύτερον αἰδοῦ.	Mit einem Älteren gehe respektvoll um.
S 127	νεώτερον δίδασκε.	Einen Jüngeren belehre.
S 128	πλούτῳ ἀπίστει.	Dem Reichtum misstraue.
S 129	σεαυτὸν αἰδοῦ.	(Nur) dich scheue.
S 130	μὴ ἄρχε ὑβρίζειν.	Fange nicht an zu freveln/Gewalt zu gebrauchen.
S 131	προγόνους στεφάνου.	Die Vorfahren bekränze.
S 132	θνῆσκε ὑπὲρ πατρίδος.	Stirb für (dein) Vaterland.
S 133	τῷ βίῳ μὴ ἄχθου.	Über das Leben ärgere dich nicht.
S 134	ἐπὶ νεκρῷ μὴ γέλα.	Über einen Toten lache nicht.
S 135	ἀτυχοῦντι συνάχθου.	Mit einem Unglücklichen leide mit.
S 136	χαρίζου ἀβλαβῶς.	Tu einen Gefallen, aber in unschädlicher Weise.
S 137	μὴ ἐπὶ παντὶ λυποῦ.	Sei nicht über alles betrübt.
S 138	ἐξ εὐγενῶν γέννα.	(Nur) aus gutem Stamm zeuge (Nachkommen).
S 139	ἐπαγγέλλου μηδενί.	Versprich niemandem etwas. (?)[95]
S 140	φθιμένους μὴ ἀδίκει.	Den Toten tue kein Unrecht.

[95] Es ist sehr zweifelhaft, ob ἐπαγγέλλεσθαι ohne hinzugefügtes δοκιμασίαν „Reiche gegen niemanden eine Klage ein" (MERKELBACH/STAUBER) bedeuten kann.

S 141	εὖ πάσχε ὡς θνητός.	Lass es dir gut gehen, soweit es einem Sterblichen zukommt/weil du sterblich bist.
S 142	τύχῃ μὴ πίστευε.	Dem Zufall vertraue nicht.
S 143	παῖς ὢν κόσμιος ἴσθι, ἡβῶν ἐγκρατής, μέσος δίκαιος, πρεσβύτης εὔλογος, τελευτῶν ἄλυπος.	Als Kind sei anständig, als Jugendlicher beherrscht, als Erwachsener gerecht, als Greis vernünftig, im Sterben ohne Kummer.[96]

4.4 Der Papyrus Nr. 2782 der Universität Athen

Im Jahre 1962 hat M. G. TSOUKALAS in einer Athener Dissertation den kleinen (8 x 12 cm) Papyrus aus dem Bestand des Klassisch-Philologischen Seminars der Universität Athen das erste Mal ediert.[97] Das zweite Mal hat A. N. OIKONOMIDES dies in der Zeitschrift für Papyrologie und Epigraphik 37, 1980, 179-183 getan. Der Papyrus scheint eine Zeitlang in der Bibliothek des Seminars aufbewahrt worden zu sein, wird aber von OIKONOMIDES im Classical Bulletin 63, 1987, 70 als „now lost" bezeichnet; an derselben Stelle findet sich ein Photo im Maßstab 1:1 des Papyrus. Er enthält 7 noch vollständig lesbare Zeilen, von der achten sind nur noch die letzten 8 Buchstaben leserlich. Oberhalb einer Paragraphos (eines waagerechten kleinen Striches zwischen zwei Zeilen) sind Buchstabenreste erkennbar, die nach Auffassung des ersten und zweiten Herausgebers Reste eines Titels sein könnten. Dies ist anhand des Photos allerdings nicht mehr nachvollziehbar. Der erste Herausgeber hat den Papyrus aufgrund der Schrift als eine Schulübung bezeichnet und in das 1. oder 2. Jh. nach Chr. datiert.

Der Text enthält ein paar knappe Sprüche, die wie diejenigen des Sosiades (oben 4.3) offenbar nicht namentlich irgendwelchen Personen zugeordnet sind. Wir finden formal die ebenfalls bei Sosiades üblichen Zweiwortsätze, nur die letzten beiden Sprüche scheinen länger gewesen zu sein. Bis auf den zweiten Spruch, dessen Lesung aber schwierig ist, haben alle Sprüche Parallelen bei Sosiades. Auffällig ist, dass die ersten Sprüche des Sosiades (S 1, S 2, S 3, S 4 und S 5) im Papyrus berücksichtigt sind, aber in anderer Reihenfolge. Hinzugetreten sind S 39 und S 40. Es läßt sich somit eine gewisse Verbindung zwischen der Überlieferung des Sosiades und unserem Papyrus konstatieren, die unter-

[96] Es scheint zweifelhaft, ob das letzte Wort auch aktivisch und vorzeitig verstanden werden kann: „... als einer, der kein Leid zugefügt hat" (MERKELBACH/STAUBER).

[97] M. G. TSOUKALAS, Ἀνέκδοτοι φιλολογικοὶ καὶ ἰδιωτικοὶ πάπυροι, (Diss. Phil.) Athen 1962, 70-80.

schiedliche Reihenfolge ist aber nicht erklärbar. Wenn die Zuordnung des Textes zu einer Schulübung stimmt, könnte dies einen wichtigen Hinweis für den Überlieferungszusammenhang geben.

Es folgt der Text nach der Edition von A. N. OIKONOMIDES 1980, 179-183 (die Zahlen geben die Zeilen an):

1	[ὑποθῆκαι]	Unterweisungen
2	[τῶ]ν̣ ἑ̣[πτ]ά.[98]	der Sieben (?)
3	ἕπου θεῶι τ̣ο̣ῦ (?)	Folge dem Gott.
	= S 1 (ohne den Artikel)[99]	
4	ἀγαθοῦ πείθου.	Dem Guten gehorche.
	Ohne Parallele bei S.[100]	
5	χρόνου φείδου.	Spare Zeit.
	= S 39	
6	θεοὺς σέβου.	Verehre die Götter.
	= S 3	
7	γονέας αἰδοῦ.	Behandle die Eltern mit Achtung.
	vgl. S 4: γονεῖς αἰδοῦ.	
8	νόμωι πείθου.	Gehorche dem Gesetz/dem Brauch, Herkommen.
	= S 2	

98 Lesung scheint ganz spekulativ.

99 Diese Zeile ist am Ende schwer lesbar; wenn der Artikel richtig ist, gehört er vielleicht zur Z. 4.

100 Wenn sich der Artikel aus Zeile 3 auf ἀγαθοῦ bezieht, wäre dies auffällig, da Artikel in solchen Sprüchen gewöhnlich fehlen. Der Genitiv statt des gewöhnlicheren Dativs findet sich ein paar Mal bei Herodot (1,126,5; 5,29,2 etc.). Tsoukalas las: νοῦ ἀγαθοῦ πείθου („Gehorche gutem Verstand").

9	ὅρα τὸ μέλλον.	Schau auf das, was kommen wird.
	= S 40	
10	[ἡττῶ ὑπὸ δι]καίου.	Ordne dich dem Recht/dem Gerechten unter.
	= S 5	

4.5 Der Oxyrhynchos-Papyrus Nr. 61.4099

Der 1995 veröffentlichte Papyrus stammt aus dem 1. Jh. n. Chr. und wurde im ägyptischen Schulmilieu beschrieben. Der Text ist auf zwei Kolumnen verteilt, wovon nur die erste einigermaßen lesbar ist. Das untere Ende ist stark beschädigt. Der erste Teil des Textes umfasst verschiedene mythologische Namenslisten. Der uns interessierende zweite Teil wurde erst von HUYS 1996 als Spruchfolge der Sieben Weisen identifiziert. Er beginnt mit Z. 13; sie enthielt offenbar eine Überschrift:

Z. 13	]α [ἐ]ν Δελφοῖς ἀν ...	... in Delphi ... [

Der Herausgeber glaubt, ἀναγεγραμμένα ergänzen zu können: „Die in Delphi aufgeschriebenen" Worte o.ä.[101] Wie in Baktrien wäre also die Herkunft von einem delphischen Original, wahrscheinlich auch von den Sieben Weisen, betont worden. Eine Reihe mit Kurzimperativen ist nun ab Z. 15 der ersten Kolumne zu entziffern. Leider ist nur noch das jeweils zweite Wort, meistens Imperative der 2. Pers. Sing., erhalten. Den Anfang kann man manchmal aus Miletupolis oder Sosiades wiederherstellen.[102] Besonders da, wo die Reihenfolge mit Sosiades übereinstimmt,[103] verdienen dessen Textvarianten den Vorzug. Als zweites Kriterium können auch die ähnlichen Abfolgen[104] im Codex Vrat. Rhedigeranus Gr. 12 herangezogen werden.

[101] So auch der Titel von Rhed. Eine Gattungsbezeichnung im Neutrum wie ῥήματα, ἀποφθέγματα, παραγγέλματα fehlt dort, kann aber hier gefolgt sein.

[102] Vgl. die folgende Textdarbietung nach HUYS 1996, 207f, wobei sublineare Punkte weggelassen wurden.

[103] Möglicherweise entspricht Z. 15 S 13, Z. 16 S 15; Z. 17 S 21; Z. 18 S. 23; Z. 19 S 25; Z. 20 S 27. Vgl. FÜHRER 1997, 156. Dass hier jeweils ein Spruch bei Sosiades übersprungen wird, könnte sich so erklären, dass er in der rechten Kolumne gegenüber stand. Zweispaltige Vorlagen mit einander gegenüberstehenden Spruchpaaren, die in einer Kolumne untereinander abgeschrieben wurden, nehmen auch BÜHLER 1989, 34 und FÜHRER 1997, 154 an.

[104] Z. 16-22 entspricht Rhed. 28.31.32.33.(34).36.35; Z. 24-29 kommen überein mit Rhed. 52.53.54.(65).56.55.

]αν τ(ο)ίμα	... ehre.[105]
φίλοι]ς βοήθει	Den Freunde]n hilf.[106]
]ε[ι]ας ἔχου	Halte dich an ...[107]
σοφ]ίαν ζήλου	Bemühe dich um [Weis]heit.[108]
μη]δένα	nie]manden.[109]
δίκ]αια	... Gerech]tes.[110]
γ](ε)ίνου	Werde ...[111]
φίλοις ε]ὐνόει	Den Freunden] sei wohlgesonnen.[112]
]ἅρμοτε	Passe ... an.[113]
]ἄρεσκε	... gefalle.[114]
]φεῦγε	... fliehe.[115]
εὔχου δ]υνατά	Bete um m]ögliche Dinge.[116]
κ]αίρια	... je]weils Angemessenes.[117]
] τ(ο)ίμα	... ehre.[118]

Wenn man die in den Anmerkungen geäußerten Vermutungen ernst nimmt, ergibt sich in attischem Idiom folgende Spruchreihe:

[105] Als Objekt bietet sich πρόνοιαν („Voraussicht" S 18, M I 7; Rhed. 30) oder – nach den Beobachtungen in der vorletzten Anm. eher – ἑστίαν („Herd" S 13) an.

[106] Vervollständigt nach S 15, M I 1.

[107] Von den bei HUYS 1996, 210 erwogenen Genitivobjekten kommt am ehesten παιδείας („Erziehung" M I 10) in Frage, vgl. S 21 παιδείας ἀντέχου.

[108] Objekt nach S 23 und byzantinischen Redaktionen ziemlich sicher zu ergänzen.

[109] Nach dem oben aufgestellten Prinzip ist mit S 25 ψέγε („Tadle") als Verbum zu lesen, und nicht mit S 56 ὑφορῶ („Verdächtige").

[110] Wegen der Reihenfolge ist πράσσε („Tue" S 27) als Imperativ wahrscheinlicher als κρῖνε („Richte" S 84).

[111] Hier kommt eine Reihe von Adjektiven (φιλόσοφος, S 48, εὐπροσήγορος S 97, εὐγνώμων S 106, εὔφημος M I 1 23, vgl. S 36) als Prädikatsnomen in Frage; wegen der Nähe zum Vorgänger S 27 und zum folgenden Spruch (= S 28) plädieren wir für κοινός („umgänglich" S 32, M I 19). Anders FÜHRER 1997, 156, der mit Rhed. 36 εὔφημος bevorzugt.

[112] Mit S 28 sicher zu restaurieren.

[113] Das Dativobjekt ist wohl wie bei S 43 πᾶσιν. Das hier – statt des Mediums bei S 43 – gebrauchte Aktiv kann auch intransitive Bedeutung haben.

[114] Als Dativobjekt kann man sich aus der byzantinischen Tradition πλήθει, πᾶσιν oder καλοῖς denken; vgl. HUYS 1996, 210 und ZELLER u. III 3.4 mit Anm. 152.

[115] Als Objekt findet sich dazu in S 69 ἐγγύην, in S 116, M II 28 ἀπέχθειαν, in M I 3 ἄδικα; weitere Möglichkeiten in byzantinischen Versionen bei HUYS 1996, 210.

[116] Mit S 52 sicher zu restaurieren.

[117] Hier ist ein Verb des Redens zu ergänzen, entweder λάλει wie bei D Bias 11 oder ἀποκρίνου wie in Vat. 1056, Periandros 4 (vgl. auch S 98 u.a. ἀποκρίνου ἐν καιρῷ).

[118] Da hier die Endung des Akkusativobjekts fehlt, gibt es mehr Möglichkeiten als in Z. 15: vgl. HUYS 1996, 210. Aus Sosiades käme S 59 εὐεργεσίας (bzw. nach Rhed. 56 εὐεργέτας) oder S 65 ἀγαθούς in Betracht.

ἑστίαν τίμα.	Den Herd ehre.
φίλοις βοήθει.	Den Freunden hilf.
παιδείας ἔχου.	Halte dich an Erziehung.
σοφίαν ζήλου.	Bemühe dich um Weisheit.
ψέγε μηδένα.	Tadle niemanden.
πράσσε δίκαια.	Tue Gerechtes.
κοινὸς γίνου.	Werde umgänglich.
φίλοις εὐνόει.	Den Freunden sei wohlgesonnen.
πᾶσιν ἁρμόττου.	Passe dich allen an.
πᾶσιν ἄρεσκε.	Gefalle allen.
ἐγγύην φεῦγε.	Bürgschaft fliehe.
εὔχου δυνατά.	Bete um mögliche Dinge.
ἀποκρίνου καίρια.	Antworte jeweils Angemessenes.
εὐεργεσίας τίμα.	Die Wohltaten ehre.
λαβὼν ἀπόδος.	Wenn du etwas empfangen hast, vergelte.

Das Weitere ist bis auf das Schlusssigma in Z. 29[119] unleserlich. Die Maximen können sich aber bis in die 2. Kolumne, 3. Zeile fortgesetzt haben. Von da an deutet das graphologische Bild auf einen anderen Text.

Die Bedeutung dieses Papyrus liegt nicht darin, dass er neues Spruchmaterial liefert. Seine Reste mussten ja mit Hilfe schon vorhandener Sammlungen vervollständigt werden. Er zeigt aber, wie die in Delphi initiierten Imperativreihen nun im Schulunterricht Verwendung finden. Auch in Narmuthis gefundene Ostraka[120] belegen diese Unterrichtsform, ohne dass freilich eindeutig gemacht wäre, dass die darauf festgehaltenen Sprüche von den Sieben Weisen oder einer delphischen Tafel herrühren. Vgl. v.a. Nr. 5 aus dem 2./3. Jh. n. Chr.:

ἀρετὴν ἄσκει.	Übe die Tugend (vgl. M I 12, S 26).
βίον κράτι.	Halte den Lebenswandel im Zaum (vgl. M I 5).
γυνεκὸς ἄρχε.	Herrsche über die Frau (= M II 3).
δάνια φεῦγε.	Fliehe Darlehen (vgl. S 69).
ζῆλου πλουτῖν.	Strebe danach, reich zu werden[121].
ἡγοῦ φιλίαν.	Schätze die Freundschaft (vgl. M I 9, S 20).
θεοὺς σέβου.	Verehre die Götter (S 3, P.Ath. 6).
ἰταμοὺς μείσει.	Hasse die Heftigen (vgl. M I 22, S 41).

[119] Das könnte zu S 55 = M I 14 oder S 58 passen; das Thema der Wohltaten von Z. 28 ginge weiter. Ab Z. 21ff ist die mögliche Sequenz nach Sosiades nicht mehr so strikt, aber immer noch bemerkenswert: Z. 21 = S 32?; Z. 22 = S 28; Z. 23 = S 43; Z. 25 = S 69?; Z. 26 = S 52; Z. 27 = S 98; Z. 28 = S 59?; Z. 29 = S 55 oder 58. Zuversichtlicher FÜHRER 1997, 156f, der wegen Rhed. 55 für Z. 29 S 55 annimmt.

[120] Vgl. Pintaudi/Sijpesteijn 1989, 89ff.

[121] Ohne direkte Parallele in unserem Gut, vgl. aber u. ZELLER III 2.6.

Wenn auch die Formulierung meistens abweicht, so stimmen diese Regeln doch der Sache nach mit den Worten der Sieben überein, wie aus den in Klammern gegebenen Parallelen hervorgeht.

5. Ausblick auf die weitere Überlieferungsgeschichte der Spruchreihen

Nachdem wir unter 3) kurz skizziert haben, wie sich die Listenform bis in die Spätantike durchhält, soll jetzt ein Blick auf die weitere Überlieferungsgeschichte der *Spruchreihen* geworfen werden. Nun zeigt schon ein Vergleich mit dem Logienmaterial, das etwa der lukanischen Feldrede (Lk 6,20-49) zugrunde liegt, und seiner matthäischen Bearbeitung (Mt 5-7), wie wenig konsistent Spruchsammlungen sind. Sie können neu arrangiert, vermindert oder vermehrt werden; aus anderen Quellen mündlicher oder schriftlicher Art fließt neues Material ein. Das gilt vor allem für Prosatexte, die ja nicht durch das Versmaß geschützt sind. Die Namen der Weisen stellen kein „copyright" dar, das das geistige Eigentum absichern könnte. Auch die Überlieferungsformen, die wir bisher festgestellt haben (Gruppierung von Worten unter dem Namen je eines Weisen, Listen von Einzelworten der Sieben, Reihen von Kurzimperativen) können in verschiedener Weise vermischt werden.

5.1 Die lateinische Überlieferung

In der lateinischen Überlieferung finden wir nur späte Spuren der Spruchreihen. Unter der Überschrift *Praecepta in Delphis in columna scripta sunt* hat der Humanist H. STEPHANUS in seinen *Hermeneumata* 1537 eine Folge von 33 knappen Imperativen abgeschrieben. Die Übersetzung aus dem Griechischen ins Lateinische kann schon relativ früh erfolgt sein,[122] denn die angefügte Rückübersetzung ins Griechische übernimmt die offenkundigen Fehler des lateinischen Textes. Inhaltlich decken sich die Mahnungen weithin mit Sosiades, aber auch mit späteren Redaktionen der Worte der Sieben Weisen.

Den aus dem 3. Jh. n. Chr. stammenden *Catonis Disticha* ist ein prosaischer Prolog vorgeschaltet, der nach einer Einleitung eine Serie von 57 kurzen Imperativsätzen enthält, ganz in der Art der unter 4) vorgeführten imperativischen Reihen. Abgesehen von ein paar typisch römischen Zutaten[123] stimmen diese *praecepta* auch inhaltlich mit den Empfehlungen überein, die die Sieben Wei-

[122] DIELS, Syll. ³ 393 meint: noch vor dem 3. Jh. n. Chr. Diese Sammlung wird übrigens bei TZIATZI-PAPAGIANNI 1994 nicht erwähnt.

[123] Vgl. 32f: In iudicio adesto, ad praetorium stato.

sen – z.T. in späten Handschriften – geben.[124] Die Annahme liegt also nahe, dass hier Worte der Sieben unter das Patronat des alten Moralisten Cato gestellt und so für eine römische Leserschaft adaptiert wurden.

Ebenfalls in das Werk eines anderen Autors eingeschoben, aber unter dem Namen unserer Weisen[125], sind imperativische oder als Infinitive gegebene *sententiae* bei den Monita Senecas, die E. Wölfflin ediert hat.[126] Sie stehen in einer philosophisch anspruchsvolleren Umgebung, zwischen Ratschlägen, die z.T. aus Seneca exzerpiert sind. Inhaltlich decken sie sich weitgehend mit den Sprüchen, die wir aus Demetrios und Sosiades kennen, wie BRUNCO 1885 im einzelnen ausweist. Sie stellen aber offenbar nur eine Auswahl dar. Brunco bietet anschließend auch die poetische Schrift des *Pseudo-Ausonius*, die je sieben Sentenzen von sieben Weisen referiert. Es sind – in einer eigentümlichen Reihenfolge – die uns bekannten Weisen, aber statt Thales steht der Skythe Anacharsis am Schluss. Sachlich sind die Sentenzen jedoch in der Mehrheit von Seneca abzuleiten; nur wenige[127] kommen aus der Tradition der Sieben Weisen.

5.2 Die byzantinische Überlieferung

Besonders ausgeprägt ist der Sammeleifer in der byzantinischen Kultur. Sie wollte das altgriechische Erbe bewahren und brachte eine Fülle von Anthologien hervor. Neben poetischen Texten wurde auch philosophische und andere Prosa exzerpiert und aufgereiht. Unser Gewährsmann für Demetrios und Sosiades, Johannes aus Stoboi, tat das im frühen 5. Jh. n. Chr. für seinen Sohn, und zwar unter thematischen Gesichtspunkten. So erscheinen unsere beiden Quellentexte D und S im Kapitel „Über die Tugend" (Stobaios III 1,172f).

In byzantinischen Kodizes mit Sammelcharakter finden sich nun „häufig Sammlungen der Sprüche der Sieben Weisen, von denen die längeren nicht mehr als 2-3 Seiten einnehmen, die kürzeren oft als Lückenbüßer zum Ausfüllen einer Seite dienen."[128] Winfried Bühler und seine Schülerin Maria Tziatzi-Papagianni haben das Dickicht der Handschriften durchforstet, neue Manuskripte aufgespürt und verwandte Gruppen („Redaktionen") zusammen ge-

[124] Vgl. die häufigen Parallelen, die im Beitrag von D. ZELLER (u. III.) gezogen werden. Für Z. 41-57 hat BRUNCO 1885, 35-37 das im einzelnen nachgewiesen.

[125] In der Reihenfolge des Demetrios, aber Chilon und Thales fehlen.

[126] WOELFFLIN 1878 basiert auf zwei Pariser Handschriften des 7. und 9. Jh. n. Chr. BRUNCO 1885, 31-35 hat die uns interessierende Passage als Par.Lat. neu herausgegeben und die Sprüche durchgezählt. TZIATZI-PAPAGIANNI 1994, 54 nennt eine weitere Hs. aus dem 14. Jh.

[127] Vgl. BRUNCO 1885 Nr. 11f.29f.45.49. Auf die Form des Gedichtes geht unten SPAHLINGER S. 162f. näher ein.

[128] BÜHLER 1989, 3.

stellt.[129] TZIATZI-PAPAGIANNI 1994 hat die Abhängigkeitsverhältnisse der Handschriften anhand von Stemmata klargemacht, drei Redaktionen griechisch ediert und dazu direkte und indirekte Parallelen angegeben.

Einige Manuskripte geben im Großen und Ganzen die beiden Texte aus Stobaios wieder.[130] Andere exzerpieren aus Diog.Laert.[131] Eine Fassung in jambischen Trimetern[132] paraphrasiert zwar weithin Sprüche des Demetrios, aber nicht immer in der bei Stobaios vorliegenden Form. Solche gemeinsamen Abweichungen von Stobaios sind auch in der Masse der byzantinischen Codices[133] zu beobachten, die sich typologisch zu folgenden Gruppen zusammenfassen lassen:

a) Den oben unter 4) beschriebenen *Typ kurzer Imperativsätze* vertritt der Codex Rhedigeranus Gr. 12 aus dem 15. Jh.,[134] der überschrieben ist: „Das in Delphi für die Sittlichkeit (εὐκοσμία) der Menschen Aufgeschriebene“. Er zeigt Übereinstimmungen mit Sosiades, Miletupolis und der „2. Pariser Redaktion“. Aus 92 Kurzimperativen aufgebaut ist die Liste der „Gebote (παραγγέλματα) der Sieben Weisen, die sich eingeritzt fanden auf der Säule in Delphi“ aus dem Codex Laur. Gr. 60,4 (15. Jh.) in Florenz.[135] Sie stellt sich jedoch als eine verkürzte Version der „2. Pariser Redaktion“ heraus.

[129] Vgl. BÜHLER 1989, TZIATZI-PAPAGIANNI 1994. Dabei ist zu beachten, dass es sich bei den „Redaktionen“ um Konstrukte handelt, die selten – nur in Rhed. – von einer einzelnen Handschrift vollständig dargeboten sind. Bei den Redaktionen werden wiederum „Rezensionen“ unterschieden.

[130] Vgl. BÜHLER 1989, 22f. TZIATZI-PAPAGIANNI 1994, 11-21 macht jedoch auf die Verwandtschaft der nach dem Codex Barb. Gr. 4 benannten „Redaktion“ zur „Pariser Redaktion“ aufmerksam. Zwei bei BÜHLER 1989, 20f vorgestellte Handschriften des 12. und 13. Jh. treffen eine Auswahl aus Demetrios und Sosiades, lassen aber die Namen und andere Gliederungselemente weg.

[131] Vgl. z. B. Nr. 1-13 des Manuskripts aus Patmos 263, das BERTINI MALGARINI 1984 ediert hat.

[132] Die „byzantinische Versredaktion“ wurde erstmals auf der Basis einer Handschrift des 15. Jh. von WÖLFFLIN 1886 herausgegeben, erneut von STANJEK 1891, 18-32; Textemendationen bei FÜHRER 1997, 160f. Sie datiert wohl aus der 2. Hälfte des 1. Jahrtausends n. Chr. TZIATZI-PAPAGIANNI 1994, 25-33 weist auf ihr enges Verhältnis zur „Münchener Redaktion“ hin.

[133] Wir nennen sie nur, soweit sie veröffentlicht sind, und verweisen im übrigen auf TZIATZI-PAPAGIANNI 1994.

[134] Transkribiert bei TZIATZI-PAPAGIANNI 1994, 447f; ebd. 5-11 Überlegungen zum Verhältnis der Textzeugen.

[135] Erstmals veröffentlicht von SCHULTZ 1866; weitere zugehörige Handschriften bei TZIATZI-PAPAGIANNI 1994, 116-125 und TZIATZI-PAPAGIANNI 1997 (dort auch ein Stemma). Bis auf den aus anderen Handschriften eingefügten Spruch Nr. 74 (σεαυτὸν αἰσχύνου) repräsentiert hier Codex Laur. Gr. 60,4 die Red. Laur.

b) Die „Pariser Redaktion“ umfasst Handschriften, welche die Spruchgruppen der einzelnen Weisen (wie bei Demetrios: Par.$_1$) und die Serien von kurzen Imperativsätzen (Par.$_2$) *aufeinander folgen* lassen. Veröffentlicht sind daraus bisher Parisinus Gr. 1630[136] und Atheniensis B. N. 1070,[137] jeweils aus dem 14. Jh. Der letztere Codex, der die Redaktion am besten repräsentiert, zeigt im 1. Teil Spuren eines erzählerischen Rahmens; danach wären die Komplexe der Sieben bei einer Zusammenkunft entstanden.[138] Der 2. Teil ist laut Überschrift von ihnen auf die Säule in Delphi geschrieben worden.

c) Ein dritter Typ *fügt die Kurzimperative in die Spruchreihen der einzelnen Weisen ein.* So der von MEINEKE 1857, 296-298 wiedergegebene Vat. Gr. 711 und verwandte Handschriften.[139] Nach ähnlichem Muster ist die Aldina-Redaktion gebaut, die 1495 von dem Humanisten Aldus Manutius aus einem unbekannten Manuskript ediert wurde,[140] ebenso die oben 5.1 erwähnte lateinische Version in Paris. Auch die erstmals von BÜHLER 1989, 11-20 etablierte, von TZIATZI-PAPAGIANNI 1994 ausführlich dokumentierte „Münchener Redaktion“ ist eine freie Bearbeitung der Demetrios-Sammlung, die mit Gut aus verschiedenen Quellen, vor allem aus der Sosiades-Sammlung, angereichert wurde. Sie ist wahrscheinlich später als die „Pariser Redaktion“ und greift stark auf Diog.Laert. zurück.[141]

Über die antiken Quellen hinaus erhalten wir aus den byzantinischen Sammlungen kaum neues Spruchmaterial; aber die überlieferten Sprüche sind neu angeordnet.[142] Die Varianten sind meist Missverständnissen oder einer Interpretation zu verdanken; in seltenen Fällen ist es möglich, dass ein Einzelwort in einer byzantinischen Handschrift in einer ursprünglicheren Form erhalten ist als bei Stobaios.[143] Die Annahme, dass alle späteren Manuskripte von Stobaios abhän-

[136] Durch BOISSONADE 1962, 134-143.

[137] Durch DELATTE 1951.

[138] So auch der Vorspruch der „Münchener Redaktion“: bei einem Symposion im Haus Solons.

[139] Vgl. TZIATZI-PAPAGIANNI 1994, 33-35. Sie stellt dazu S. 35-43 mit BÜHLER 1989, 23-25 eine durch Vat. Gr. 1144 und andere Manuskripte vertretene „Redaktion“, die allerdings nur kurze Sprüche in der Art des Sosiades enthält.

[140] Zitiert nach ORELLI 1819, 146-151. TZIATZI-PAPAGIANNI 1994, 43-53 klärt ihr Verhältnis zur „Pariser Redaktion“.

[141] Vgl. TZIATZI-PAPAGIANNI 1994, 21-25.356-360.

[142] FÜHRER 1997 versucht, hinter das Geheimnis der Anordnung von Sprüchen aus M bzw. S in Rhed. und Par.$_2$ zu kommen.

[143] BÜHLER 1989, 33f tut das anhand von S 92 dar: Dort fällt das Partizip μὴ ἀποδειλιῶν aus der Imperativreihe heraus; der erst aus dem 16. Jh. stammende cod. Vat. 743 kennt aber einen selbständigen Imperativ μὴ ἀποδειλία.

gen, ist eben nicht gesichert.[144] Wir kennen die Überlieferungswege der Sprüche in der Spätantike zu wenig. Sie müssen nicht unbedingt schriftlicher Natur sein.

Anhang

Verzeichnis der für die Texte und Handschriften gebrauchten Abkürzungen

Antike Autoren werden – bis auf Diogenes Laertios (= Diog.Laert.) – ausgeschrieben, ihre Werke sind nach H. CANCIK/H. SCHNEIDER (Hrsg.), Der Neue Pauly, Stuttgart/Weimar I (1996) XXXIX-XLVII abgekürzt. Vgl. auch ebd. XII-XXXIX für allgemeine und bibliographische Abkürzungen und das erweiterte Verzeichnis in III (1997) VIII-XLIV. Für Zeitschriften vgl. ergänzend die im *Année philologique* angegebenen Kürzel.

Für Texteditionen und Redaktionen der Worte der Sieben Weisen gebrauchen wir folgende Sigla:

Ald. von Aldus Manutius 1495 veröffentlichte Handschrift, zitiert nach ORELLI 1819, 146-151. Die Worte der einzelnen Weisen sind mit TZIATZI-PAPAGIANNI 1994 durchnummeriert.

Ath. Codex Athen. Gr. 1070, veröffentlicht von DELATTE 1951 (Zählung nach einzelnen Weisen bzw. Anhang und Zeile wie dort).

Baktrien Stele von Aï-Khanum im alten Baktrien (s.o. 4.2).

D Demetrios von Phaleron nach Stobaios III 1,172 (Nummerierung wie bei DIELS/KRANZ I 63-66, die Weisen werden mit römischer Zahl oder mit Namen zitiert).

Laur. Redaktion des Codex Laur. 60,4 (Zählung nach TZIATZI-PAPAGIANNI 1997, bis auf Nr. 74 identisch mit SCHULTZ 1866).

M Stein von Miletupolis (s.o. 4.1; Kolumnen und Zeilen wie bei DITTENBERGER, Syll.³ Nr. 1268).

[144] BÜHLER 1989, 6.15f erwägt, die Tatsache, dass die byzantinischen Sammlungen in der Formulierung oft mit Diogenes Laertios gegen Stobaios übereinstimmen, so zu erklären, dass sie die Stobaios-Überlieferung mit Diogenes Laertios kontaminiert haben. Dieses literarische Modell leuchtet etwa für die späte „Münchener Redaktion" ein.

Mon.	von TZIATZI-PAPAGIANNI 1994 rekonstruierte „Münchener Redaktion".
Par.₁	von TZIATZI-PAPAGIANNI 1994 rekonstruierte „1. Pariser Redaktion".
Par.₂	von TZIATZI-PAPAGIANNI 1994 rekonstruierte „2. Pariser Redaktion".
Paris.	Codex Parisinus Gr. 1630, hrsg. von BOISSONADE 1829, 135-143 (Seiten- und Zeilenzählung wie dort).
Par.Lat.	lateinische Redaktion nach drei Pariser Hss., zitiert nach BRUNCO 1885, 31-35.
P.Ath.	Papyrus Univ. Athen. 2782 nach OIKONOMIDES 1980, 181f (Zeilen wie dort).
Rhed.	Codex Rhedigeranus 12, transkribiert bei TZIATZI-PAPAGIANNI 1994, 447f (Zählung wie dort).
S	Sosiades nach Stobaios III 1,173 (Zählung wie o. 4.3).
St	Hermeneumata Stephani, nach Corpus glossariorum Latinorum III, ed. G. GOETZ, Leipzig 1892, 386b 17-387a 9.
Thera	Stein von Thera (s.o. 1) nach IG XII 3, 1020.
Vat.	Codex Vaticanus Gr. 711, ediert von MEINEKE 1857, 296-298 (Worte bei jedem Weisen durchnummeriert).
Wölfflin	byzantinische Versfassung nach Codex Parisinus Gr. 2720, hrsg. WÖLFFLIN 1886 (Zählung wie bei STANJEK 1891).

II.

‚Literatursoziologisches' zu den Sprüchen der Sieben Weisen

II. ‚Literatursoziologisches' zu den Sprüchen der Sieben Weisen

von Markus Asper

Der folgende Beitrag befasst sich mit zwei Fragen, die sich im weiteren Sinne als ‚literatursoziologisch' verstehen lassen, weil sie die Produktion und Rezeption von Spruch‚literatur' als soziale Praktiken betrachten.[1] Diese kann man auf ihre Strukturen und Motivationen untersuchen (um damit andere Ansätze, etwa literaturästhetische, zu ergänzen).[2] Die zwei Fragen sind: (a) Welche Funktion haben die *Sprüche* der Sieben Weisen für die jeweilige Gruppe bzw. Gesellschaft, die sie prägt, tradiert und gegebenenfalls kanonisiert? (b) Welche Funktion hat die *Gruppe* der Sieben Weisen selbst für die Gesellschaft, die ihre Sprüche tradiert? Auf der Suche nach Antworten unterscheide ich im folgenden zwei Zeithorizonte: Der eine entspricht vielleicht vage dem Entstehungszeitraum unserer Sprüche, d.h. die archaische und klassische Zeit (1). Im anderen (Hellenismus und Kaiserzeit) sind die Sieben Weisen und ihre Sprüche bereits kanonisierte Tradition, d.h. ihre Vorzeitlichkeit ist Teil ihres Appellcharakters und ihrer Autorität (2).

1. Die archaische und klassische Zeit

(a) Wenn man Authentizitätsfragen einmal beiseite lässt und sich die dürren Listen dieser Sprüche auf ihren Inhalt ansieht, so stellt man zunächst fest: Es handelt sich um Kondensate von Verhaltensnormen. Sie alle schreiben ein Ver-

[1] Unter ‚Literatursoziologie' verstehe ich hier nicht eine Disziplin der Soziologie, sondern eine Methode der Literaturwissenschaft. Vgl. E. KÖHLER, Einige Thesen zur Literatursoziologie, in: Germ.-Rom. Monatsschr. n. F. 24 (1974) 257–64, hier 257, These 1.

[2] Allerdings erlaubt es der vorliegende Gegenstand lediglich, ‚literatursoziologisch' in Anführungszeichen zu verwenden: denn erstens sind die sozialgeschichtlichen Fakten, die man über Textzirkulation und Rezeptionsverhalten im archaischen Griechenland besitzt, sehr spärlich, und zweitens ist unsicher, in welchem Sinne unsere Sprüche überhaupt ‚Literatur' sind.

halten als verbindlich fest. Dabei sind sie überaus einfach und reduziert: sie klären keine Begriffe, differenzieren nicht nach Situationen oder Adressaten, sie geben keine Begründungen oder Argumentationen. Sie bestehen in der Regel nur aus einem imperativischen Verbalbegriff und einer ganz knappen Situationsbeschreibung, die oft genug nur aus einem Partizip besteht. Ihre einfache, apodiktische Form schließt aus, dass hier jemand überzeugt werden soll. Gleichzeitig schließt die Simplizität dieser Normen aus, dass es den Sprüchen jemals primär um die Tradierung und Sammlung eines Wissens zu tun gewesen wäre, das andernfalls hätte verloren gehen können.

Vielleicht ist der Sinn dieser Texte viel mehr ein sozialer. Ich halte es für wahrscheinlich, dass es, ähnlich wie bei modernen Sprichwörtern, hier den Spruchnutzern um eine Selbsteinordnung geht. Sprüche dieser Art werden erinnert und gepflegt und von Akteuren handlungsbegleitend zitiert, um sich einer Gruppe zurechnen zu können bzw. um dem Kommunikationsteilnehmer zu signalisieren, dass sie beide Teil eben dieser Gruppe sind. Die Leistung des Sprichworts liegt darin, die Signifikanz einer gegebenen Situation hervorzuheben, d.h. einen Verallgemeinerungsakt durchzuführen mit dem Ziel, eine Handlungsnorm zu bestätigen.[3] Mit der Klassifikation einer Situation[4] oder eines Verhaltens durch einen Satz dieser Art ordnet sich der Sprecher selbst einer Gruppe und einer gruppenspezifischen Verhaltensnorm zu. Das soziale Funktionieren solcher Kurztexte lässt sich also als ein Zugehörigkeitsbekenntnis verstehen. Es handelt sich um ein „collective statement",[5] das gleichzeitig ein Bekenntnis zum Kollektiv ist. Das ist auch der Grund, warum wir keinerlei Lehrgedichte finden, die diesen Stoff behandeln: dieser Gattung geht es in dieser Zeit noch um tatsächliche Wissensvermittlung.[6] Bei Lyrikern wie Pindar, bei Theognis oder bei den

[3] SCHMITZ 2004, 317 skizziert die typischen sozialen Bedingungen für mündliche Spruchliteratur als Normkodex.

[4] Siehe dazu am Beispiel mexikanischer Sprichwort-Akteure BRIGGS 1985, 795.802.

[5] Dies ist ein Spezialfall des soziologischen Begriffs von „collective statement" oder „boundary object": der erste Begriff wird entwickelt von A. BOUREAU, L'adage *Vox Populi, Vox Dei* […], in: Annales ESC 47 (1992) 1071-1089, hier 1072. C. ROSENTAL, Certifying Knowledge, in: Amer. Sociol. Rev. 68 (2003) 623–644, hier 638 beschreibt ein „collective statement" folgendermaßen: „verbal or iconic fragment that creates around itself a certain convergence of languages and thoughts, through the play of a structural fuzziness allowing to capture a still implicit thematic and to welcome the most diverse projections and appropriations". S.L. STAR/J.R. GRIESEMER, Institutional Ecology, 'Translations' and Boundary Objects […], in: Social Stud. of Science 19 (1989) 387–420, hier 387, 404f beschreiben ihr „boundary object" ganz ähnlich.

[6] In die Nähe unserer Sprüche kamen vielleicht die hesiodeischen Χείρωνος ὑποθῆκαι (fr. 283–285 MERKELBACH/WEST), von denen aber nur fr. 283 einschlägig ist: Es gibt den Anfang der Schrift und das erste Gebot, nämlich „sobald man (s)ein Haus betritt, den Göttern (zu) opfern".

Tragikern haben Gnomen, die unseren ὑποθῆκαι (Unterweisungen) ähneln, vermutlich auch eher die Aufgabe, ein „collective statement" abzugeben, als ein Wissen zu tradieren.

Affirmiert dieses *statement* eine Gruppenethik? Manche unserer Sprüche sind sicher allgemeingültig wie etwa „Achte Eltern!" (γονεῖς αἰδοῦ = S 4), eines dieser Beispiele, bei denen man sich fragt, was der Sinn seiner Fixierung gewesen sein könnte – in unseren Listen ist wohl auch ein analogisierender Sammeltrieb präsent).[7] Immerhin sind manche der ὑποθῆκαι klar auf Bürger bezogen, etwa das bei Demetrios dem Kleobulos zugewiesene „Bürgern das Beste raten!"[8] Züge einer Gruppenethik, d.h. Exklusionsnormen, zeigen auch die bekannten Heiratsmaximen, die alle betonen, man solle nach seinem Stand heiraten.[9] Diese Maximen kommen daher, als seien sie für jeden Stand gültig, sind aber vermutlich aus der Sicht einer Oberschicht geprägt. Die Domestikation des sozialen Aufstiegswillens *der anderen* scheint hier der Sinn zu sein. Politisch bedeutet diese Domestikationsethik die Einfügung in ein Kollektiv, dem sich der einzelne letztlich unterzuordnen hat, was wir bei Solon besonders klar gesagt bekommen: „Wenn du gelernt hast, beherrscht zu werden (oder: dich zu beherrschen), wirst du auch wissen, wie man herrscht." (D II 10 ἄρχεσθαι μαθὼν ἄρχειν ἐπιστήσῃ[10] ähnlich 11). Inhaltlich hat diese Domestikationsethik vor allem zwei Aspekte: das bekannte System reziproker Rücksichtnahme (Pittakos D V 4) und außerdem Emotionskontrolle in Glück und Unglück (Kleobulos D I 20).[11] Die Einheit beider Bereiche zeigt ein Spruch des Thales (D IV 20): Man soll sich im Griff haben, auch und gerade wenn man an der Macht ist und niemand anders einen kontrolliert (ἄρχων κόσμει σεαυτόν). Alle diese Normen scheinen, gegen den ersten Anschein, geprägt für das fragile Gleichgewicht unter den Mächtigen einer archaischen Polis (deshalb vermittelt m.E. auch die Bezeichnung „popular ethics" für diesen Zeitraum ein irreführendes Bild).[12]

[7] Siehe die bei ZELLER (in diesem Band) Anm. 130 gesammelten Parallelen.

[8] D I 9 πολίταις τὰ βέλτιστα συμβουλεύειν. Siehe ZELLER 4.1.

[9] D I 18: γαμεῖν ἐκ τῶν ὁμοίων, vgl. D III 6. Siehe ZELLER 137f.

[10] Von Aristoteles, *pol.* III 4, 1277b 9f offenbar als allgemeines Wissen vorausgesetzt, nicht einmal ausdrücklich zitiert.

[11] Beides findet sich auch schon in den ältesten sumerischen Sprichwortsammlungen (siehe ALSTER 1993, 7f). Daraus sollte man nicht sofort auf eine vermittelnde Tradition schließen, wie SCHMITZ 2004, 319–329 überzeugend zeigt.

[12] RÖSLERs These (1991, 362ff), dass unsere Sprüche auf sozialen Wandel reagieren, ist sicher richtig; ich halte es aber für unwahrscheinlich, dass die epischen Paradigmata praktischer Klugheit (so sinngemäß RÖSLER 363) wie etwa Odysseus oder Nestor, hier ergänzt würden. Im Gegenteil scheint mir vielfach bereits eine Ethik wie die unserer Sprüche hinter den Epen zu stehen (beispielsweise das Verhalten Achills verglichen mit Solon D II 10.11). Das zeigt sich deutlich darin, dass der verschiedenen Weisen zuge-

Etwas Ähnliches gilt meines Erachtens für alle Maximen, die das Thema „Erkenne Dich selbst!“ (γνῶθι σεαυτόν) umspielen. Sie werden meist so gedeutet, als handele es sich um Einsichten in eine *allgemeine* conditio humana.[13] Doch wenn man sich fragt, bei welchen Gruppen überhaupt ein sozialer Bedarf bestand, auf solch eine gemeinsame conditio humana zu verweisen, so wird klar, dass es es sich auch hier um einen Domestikationsversuch handelt: nämlich des übersteigerten Machtwillens einzelner Mitglieder der Adelsgeschlechter, deren Ambitionen das politisch-soziale Gefüge der Polis bedrohten. Ebenso wie bei der Maxime „Gehorche Gesetzen!“ (S 2: νόμῳ πείθου), die als Allgemeinethik recht sinnlos ist, aber an eine Gruppe gerichtet, deren Mitglieder potentiell auch die Möglichkeit hätten, sich *nicht* an die Gesetze zu halten und doch nicht dafür zur Rechenschaft gezogen zu werden, doch wenigstens eine nicht-triviale Funktion hat.[14] In der Liste von Mitteln und Zwecken bei Bias (D VI 17) sind etliche Mittel zu finden, die für den Normalbürger von vornherein nicht in Frage kommen, z.B. Ruhm durch Leistung, Beliebtheit durch Reichtum oder Macht durch Aktivität. Ein letztes Beispiel für die Tendenz dieser Gebote wäre etwa „Ehre die Guten!“ (S 65). Versteht man ἀγαθοί hier im ethischen Sinne, ist das Gebot trivial, da der Begriff „gut“ ja die Achtung mitenthält (ähnliches gilt für Pittakos D V 13). So ist vermutlich von sozialen Untertönen auszugehen: „Achte die guten Familien!“ Nun kann es sehr wohl im Interesse einzelner Individuen liegen, alle diese Gebote zu missachten – jedoch muss die soziale Gruppe, aus der sich diese Individuen rekrutieren, ein Interesse daran haben, diese Interessen zu unterbinden. Alle diese Gebote sind demnach klare Beispiele für den Versuch einer Gruppe, den Machtdrang einzelner ihrer Mitglieder „weisheitlich“ zu domestizieren.[15] Diese Gruppe ist sich ihrer ökonomischen Bedrohung bewusst. Dafür sprechen die Mahnungen, sich besser nicht zu verschulden (S 72f) bzw. keine Bürgschaften zu übernehmen (siehe Anm. 12). Auch dies ist vermutlich eine gruppenspezifische Norm, mit der die herrschende Elite dem Aufstieg einer anderen Gruppe die Ressourcen zu verweigern versucht. Was für uns wie ein vernünftiger Allerweltsratschlag klingt, wird so zu einem Bestandteil von „Adelsethik“, als der er auch in der *Odyssee* vorkommt (wo δειλοί vermutlich

schriebene Spruch „Bürgschaft – schon ist Unheil da!“ (D IV 1 = S 69), bereits in der Odyssee als bekannt vorausgesetzt wird (*Od.* θ 351).

[13] Z.B. von SCHADEWALDT 1975, 17ff. Vgl. allgemein BURKERT 2004, 65f zu logomorpher Moral im Griechischen und in der nahöstlichen Tradition.

[14] OIKONOMIDES 1987, 66 glaubt aufgrund eines Euripides-Fragments (*Antiope* fr. 853 NAUCK²), dass es bei νόμῳ hier nur um die in Delphi ausgestellten Gebote der Sieben Weisen gehe.

[15] Anders O. MURRAY, Herodotus and Oral History, in: N. Luraghi (ed.), The Historian's Craft in the Age of Herodotus, Oxford 2001, 16–44, hier 32, der delphische Ethik bei Herodot nicht als aristokratisch, sondern als „religious or moral“ versteht.

einen sozialen Klang hat).[16] Dort wird das gesamte Konzept bereits scherzhaft auf eine ganz andere Situation übertragen, verweist also auf die Verbreitung dieser Maxime. Mit „Eigennutz" ist diese Regel unzureichend erfasst: es handelt sich um die Stabilisierung bzw. Erhaltung einer Gruppe und ihrer Privilegien, eine Art Standesethik.[17] Trotzdem kreist ihr Denken um den Reichtum, nicht um die Armut.[18] Sie stabilisiert sich durch eine Ethik sozialer Gefälligkeit gegenüber den anderen Gruppenmitgliedern,[19] die geradezu opportunistische Züge annehmen kann. Wie die Zuschreibung an die Sieben Weisen nahelegt, versteht diese Gruppe sich als international, d.h. nicht an eine bestimmte Polis gebunden.[20] Es liegt nahe, in dieser Gruppe den Adel zu vermuten, der sich sowohl gegen Machtkonzentration in seinen eigenen Kreisen, d.h. Tyrannen, wie gegen Emporkömmlinge zur Wehr setzt.[21] In dieser Zeit und für diese Gruppe ist die Polis noch ein reiner Adelsstaat.

(b) Soweit zu den Spruchrezipienten. Die Produktion der Sprüche hätte, wenn diese authentisch wären, zunächst einmal die Gruppe der Sieben Weisen als primäres soziales Umfeld. Aber es ist eher unwahrscheinlich, dass diese Individuen überhaupt im soziologischen Sinne eine Gruppe bildeten (ganz abgesehen von der Frage, wer wann und für wen eigentlich dazu gehörte). Von je einzelnen der Sieben Weisen ist schon sehr früh, d.h. zwischen 600 und 550, ein außerordentlicher Ruf bezeugt.[22] In keinem dieser frühen Testimonien lässt sich

[16] *Od.* θ 351, im Rahmen der Geschichte von Aphrodite und Ares, die von Hephaistos ertappt werden, der dann für den gefesselten Ares eine Bürgschaft des Poseidon akzeptiert.

[17] BURKERT 2004, 65.

[18] SANTONI 1983, 131f.

[19] S 25, 32, 36f, 41, 47, 55f, 58f, 64f, 71, 80, 91, 93, 97, 105, 112, 115–117, 135.

[20] Hier könnte man funktionale Ähnlichkeiten mit den pythagoreischen Akousmata oder Symbola erkennen. Vgl. L. ZHMUD, Überlegungen zur pythagoreischen Frage, in: G. RECHENAUER (Hrsg.), Frühgriechisches Denken, Stuttgart 2005, 13f.

[21] Anhand des *Corpus Theognideum* hat S. VON DER LAHR (Dichter und Tyrannen im archaischen Griechenland. Das Corpus Theognideum als zeitgenössische Quelle politischer Wertvorstellungen archaisch-griechischer Aristokraten, München 1992, z.B. 153ff) die entsprechenden Vorstellungen dieser Gruppe rekonstruiert. Viele seiner Bemerkungen über σωφροσύνη und ὕβρις werfen ein bezeichnendes Licht auch auf unsere Maximen.

[22] Demodokos IEG fr. 6 WEST, Hipponax IEG fr. 123 WEST, Heraklit 22 B 39 DK (alle zu Bias); Hipponax IEG fr. 63 WEST (zu Myson, den Apollon/Delphi als den Weisesten aller Menschen bezeichnet – d.h. hier ist schon eine Verbindung zu Delphi da; zu Myson siehe auch SANTONI 1983, 98ff); Alkaios fr. 360 VOIGT (zu Aristodemos siehe SANTONI 1983, 97ff.); Simonides fr. 37,11ff PMG (zu Pittakos); fr. 76 PMG (zu Kleobulos); Kritias 88 B 7 DK (zu Chilon); vgl. Pindar fr. 35b SNELL/MAEHLER. Testimonien gesammelt von RÖSLER 1991, 358ff.

allerdings eine Gruppenvorstellung ausmachen[23] (bei Diogenes Laertios lesen wir, dass ein Archetimos von Syrakus ein Treffen der Sieben Weisen bei Kypselos [!] so mitgeteilt habe, als ob er selbst dabeigewesen sei).[24] Eine implizite Gruppe von Weisen finden wir erstmals bei Herodot,[25] eine explizit als Siebenzahl kanonisierte erst bei Platon.[26] Obwohl also wahrscheinlich alle diese Individuen (und sicher noch viele mehr) bereits zu Lebzeit die Reputation eines Weisen genossen, scheint es doch zu Lebzeiten dieser Weisen eine feste, irgendwie institutionell geschlossene *Gruppe* solcher Weisen nicht gegeben zu haben.

Bereits die auch im Göttermythos[27] und in außergriechischen Überlieferungen begegnende Siebenzahl[28] belegt, ebenso wie die variierende Vielzahl der Kandidaten, dass es sich nicht um eine Gruppe im sozialen Sinne handelte, die über klare, d.h. institutionalisierte, Inklusionsmechanismen verfügte.[29] Ausgehend

[23] Die Erwähnung des Bias durch Heraklit (22 B 39 DK) könnte mit ἄλλοι vielleicht eine ganz unbestimmte Gruppe von Weisen (so auch P. VON DER MÜHLL, Was war Bias von Priene?, in: MH 22 [1965] 178–80, hier 178), es könnte aber auch „andere *Sprüche*“ meinen.

[24] Diog.Laert. I 40 = Ephoros FGrHist 70 F 181. Über Archetimos' Lebenszeit lässt sich nichts sagen: vgl. E. SCHWARTZ, Art. „Archetimos 4“, in: RE II (1896) 460. Die Bemerkung muss sich auf eine fiktive literarische Form beziehen, etwa wie in Plutarchs *Convivium*.

[25] Alle sieben Testimonien bei RÖSLER 1991, 359, wo auch klar gesagt ist, dass bereits eine implizite Gruppenvorstellung vorliegt. Zu Thales bei Herodot und Platon G.E.R. LLOYD, The Social Background of Early Greek Philosophy and Science [zuerst 1972], mit neuer Einführung in: DERS., Methods and Problems in Greek Science, Cambridge 1991, 121–45, hier 130f.

[26] Worauf MOSSHAMMER 1976, 177 hinweist. Alle chronographischen Konstruktionen, die Mosshammer akribisch bespricht, beruhen auf dem Synchronismos der Viten dieser Sieben und setzen also die Kanonisierung bereits voraus. Wenn allerdings Pap. Soc. Ital. IX 1093 wirklich einen alten Text überliefert (so SNELL 1971, 65f, vgl. DERS. 1966), reicht die Tradition mindestens bis ins fünfte Jahrhundert zurück.

[27] Auf die sieben *weisheitsliebenden* Söhne des Helios bei Pindar, *O.* 7,71 hat schon SNELL 1971, 15 hingewiesen.

[28] Zur Siebenzahl BURKERT, The Orientalizing Revolution [...], Cambridge, Mass./ London 1992, 114; ALSTER 1991, 113 über Sieben Weise als (anonyme) Wächter der „Tafeln der *me*“ in mesopotamischen Vorstellungen; MARTIN 1998, 121f. Allerdings begegnen *sieben* Weise im Griechischen erstmals sicher bei Platon. Kurioserweise gibt es auch eine Überlieferung darüber, dass die Sieben Weisen eigentlich und ursprünglich nur fünf gewesen seien: Plutarch, *de E* 385Ef.

[29] MARTINs These (1993, 122f), dass die Sieben Weisen ursprünglich irgendein Priesterkollegium gewesen seien, überzeugt mangels brauchbarer Hinweise nicht. Auch MEIERS Ansicht (1987, 122), dass sich ein „Kreis der Weisen“ selbst abgegrenzt habe, ist nicht belegbar.

von den verschiedenen Listen kam bereits Dikaiarchos zu demselben Ergebnis.[30] Dass die später zu den Sieben Weisen gerechneten Individuen tatsächlich als historische Personen existierten und zweifellos auch im Rufe besonderer „Weisheit" standen, steht dieser Einschätzung nicht im Wege. (Stutzig macht natürlich auch, dass die Sprüche selbst anonym oder mit verschiedenen Zuschreibungen überliefert sind, wohingegen mit einzelnen der Sieben Weisen durchaus historische Fakten glaubhaft verbunden sind. [31] Die Sprüche selbst brauchen im Grunde die Autorität eines Weisen nicht, um befolgt zu werden.) *Als Gruppe* sind sie offenbar die Erfindung einer Nachwelt, die einerseits derartige Gruppenbildungen und Gremien aus ihrer Gegenwart kennt und andererseits zum Zwecke der Autoritätskonstruktion bestimmter Lebensregeln ein solches Gremium in die Vergangenheit projiziert. Die überlieferten Glanzstücke praktischer Bewährung liefern bezeichnenderweise kein Indiz für eine „Gruppe", weil hier der Weise *allein* vor dem Hintergrund der Normalsterblichen wirkt. In den meisten Fällen wirkt die Verbindung bestimmter Weiser mit bestimmten Sprüchen willkürlich. Sehr häufig wird ein berühmter Spruch mehreren Weisen zugeschrieben. Hinzu kommt, dass, wo ein Aktivitätsbereich individueller Weiser überliefert ist, v.a. für Thales und Bias, er sich in keiner Weise mit den Sprüchen deckt. Die Sieben Weisen sind keine Schriftgelehrten,[32] sie haben keine „Lehre". Ihr Ruf beruht auf der überraschenden Lösung schwieriger Fragen oder brenzliger Situationen. Ihre Intelligenz ist praktisch.[33] Sie verfassen und hinterlassen keine Texte. In ihrer unmittelbaren Umwelt haben diese Männer offensichtlich als *Verhaltensbeispiele* gewirkt: Großes Interesse scheint an ihren Sprüchen demnach in dieser Zeit nicht bestanden zu haben.

Dass Geschichten wie die von dem Kelch des Bathykles oder dem goldenen Dreifuß eine gewisse Agonalität unter diesen Weisen zeigen, scheint mir eher gegen als für ihre Historizität zu sprechen. Denn welche Formen sollte dieser Agon angenommen haben? Rhapsoden oder Aoiden konnten gegeneinander in

[30] Dikaiarch stellt sowohl fest, dass in allen differierenden Aufzählungen stets die vier Namen Thales, Bias, Pittakos und Solon enthalten sind (Diog.Laert. I 41 = 1,61,18f DK), wie dass sie keiner festen Gruppe zuzuordnen sind (Diog.Laert. I 40 = 1,61,5ff DK): ὁ δὲ Δικαίαρχος οὔτε σοφοὺς οὔτε φιλοσόφους φησὶν αὐτοὺς γεγονέναι, συνετοὺς δέ τινας καὶ νομοθετικούς. Mit diesen vier Namen beginnen sowohl die Aufzählungen Platons (*Prot.* 343A) wie die des Hermippos (bei Diog.Laert. I 42).

[31] Testimonien bei RÖSLER 1991, 359.

[32] Zum Konzept des Schriftgelehrten nahöstlicher Prägung vgl. Jesus Sirach 38,24 (hellenistisch): „Die Weisheit des Schriftgelehrten stellt sich ein bei günstiger Mußezeit, und wem es an Arbeit fehlt, der wird weise werden." Der Gedanke ist verwandt mit Aristoteles, *metaph.* I 1, 981b 20ff. Die Sieben Weisen sind von einem ganz anderen Schlag.

[33] So auch DETIENNE 1996, 116. Diese praktische Klugheit hebt Dikaiarch besonders eindrucksvoll hervor (Bd. 1, fr. 31 WEHRLI).

Festagonen antreten, aber „Weise"?[34] So macht die Annahme einer Gruppe von Sieben Weisen, erst recht in Verbindung mit dem Delphischen Orakel, vor allem Sinn für eine Zeit, in der Allerweltsmenschen die Anfrage an eben dieses Orakel richten können, wer denn weiser als eine andere Allerweltsperson sei. Dies ist genau, was Chairephon in der platonischen *Apologie* zugetraut wird; und Platon ist der erste, der explizit eine Gruppe von Sieben Weisen kennt.

Auch über die Vorstellung einer „Performanz von Weisheit" lässt sich keine Gruppe von Weisen erschließen. Einer der Aspekte der vielbeschworenen Offenheit der griechischen Gesellschaft liegt gerade darin, dass bei allen Gelegenheiten, Weisheit öffentlich zu bestätigen und vorzuführen, diese Gelegenheiten allen Mitgliedern einer bestimmten sozialen Schicht gleichermaßen offenstehen. Natürlich muss es eine Reihe von Situationen gegeben haben, in denen sich ein Individuum hat auszeichnen können, um in den Ruf eines „Weisen" zu gelangen; und natürlich musste die soziale Chance bestehen, überhaupt in eine, von einer gewissen Öffentlichkeit beachtete, Bewährungssituation zu kommen. Der soziale Ort der Weisen muss demnach in der Oberschicht der jeweiligen Polis gesucht werden.[35] Dass sie mit Sicherheit in die politischen Entscheidungen ihrer jeweiligen Poleis involviert waren, kann daher nicht überraschen und ist kein Indiz für irgendeine institutionalisierte Position *qua* Weise. Politische Autorität ist gut, d.h. unabhängig von Diogenes Laertios, bezeugt für Solon, Pittakos, Chilon, Periandros, Bias und Thales. Dies ist offenbar der Bereich, der dem Weisen die Gelegenheit bietet, als solcher anerkannt zu werden. Allerdings haben gerade hier unsere Sprüche keinen Platz. Überhaupt sind diese Sprüche selbst derartig dürr, dass man sich keine performative Aktivität, die zu ihnen gepasst hätte, vorstellen kann (im Gegensatz zu Sprichwörtern[36] oder Orakeldeutungen). Dass die Weisheit dieser Männer eine praktische ist, bringt sie in einen gewissen Gegensatz zu den meisten Vorsokratikern (Thales ist die einzige Ausnahme – und wenn man sich entscheiden müsste, welche seiner beiden Seiten die höhere historische Wahrscheinlichkeit besitzt, dann vermutlich seine praktische Weisheit).

[34] Immerhin sei darauf hingewiesen, dass es in vielen Kulturen agonale Formen gibt, Sprichwörter vorzutragen: zu sumerischen siehe ALSTER 1993, 3f, zu mexikanischen BRIGGS 1985, 797. Etwas Derartiges lässt sich für eine griechische mündliche Kultur natürlich auch denken.

[35] Ein Spruch in einer der Sammlungen erwähnt tatsächlich sogar „die Weisen" oder vielleicht auch „das Weise = die weisheitlichen Sprüche" (S 53 σοφοῖς χρῶ). Doch gibt das eher dazu Anlass, daran zu zweifeln, ob man ihn früh datieren darf – scheint er doch eine feste Gruppe von Weisen vorauszusetzen, gewissermaßen ein Corpus von Weisheit (daher der Plural).

[36] *Pace* MARTIN 1993, 118.

Wenn es aber die Gruppe der Sieben Weisen als reale Institution nie gegeben hat, stellt sich die Frage, warum sie überhaupt kreiert wurde bzw. warum diese Fiktion so große Verbreitung fand. Die Situation der Griechen im Osten spätestens seit etwa 550 lässt mich vermuten, dass die Sieben Weisen ihnen als eine (von mehreren) Projektionen dienten, ihren spezifisch griechischen Charakter im Unterschied zu den militärisch bedrohlichen und kulturell mächtigen Nachbarn im Osten zu formulieren und zu behaupten. Manche der anekdotischen Berichte kreisen um sehr Griechisches: die Möglichkeiten des Individuums, Polisfragen, d.h. eine „Debattenkultur";[37] erfolgreicher Pragmatismus in der Lösung schwieriger Situationen; Praktiken öffentlichen Rechts; aristokratische Selbstverwaltung; die politische Organisation der Ionier. So kann man sich fragen, ob die Gruppe der Sieben Weisen von den ionischen Griechen als panionisches oder sogar panhellenisches Projektionsfeld genutzt wurde.[38] Aus diesen Anekdoten ließ sich etwas spezifisch Griechisches gewinnen, nämlich *individuelle Überlegenheit*, das sich allen kulturellen Weisheits- und Autoritätskonzepten, denen die Griechen im Osten begegneten, als überlegen entgegensetzen ließ und so zu einem Identifikationsfokus werden konnte.[39] Später, bei Herodot, sehen wir, dass in der Begegnung mit Kroisos, dem östlichen Potentaten, manche der Sieben Weisen definitiv als „Griechen schlechthin" präsentiert werden. Wie es schon Herodot andeutet, wird später Ephoros die Sieben Weisen als Chiffre für die griechische Widerwilligkeit darstellen, einem Monarchen schönzutun.[40] Eine Figur wie Anacharsis zeigt, dass dieses Bewusstsein aber auch integrative Züge gehabt haben kann (allerdings ist diese Integration eine hierarchische: die Überlegenheit griechischer Weisheit wird durch ihn geradezu bestätigt).

Ein panionisches Bewusstsein und einen gewissen Führungsanspruch in Athen erkennen wir bereits in einem Fragment aus den Elegien Solons, der Athen als „die älteste Erde Ioniens" bezeichnet.[41] Eine besondere Dynamik mag dieses Konzept in der Zeit ab 550 entfaltet haben, wo es sich in der Konfrontation mit Lydern und Persern dazu eignete, eine eigene kulturell-ethnische Identität zu betonen. Wie Herodot berichtet, wurde vielfach erzählt, dass Thales dem Kroi-

[37] Den Ausdruck entnehme ich K.-J. HÖLKESKAMP, Schiedsrichter, Gesetzgeber und Gesetzgebung im archaischen Griechenland, Stuttgart 1999.

[38] BOLLANSÉE 1999, 75: Die Sieben Weisen sind panhellenisch. Es ist übrigens nicht notwendig, dass sie bereits in dieser frühen Zeit *sieben* Weise sind. Bei Herodot ist vielleicht eine implizite Gruppenvorstellung da, aber explizit findet sich nichts Derartiges (siehe BUSINE 2002, 25).

[39] So andeutend schon SNELL 1971, 45; ähnlich RÖSLER 1991, 363f.

[40] Ephoros bei Diodor IX 26–28, von SNELL 1971, 97 treffend zusammengefasst als: „Vor lauter Moral werden die Weisen recht knotig und finden sich mit dem Leser zusammen in dem satten Gefühl: dem haben wir es aber gegeben."

[41] fr. 4a,2 WEST.

sos bei der Invasion des persischen Reiches half, indem er mittels eines Ableitungstricks den Halys passierbar machte[42] – Herodot selbst glaubt nicht an die Historizität der Geschichte, aber dass sie unter den Griechen vielfach umlief (ὡς δὲ ὁ πολλὸς λόγος Ἑλλήνων), zeigt ihre Funktion. Von Bias ist der Rat an die Ionier überliefert, angesichts der Bedrohung durch die Perser *geschlossen* nach Sardinien auszuwandern; von Thales, sich zu *einer* politischen Gemeinschaft zusammenzuschließen und die Zentralregierung auf Teos zu errichten – beides Konzepte, die Herodot wegen ihrer Klugheit hervorhebt und die mit einem panionischen Konzept arbeiten.[43] Solon erhält bei Herodot Gelegenheit, griechische Weisheit und geistige Unabhängigkeit im Kontrast zu orientalischer Despotie zu demonstrieren (I 29–32).[44] Von Bias (oder Pittakos – typisch, dass es mehrere der Sieben Weisen sind, die für die Ionier als Gruppe handeln) berichtet Herodot (I 27,3f), wie er durch eine typische Weisheitsleistung Kroisos vom Krieg gegen die Inselionier abbringt und sogar zu einem Bündnis mit ihnen bewegt. Die Erzählung von der wunderbaren Einigkeit der Sieben Weisen, die vielleicht ins fünfte Jahrhundert zurückreicht,[45] könnte einen *politischen* Sinn gehabt haben: gewissermaßen eine Anti-Allegorie auf die Uneinigkeit der Griechen[46] und ein Appell, diesen Zustand zu ändern. Ionische Emigranten hätten diese Vorstellung verbreitet.[47] Delphi, das mit den Sieben Weisen ursprünglich vermutlich nichts zu tun hatte, später aber in vielfacher Weise mit ihnen als Gruppe assoziiert wurde,[48] könnte sie in dieser Funktion quasi appropriiert und

[42] Herodot I 75,3–6. Siehe auch RÖSLER 1991, Test. III; die Geschichte ist chronologisch mit der Bestimmung der Sonnenfinsternis nicht zu vereinbaren, die allerdings auch viele Fragen aufwirft: siehe D. PANCHENKO, Thales's Prediction of A Solar Eclipse, in: Journ. for the Hist. of Astron. 25 (1994) 274–88.

[43] Herodot I 170. Bias soll angeblich auch eine Schrift *Über Ionien* verfasst haben (Diog.Laert. I 85).

[44] Die beiden kurzen Erzählungen von Tellos und von Kleobis und Biton zeigen, was in den Augen eines Atheners Glück bedeutet. Solon selbst beugt sich nicht dem Wunsch des Kroisos, ihm nach dem Munde zu reden (v.a. I 30,3 und 32,5). Indirekt rettet Solon Kroisos vom Scheiterhaufen und beeindruckt sogar Kyros (I 86–88).

[45] Siehe oben Anm. 26.

[46] Die auch von Herodot hervorgehoben wird (z. B. in I 169).

[47] „Mass emigration" aus Ionien in den Westen hat es schon ab 540 gegeben: dazu A. SNODGRASS, Archaic Greece. The Age of Experiment, London u.a. 1980, 162.

[48] Myson wird bereits bei Hipponax durch Delphi als „Weiser" eingesetzt. Zur Verbindung mit Delphi: BARKOWSKI 1923, 2251–2254. M.P. NILSSON, Geschichte der griechischen Religion, 1. Bd. München ^{2}1955, 651 bringt die Sprüche der Sieben Weisen in Zusammenhang mit einer „legalistischen" Strömung des Delphischen Orakels. Bei Herodot ist in der Lehre, die Solon dem Kroisos und dem Kyros erteilt, delphischer Einfluss (zu Kleobis und Biton ebenso M. LLOYD, Cleobis and Biton [Herodotus I, 31], in: Hermes 115 [1987] 22–8) ebenso offensichtlich wie athenischer in der Geschichte des Tellos. Ich halte beide für sekundär.

eventuell diese panionische sogar in eine panhellenische Projektionsfläche umgewandelt haben[49] (dafür ist nur eine Gruppenvorstellung nötig, nicht auch eine Siebenzahl, von der wir etwa bei Herodot auch nichts finden[50]). Man könnte sich fragen, ob Delphi sich der Sieben Weisen auch bediente, um seinen Anspruch gegenüber anderen Orakelstätten, etwa Didyma, zu unterstreichen.[51] Diese Maßnahme war jedenfalls derart erfolgreich, dass die beiden bekanntesten Sprüche der Sieben Weisen (γνῶθι σεαυτόν und μηδὲν ἄγαν) vielleicht ursprünglich sogar rein delphisch sind (jedenfalls hat sich die Weisen-Aitiologie nie ganz durchgesetzt).[52] Mit der Ausweitung des ionisch-lydischen und später ionisch-persischen Konflikts auf einen panhellenisch-persischen Gegensatz in der Zeit der Perserkriege sind die Sieben Weisen dann endgültig zu einem panhellenischen Konstrukt geworden. Im Fall des Skythen Anacharsis, der manchmal unter die Sieben gerechnet wird, sieht man, wie er von den Griechen insgesamt geradezu als Märtyrer ihrer kulturellen Überlegenheit über die Skythen vereinnahmt wird.[53] Das erfolgreiche Interesse der Athener, ihren halbmythischen Gesetzgeber Solon in diese Gruppe hineinzubringen, ist vermutlich ebenso als Echo eines panhellenischen Führungsanspruchs aufzufassen.[54] Dass Solon in allen Erzählungen von Konkurrenz und Einigkeit der Sieben Weisen so eine gewichtige Rolle spielt, könnte sogar nahelegen, dass dieses Motiv unter athenischer Fuchtel entstanden ist, also vermutlich im 5. Jh. So grenzt das Konzept der „Sieben Weisen" und die Weisheit ihrer Sprüche nicht Binnen- und Außengruppen in einem ethnisch homogenen Kommunikationsraum ab oder eine soziale Schicht von einer anderen, wie das bei nahöstlicher Weisheit üblicherweise der Fall ist,[55] sondern ein griechisches Selbstbewusstsein von nichtgriechischem.[56]

[49] Anders BUSINE 2002, 38.

[50] Worauf BUSINE 2002, 17 hinweist.

[51] Siehe BUSINE 2002, 114 (für die hellenistische Zeit).

[52] Eine konkurrierende Legende, die diese Sprüche der sagenhaften Pythia Phemonoe zuweist, wird in Belegen fassbar, die VOIGT, Art. „Phemonoe", in: RE XIX (1938) 1957 sammelt; WEHRLI 1973, 196.

[53] Sehr deutlich bei Herodot IV 76,5, der uns sogar erklärt, dass die Skythen den Anacharsis deshalb nicht kennen wollen. In IV 46 erkennt man, wie der Typus des „fremden Weisen" von einzelnen griechischen Volksgruppen zur Bestätigung der eigenen Überlegenheit gebraucht werden kann, diesmal anscheinend von Peloponnesiern.

[54] Relativ deutlich bei Lobon fr. 511 SH, freilich erst hellenistisch.

[55] G. THEISSEN, Weisheit als Mittel sozialer Abgrenzung und Öffnung. Beobachtungen zur sozialen Funktion frühjüdischer und urchristlicher Weisheit, in: ASSMANN 1991, 193–204, hier 193.197.

[56] Eigenartig ist allerdings die offensichtliche Tendenz des Historikers Duris von Samos (4. Jh.), den Sieben Weisen eine nicht-griechische Abstammung anzuhängen (FGrHist 76 F 74–7 über Thales, Pittakos, Bias und Kleobulos; alles in den entsprechenden Abschnitten bei Diog.Laert. überliefert [I 22, 74, 82, 89]), möglicherweise mit der

Als Summe dieser kurzen Betrachtung ergibt sich, dass die Sieben Weisen in dieser frühen Zeit als Gruppe möglicherweise eine Funktion ausübten, die mit den ihnen zugeschriebenen Sprüchen weit weniger als mit den über sie umlaufenden Geschichten zu tun hatte. Die Erzählungen, die die Sieben Weisen als Gruppe zum Thema haben, erzählen entweder von einem Agon oder von einem Symposium – gerade den beiden institutionalisierten Strukturen, in denen sich auch einzelne Gruppen der führenden Familien innerhalb der Polis als Gruppe erfahren.[57] Die Funktion der Sprüche und die Funktion der Sieben Weisen als Identifikationsfokus hängen nur in dem Punkt zusammen, dass es etwa dieselbe Gruppe gewesen sein wird, bei denen das größte Interesse an einer einigenden Projektionsfläche ebenso wie an einem exklusiven Gruppenbewusstsein bestand.

2. Hellenismus und Kaiserzeit

(a) Die Sprüche in unseren Spruchsammlungen sind so schlicht, dass man sich schwer vorstellen kann, sie seien für hellenistische und kaiserzeitliche Griechen aus inhaltlichen Gründen so interessant gewesen. (b) Meines Erachtens sind sie nur ein Epiphänomen und damit ein Indiz für die Rolle, die die Gruppe der Sieben Weisen für diese Zeiten spielte. Dazu passt, dass sie in der Regel kollektiv den Weisen zugeschrieben werden. Diese Sprüche sind formal außerordentlich stereotyp.[58] Sie bestehen weit überwiegend aus zwei Begriffen, einem handlungsanweisenden und einem situationsbeschreibenden.[59] Im Gegensatz zu ihren nahöstlichen Pendants verzichten sie auf eine Begründung[60] und sind außerdem anonym: Weder wird ein einzelner Spruch einem einzelnen Weisen zugeordnet (wie bei Diogenes) noch wird festgelegt, welche sieben Weisen eingerechnet sind. Alle drei Merkmale weisen auf die bereits etablierte Gruppe als Bedeutungs- und Sinnträger: Die Sprüche werden formal einander angeglichen, weil sie einem formal-ästhetischen Ideal äußerster Prägnanz zu genügen

Absicht, das Licht seines Landsmanns Pythagoras um so heller strahlen zu lassen (vgl. F 22).

[57] Siehe auch BUSINE 2002, 11.

[58] KINDSTRAND 1986, besonders 240ff, zeigt, dass Diogenes seine Spruchlisten aus mindestens zwei verschiedenen Sammlungen kompiliert hat, von denen eine wie die bei Stobaios überlieferte ausgesehen hat.

[59] Ausnahmen: S 12, 19, 38 (μηδὲν ἄγαν), 58, 92, 114, 133. Die Spruchliste, die Stobaios nach Demetrios gibt, ist weniger rigide stilisiert als die Inschrift von Aï-Khanum, zeigt aber zumindest stellenweise dieselben Charakteristika.

[60] Siehe ALSTER 1991, 104f; die ältesten sumerischen Sammlungen allerdings scheinen ebenso begründungslos zu sein (vgl. DERS. 1993, passim).

haben, das unserer Sammlung offenbar bereits vorausgeht[61] (die alt bezeugten Sprüche weichen formal durchaus ab). Dieses Ideal beruht in seiner Prägnanz vor allem auf der Markierung einer Differenz zur Alltags- und Gegenwartssprache.[62] Diese Stereotypie wird hier selbst zum Sinnträger.[63] Sie ist ihrerseits ein Indiz für eine bereits erfolgte Kanonisierung.[64] Zumindest legt die formale Stereotypie gerade der nicht als alt bezeugten Sprüche den Verdacht nahe, hier sei umfangreiche Nachbildung betrieben worden. Die Sprüche benötigen keine Begründung, weil ihr Sinn offensichtlich ist und die Sieben Weisen eben als Autoren für Weisheit und Sinn bürgen, an die der Spruchrezipient aktiv oder passiv seine eigene Autorität abgibt.[65] Was zählt und Autorität verleiht, ist für Kompilatoren und Adressaten *dieser* Spruchsammlung offenbar nur das Weisheitskollektiv. Das Überlieferungsinteresse der archaischen Zeit dagegen galt Individuen, ob es sich nun um Anekdoten oder um Sprüche rankte. In späterer Zeit dagegen gilt das Interesse einem Kollektiv: deshalb variieren die Namen so stark bzw. deshalb werden die wichtigsten Sprüche meist verschiedenen der Weisen zugeschrieben.

So deutet alles darauf hin, dass unsere Sammlung das Produkt einer späteren Zeit ist, die sich auf die Sieben Weisen als legitimatorisches Konzept beruft. Dabei werden gewissermaßen alle von allen anerkannten Verhaltensnormen[66] in dieselbe Form der ὑποθήκη gebracht und den Sieben Weisen zugewiesen. Der Sinn dieses Verfahrens ergibt sich aber erst aus der Tatsache, dass diese Sieben Weisen bereits eine unbestreitbare Autorität haben. Umgekehrt erhalten die gängigen Verhaltensnormen so eine Autorität, die sie eigentlich nicht benötigen (eben weil sie gängig sind), die aber die Autorität der Sieben Weisen wiederum stützt.

[61] Das aber keineswegs dichterisch ist. Dass die Sieben Weisen „poets" waren, wie MARTIN 1993, 113ff zu zeigen versucht, ist ganz unwahrscheinlich (mit Ausnahme von Solon, dessen Dichtung aber für seinen Ruhm akzidentiell ist). Natürlich kann Weisheitliches auch in Skolia kommuniziert worden sein (MARTIN 114 weist auf fr. 912a PMG hin. Allerdings stammt das aus Aristophanes, *Vesp.*). Vermutlich werden diese Lieder die ὑποθῆκαι aber eher sekundär umrahmt haben, so wie eine Pindarpassage eine Gnome.

[62] Siehe BRIGGS 1985, 800 für mexikanische Sprichwörter; generell G. WIENOLD, Inschriften – die Weisheit an der Wand, in: ASSMANN 1991, 155–75, hier 171.

[63] Besonders auffällig in Fällen sachlicher Ähnlichkeit, z.B. S 41, 80, 119.

[64] Diog.Laert. I 35 = Lobon fr. 521 SH zitiert ein σκόλιον, dem Thales zugeschrieben, in dem es *auch* um Moral und Weisheit geht, v.a. aber um *Kürze*. Mir scheint dieses Liedchen gerade ein *Kommentar* der extremen Brachylogie der überlieferten Sprüche zu sein.

[65] Zu einem ähnlichen Vorgang siehe BRIGGS 1985, 800.

[66] Das ist etwa der Fall bei Pittakos D V 13 (θεράπευε + 12 Abstrakte). Dieser Appell braucht keinen Weisen.

Sowohl an den überlieferten Anekdoten wie am Inhalt der alten Sprüche lässt sich klar ablesen, dass die Weisen schlechthin weise sind und der Anwendungsbereich ihrer Weisheit universal ist: z.B. politisch, strategisch, technisch, juristisch, divinatorisch. Diese Weisen im archaischen Griechenland waren weise in einer relativ undifferenzierten Gesellschaft, in die sie vollkommen integriert sind.[67] Als Gruppe werden sie aber charakteristischerweise erst wahrgenommen von Autoren, die in oder für Gesellschaften schreiben, in denen sich „Weisheit" oder „Theorie" auszudifferenzieren beginnt (Sophisten, Philosophengruppen) und – ebenso charakteristisch – natürlich von Leuten, die sich selbst als äquivalentes Differenzierungsprodukt einer neuen Zeit verstehen, d.h. eben als *Weise*, Intellektuelle oder Theoretiker. Für diese Leute werden die Sieben Weisen gewissermaßen Archetypen ihrer eigenen Existenz. Dieser Prozess lässt sich meines Erachtens beschreiben als eine Selbstvergewisserung des eigenen Status durch Kontinuitäts- oder Typologiekonstruktionen. Anders betrachtet: je deutlicher „Theorie" sich innerhalb einer Gesellschaft irgendwie in Institutionen differenzierte, desto größer mußte das Interesse an der *Gruppe* der Sieben Weisen als eines Referenzpunktes in der Vergangenheit werden.

Diese spätere Gesellschaft ist, wenn meine Spekulationen das Richtige nicht allzu weit verfehlen, frühestens in die Zeit der Perserkriege zu setzen. Wenn man die Blickrichtung auf die Zeiten und Gruppen ausdehnt, die später Gebrauch gemacht haben von einem Konzept der „Sieben Weisen" als einer wirklichen Gruppe, so kann man m.E. feststellen: kleinere Gruppen usurpieren die Sieben Weisen als eine Präfiguration ihrer eigenen institutionellen Verfasstheit und oft sogar als *Appell* zur Geschlossenheit. Das deutet sich bei Platon bereits an,[68] dessen Geschichte von Thales und der thrakischen Magd ganz klar ein Philosophenideal skizziert, das er in bekannter Alltags- und Volksferne für sich selbst reklamiert;[69] das können wir für Eudoxos von Knidos vermuten, der

[67] Siehe A. HAHN, Zur Soziologie der Weisheit, in: ASSMANN 1991, 47–57, hier 48f, 54. Die Sieben Weisen sind also keineswegs eine „autonome Intelligenz" (MEIER 1987) im Sinne einer Sozialferne. Zur soziologischen Diskussion über funktionale Differenzierung siehe I. GILDENHARD, Philologia perennis? Classical Scholarship and Functional Differentiation, in: ders./M. RUEHL (Hrsg.), Out of Arcadia (BICS Suppl. 79), London 2003, 161–203, hier 180ff.

[68] *Prot.* 343A; vgl. *Hipp. mai.* 281C. Man hat außerdem den Eindruck, dass Sokrates durch die Chairephon-Anekdote (*apol.* 21A) irgendwie den Sieben Weisen angeglichen werden soll (so GÄRTNER 178; andeutend auch WEHRLI 1973, 195); siehe zum Motiv Diog.Laert. I 106f über Anacharsis und Myson in Chen. Da das Motiv schon bei Hipponax begegnet, ist die Angleichung nicht umgekehrt erfolgt. So ergibt sich der Eindruck eines typologischen Bezugs des platonischen Sokrates auf die Sieben Weisen (und damit auch der platonischen Gruppe).

[69] *Tht.* 174Af.

mit einer Gruppe von „Schülern" nach Athen kam;[70] das steht vermutlich hinter dem großen Interesse des Peripatos an den Sieben Weisen;[71] das ist ganz explizit der Fall im 1. Jambus des Kallimachos und vielleicht auch anderer frühhellenistischer Autoren wie Lobon aus Argos[72] und Phoinix von Kolophon.[73] Es handelt sich fast schon um die Figur der aus der christlichen Geschichtstheorie bekannten Typologie. Vor allem bei Kallimachos sehen wir, wie die Weisen ein Exempel werden dafür, wie eine sozial differenzierte Theoretikergruppe auftreten *sollte*: nämlich gleichzeitig als Kontrast und als Vorbild der Normalgesellschaft.[74] In Alexandria, viel deutlicher als in Athen, gab es ja tatsächlich einen institutionalisierten und sich zunehmend professionalisierenden „Theoretikerstand", der wie seine ganze Umwelt ganz neu war. Außerdem dürfte er von einem rabiaten Konkurrenzbewusstsein geprägt gewesen sein, das sich für uns u.a. in der außerordentlichen Popularität spiegelt, die das Motiv vom Agon der Sieben Weisen gerade in dieser Zeit besessen haben muss.[75] Grundsätzlich ist die Idee von den Sieben Weisen als einer archetypischen Gruppe, die zur Nachahmung einlädt, schon in S 48 φιλόσοφος γίνου präsent: Weisheit ist ein knap-

[70] Bei Diog.Laert. I 29f = FGrHist IV A 1, 1006 F 1 (über den Agon der Sieben Weisen, der Eudoxos vielleicht mit einer Analogie zu seinem eigenen Agon mit Platon versorgte). Vgl. Philodemos, *Acad.* Col. Y, Z. 4ff (S. 152 GAISER). Dazu L. ZHMUD, Die Beziehungen zwischen Philosophie und Wissenschaft in der Antike, in: Sudh. Arch. 78 (1994) 1–13, hier 2, 4; M. ASPER, Mathematik, Milieu, Text, in: Sudh. Arch. 87 (2003) 1–31, hier 25.

[71] S.o. I 2.1. Die folgenden Peripatetiker haben sich mit den Sieben Weisen befasst: Aristoteles in Περὶ φιλοσοφίας (fr. 3 ROSE = fr. 28f GIGON); Theophrast (Plutarch, *Sol.* 4.2–8 = Test. 583 FORTENBAUGH), der Περὶ τῶν σοφῶν geschrieben haben soll (Test. 727.12 Fortenbaugh) und außerdem wahrscheinlich γνῶθι σεαυτόν in Περὶ παροιμιῶν diskutierte (Stobaios III 21,12, Bd. 1, S. 558f HENSE); Dikaiarchos (Bd. 1, fr. 30–32 WEHRLI); Demetrios von Phaleron in Τῶν ἑπτὰ σοφῶν ἀποφθέγματα (Bd. 4, fr. 114 WEHRLI = FGrHist 228 F 1 BOLLANSÉE = Diog. Laert. I 22 = Thales 11 A 1 DK); Klearchos in Περὶ παροιμιῶν (Bd. 3, fr. 69–71 WEHRLI); Straton von Lampsakos (Bd. 5, fr. 146f WEHRLI); Hermippos v. Smyrna (FGrHist 1026 F 10 = Diog.Laert. I 42), der die Menge der Kandidaten diskutiert. Die Belege hat BOLLANSÉE 1999, 68f gesammelt. Grotesk OIKONOMIDES 1987, 73.

[72] Lobon fr. 521 SH. Richtig haben H. LLOYD-JONES und P. PARSONS das für hellenistisch gehalten (aus einem *Septem sapientium convivium*).

[73] Kallimachos fr. 151 ASPER = 191 PFEIFFER, vgl. fr. inc. loc. 403 ASPER = 587 PFEIFFER. In beiden Fällen spielt gerade die Gruppenvorstellung die entscheidende Rolle; Phoinix von Kolophon bei Athenaios XI 496D (= CollAlex fr. 4, S. 234 POWELL). Wer in diesen Erzählungen der Weiseste der Sieben Weisen ist, Bias, Thales oder Solon, kann von jeweiligen politischen Vorlieben des Milieus des jeweiligen Verfassers abgehangen haben (siehe dazu BUSINE 2002, 60).

[74] BUSINE 2002, 71 erkennt hier nur antidelphisches Engagement.

[75] Übersicht über 17 Autoren und Versionen bei BUSINE 2002, 57.

pes Gut, etwas Exklusives, worauf ja gerade die Autorität des Weisen beruht. Die Aufforderung an den Weisheitssuchenden „Werde selber weise!“, ließe sich, nimmt man sie ernst, nur als Spott verstehen. Wenn dagegen diese Spruchsammlungen kreiert und tradiert wurden von Männern, die sich selbst gerade als Nachfolger dieser Sieben Weisen verstanden, und das innerhalb ihrer eigenen Gruppe, macht das Gebot natürlich selbstaffirmatorischen und gruppenstabilisierenden Sinn.

Diese Linie lässt sich auch bei zwei kaiserzeitlichen Autoren nachverfolgen: In der Belehrung der Könige Periandros und Amasis durch die Sieben Weisen bei Plutarch (*Conv.*) kommt ein Beratungsanspruch *als Gruppe* zum Ausdruck. Es ist ziemlich klar, dass die Vorschläge, die die Sieben Weisen zur Regierung von Gemeinwesen usw. machen (11 154Cff), zunächst einmal einen *Anspruch* Plutarchs ausdrücken.[76] Weiterhin platonisiert Plutarch die Sieben Weisen seines *Convivium*,[77] was bereits zeigt, dass er sie in irgendeiner Hinsicht als *alter ego* versteht. Die politischen Implikationen des *Convivium* sind rückwärtsgewandt, anachronistischerweise pro-demokratisch[78] und lassen sich als typisch griechische Weigerung verstehen, die Gegenwart als Alternative zu einer glorifizierten Vergangenheit zu begreifen. Bei Diogenes Laertios finden wir nicht nur eine Sammlung älteren Materials zu den Sieben, sondern auch eine gewisse Bereitschaft, besonders die Geschichte ihres Agons romanhaft auszuschmücken (I 27–33). Ferner lässt sich aus den nur bei ihm überlieferten 19 Briefen dieser Weisen ein regelrechter Briefroman rekonstruieren,[79] der deutlich ein Gruppengefühl zeigt. Dort ist es allerdings eine Gruppe von mehr als sieben Weisen.[80] Hier lassen sich ebenso panhellenische Tendenzen erkennen, jedenfalls rücken die Weisen zusammen im Angesicht einer möglichen aufkommenden Persergefahr.[81] Der Brief des Periandros an die Weisen[82] geht offenbar sogar von *jährlichen* Versammlungen der Sieben Weisen aus, die voriges Jahr in Sardes bei Kroisos gewesen seien und nun zu Periandros nach Korinth kommen sollten.

[76] Dazu S. SWAIN, Hellenism and Empire. Language, Classicism, and Power in the Greek World AD 50–250, Oxford 1996, 389 u. ö.

[77] BUSINE 2002, 98f. Nach WEHRLI 1973, 196 geht der Inhalt des plutarchischen Weisensymposiums „wahrscheinlich“ auf „ein archaisches Volksbuch“ zurück. Nach meiner Auffassung ist der Begriff des „archaischen Volksbuchs“ in sich anachronistisch. Vermutlich handelt es sich um eine populäre, d.h. mündlich kursierende, Erzählung.

[78] Siehe AALDERS 1977, hier 31ff.

[79] Was DÜHRSEN 1994 getan hat. *Pace* DÜHRSEN (114f), der einen hellenistischen Verfasser vermutet, scheinen mir diese Texte eher den Panhellenismus der Zweiten Sophistik zu zeigen.

[80] Pherekydes kommt dazu in Diog.Laert. I 122, Anaximenes und Pythagoras in Diog.Laert. II 4.

[81] Anaximenes an Pythagoras, Diog.Laert. II 5.

[82] Diog.Laert. I 99.

Man sieht klar, wie hier das Weltwissen des anonymen Verfassers in seine Fiktion einer fernen Vergangenheit eingreift. Ähnlich wie bei Kallimachos, aber weniger deutlich fließt auch hier eine normative Vorstellung von „Theoretikern" ein, die ebenso wie bei Plutarch auf den letztlich platonischen Anspruch der Mit-Gestaltung des politischen Lebens durch die Theoretiker hinausläuft.[83]

Was ist also passiert? Für eine Gesellschaft, die nunmehr institutionelle Funktionsdifferenzierung von „Weisheit" kennt, werden die Sieben Weisen zu einem „fernen Spiegel" (B. TUCHMAN), in dem man sich bestens selbst erkennen, vielleicht als Gruppe überhaupt erst entwerfen und gelegentlich sich oder seine Ansprüche auch seiner Umwelt zeigen kann. Mit anderen Worten: von einem ionischen Integrationskonzept werden die Sieben Weisen zu einem Exempel für Kleingruppen, die sich um Wissenspflege bilden.[84] Die Sprüche werden gesammelt, gepflegt und geliebt (und ihr Corpus vermutlich erweitert) – wahrscheinlich aber nicht ihres wenig spektakulären Inhalts wegen, sondern weil sie als Ausdruck dieses Exempels dienen, das einer (oder mehreren) kleinen Gruppen als Vehikel des eigenen elitären Selbstverständnisses und als Chiffre ihres Anspruchs dient. So werden die Sieben Weisen seit Platon von einem *politisch-ethnischen* zu einem *sozialen* Integrationskonzept, nämlich für einen institutionalisierten „Schriftgelehrtenstand". Dass die Akteure von „Weisheit" sich in der westlichen Tradition bis heute als in einer antiken Tradition stehend begreifen,[85] sichert den Sieben Weisen ein wohlwollendes, weil identifikatorisches, Interesse der Nachwelt.[86] Das scheint mir die Quintessenz vor allem der Gastmahlliteratur zu sein (die im übrigen die für Weise typische und natürliche asymmetrische externe Kommunikation mit der Außenwelt durch eine symmetrische, aber

[83] DÜHRSEN 1994, 112.

[84] Neben all dem bleibt der panhellenische Appellcharakter der Sieben Weisen bestehen, siehe DÜHRSEN 1994, 89. Dass etwa die Einwohner von Miletupolis in Kyzikos und der griechisch-baktrischen Stadt von Aï-Khanum im heutigen Afghanistan eine Stele mit den Sprüchen der Sieben Weisen im Schrein des Kineas, ihres heroisierten Gründers aufstellten, die stolz verkündete, sie sei eine Abschrift des Klearchos vom delphischen Original, darf man sicher *auch* als ein Kontinuitätssignal verstehen. Zu den epigraphischen Realien s.o. I 4.2 und OIKONOMIDES 1980, hier 179–181. Ders. 1987, 68 Anm. 6 meint sogar, die Aufstellung dieser Stele sei von Klearchos als eine Maßnahme zur Hellenisierung dieses Gebiets gedacht gewesen.

[85] Genauer: dass eine Bereitschaft jeder neuen Gruppe besteht, sich selbst nach dem Vorbild der älteren zu entwerfen, d.h. eine Kontinuität zu konstruieren.

[86] RÖSLER 1991, 357: „Es wäre ein eigenes Thema – und gewiss ein lohnendes dazu –, die Hintergründe der andauernden Attraktivität der Sieben Weisen in Hellenismus, Kaiserzeit und Spätantike zu untersuchen." SANTONI 1983, 92 meint rührenderweise, dass die Sprüche wegen ihrer ethischen Qualität so lange überlebt haben.

eben *interne* Kommunikation ersetzt, bei der ihnen die Außenwelt als Leser über die Schulter schaut).[87]

Das ändert sich nicht einmal in der christlichen Ära: die Sieben Weisen eignen sich als typologische Gruppe so gut, dass ihnen flugs auch christliche Prophezeiungen untergeschoben wurden, genauer gesagt, christliche Interpretationen von Christen fingierter Apollon-Orakel.[88] So erreichen sie einen wahrhaft „typologischen" Status, nicht viel anders als die Propheten des Alten Testaments. Christliche Eliten usurpieren sie mühelos, wegen des Zusammenhangs mit „Bildung" meist im funktionalen Umkreis von Statussymbolen.[89] Im soziologischen Sinne als Gruppentypologie begegnen wir ihnen in sogar noch der Bilderwelt des Hochmittelalters: Unerwarteterweise tauchen sie z.B. auf den Fassaden der Kathedralen in Reims und Clairmont-Ferrand auf.[90] Dort symbolisieren sie die *septem artes liberales*, als paganes Wissen, domestiziert und geadelt in einem christlichen Bildkontext. Betrachter dürften sie allerdings am ehesten als Präfiguration der Kathedralschulgelehrten gesehen haben, unter deren Fittiche sie sich gerade begaben.

Den Schluss soll ein Hinweis auf die Umkehrung dieses integrativen Gruppenkonzepts durch die von ihm Ausgeschlossenen machen: Irgendwann in trajanisch-hadrianischer Zeit, d.h. etwa gleichzeitig mit dem *Convivium* Plutarchs, war die Weisheit der Sieben Weisen so „knotig" (SNELL) geworden, dass sie Parodien geradezu herausforderte. In einem Gebäude in Ostia, das zunächst eine Bar war und dann zu Thermen umgebaut wurde, fungierten unsere Sieben Weisen als Wanddekoration. Sie sitzen fröhlichen Gesichts auf Latrinenbänken. Ihre

[87] Siehe auch BRIGGS 1985, 795.

[88] Texte in *Theosophorum gr. Fr.* ed. H. ERBSE: ω 14 (S. 105), χ 5.7 (S. 111), vor allem aber π (S. 117–119), μ (S. 123–127) und Δ (S. 130–135). Obwohl das Konzept „Sieben Weise" unverändert ist, erodiert der tatsächliche Kanon: Die letzten drei Texte nennen folgende Namen: Bias, Solon, Chilon, Thukydides, Menander, Platon; Solon, Thukydides, Plutarch, Aristoteles, Platon, Chilon; Plutarch, Ares (!), Dôn (?), Kleomedes, Platon, Aristoteles, Homer. Die Gruppe der Sieben Weisen wird einfach zu einem Sammelbecken für alle griechischen Denker, die man kennt.

[89] Ihre Sprüche finden sich auf Silberlöffeln: S.R. HAUSER, Spätantike und frühbyzantinische Silberlöffel. Bemerkungen zur Produktion von Luxusgütern im 5. bis 7. Jh., Münster 1992, 69-72, pl. 23-26, 52 (= SEG 42 [1992], 1096). Siebenergruppen von Philosophen sind ein beliebtes Motiv auf den Sarkophagen der Wohlhabenden: siehe EWALD 1999, 109 (allerdings meist Kyniker: ebd. 96-108); R. LATTIMORE, Themes in Greek and Latin Epitaphs, Urbana, Ill. 1962, 286 über den Rhetor T. Phaneus Modestus. Dasselbe gilt für die Fußböden der Oberschicht: Beispiele bei EWALD 1999, 97.

[90] Zu Reims E. MÂLE, Religious Art in France. The Thirteenth Century [...] (orig. Paris [9]1958), Princeton, NJ 1984, 431 Anm. 104; zu Clermont-Ferrand siehe Lex. d. christl. Ikonogr. II (1970) 704 und Abb. 3. In beiden Fällen beruht die Identifikation als Sieben Weise nur auf Geschlecht und Zahl.

Weisheit, die in geschmackvoller *capitalis rustica* dazu geschrieben ist, betrifft in schöner Unverblümtheit – das „Kacken".[91] Wer sich daran delektierte, verspottete Weisheit an sich, indem er den paradigmatischen Urweisen ein sehr elementares, gar nicht hehres und vor allem nicht elitäres Wissen zuschrieb. Die Komik liegt in einer Umwertung von Weisheit und provokanter Körperlichkeit.[92] Mit der Waffe der Parodie wehren hier die trinkenden und badenden Allerweltsbürger den Eliteanspruch der Theoretiker ab.

[91] Die drei noch erhaltenen Beischriften sind: *Ut bene cacaret ventrem palpavit Solon; durum cacantes monuit ut nitant Thales; vissire tacite Chilon docuit subdolus.* Edition und Kommentar bei E. COURTNEY, Musa Lapidaria. A Selection of Latin Verse Inscriptions, Atlanta, Ga 1995, Nr. 70a, S. 86, 292f. Siehe auch R. NEUDECKER, Die Pracht der Latrine. Zum Wandel öffentlicher Bedürfnisanstalten in der kaiserzeitlichen Stadt, München 1994, 35ff, 111.

[92] Im gleichen Raum findet sich eine Inschrift *Amice fugit te proverbium/bene caca et irrima* [= *irruma*] *medicos*, die eine Wissenselite direkt angreift. Meines Erachtens fasst sie die Wirkung der Beischriften und der Darstellung der Sieben Weisen hier ziemlich präzise zusammen.

III.

Die Worte der Sieben Weisen – ein Zeugnis volkstümlicher griechischer Ethik

III. Die Worte der Sieben Weisen – ein Zeugnis volkstümlicher griechischer Ethik

von Dieter Zeller

In Platon, *Hipparch.* 228B-E erzählt Sokrates, was Hipparchos, der Sohn des Peisistratos, für die Bildung der Stadt- und Landbevölkerung getan hat. Für letztere ließ er Hermen an den Straßen, die von den Demen zur Stadt führten, aufstellen und beschriftete sie mit versifizierten Proben seiner Weisheit, die er erlernt oder die er erfunden hatte. Erhalten sind die Allgemeinplätze „Wandle Rechtes sinnend“ und „Betrüge nicht deinen Freund“ (229AB). Damit wollte er die bekannten Sprüche in Delphi überbieten. Diese sind formal ähnlich, wenn auch anonym und nicht mit einem „Markenzeichen“ („Dies ist ein Denkmal des Hipparch“) ins Versmaß eingebunden. Sie waren zwar nicht an Dreiwegen, aber doch öffentlich zugänglich angebracht. Man könnte sie deshalb als „Trivialethik“ kennzeichnen, wenn das nicht ebenso abfällig klänge[1] wie der im Deutschen gebräuchliche Ausdruck „Vulgärethik“.[2] Sprechen wir also lieber von „volkstümlicher Ethik“, wie in der englischsprachigen Literatur die Begriffe „popular ethics“ bzw. „popular morality“ üblich sind.[3] Damit wird etwas über den Grad der Verbreitung dieser kurzen Sätze ausgesagt, die Herkunft von Einzelpersönlichkeiten aber nicht ausgeschlossen. Einige mögen zwar in der Erziehung der Aristokratie geprägt worden sein,[4] sobald sie aber an Tempelwänden – den Plakatsäulen der Antike – von Wallfahrtsheiligtümern verewigt waren,[5] dehnte sich ihr Geltungsbereich aus auf alle Pilger, die lesen konnten. Diese Allgemeingültigkeit ist noch mehr anzunehmen für die hellenistischen Gnomensammlungen, die sich nicht nur auf ein delphisches Original berufen,

[1] In diesem Sinn sagt SNELL 1971, 96, die Sentenzen der Weisen seien immer trivialer geworden; einige ganz triviale lässt er aus.

[2] Vgl. DIHLE 1962, 5.

[3] PEARSON 1962 erschließt sie aus der attischen Tragödie und Geschichtsschreibung des 5. Jh.; DOVER 1974 berücksichtigt neben Tragödie und Komödie noch die Rhetorik; DEN BOER 1979 zieht wider sein eigenes Programm auf weite Strecken Philosophen heran. Dagegen verwerten unsere Quellen SCHMIDT 1882 und BOLKESTEIN 1939, 74f.

[4] Das lässt sich für alte Sprüche wie „Maß ist das Beste“, „Nichts allzu sehr“, „Erkenne dich selbst“ wahrscheinlich machen; vgl. DEFRADAS 1972, 282; s. auch u. 4.2 Ratschläge für die Herrschenden.

[5] Vgl. unten Anm. 15 und 130 zu ähnlichen Inschriften auf Delos und in Eleusis.

sondern in der ganzen zivilisierten Welt bis nach Baktrien kopiert wurden. Dass man sie im Unterricht der Sekundarstufe neben der epischen Dichtung verwendete, könnte man aus Lukian, *Anacharsis* 21 schließen. Dort sagt Solon über die athenische Schule:

> Den Fortgeschrittenen tragen wir Gnomen weiser Männer und alte Taten und nützliche Worte – in Versen angeordnet, damit sie sie besser im Gedächtnis behalten – vor.

Wegen des hier vorausgesetzten Versmaßes mag man zunächst an die Gnomen des Theognis u.ä. denken; doch die späteren Versifikationen bis zu Ausonius (s.u. den Beitrag von L. SPAHLINGER) zeigen, dass man auch die Worte der Sieben Weisen in ein für Schüler gängiges mnemotechnisches Format bringen wollte. Und schließlich bezeugen auch die archäologischen Fundumstände der antiken Reste, dass bei Lukian nicht nur Zustände des 2. Jh. n. Chr. nach rückwärts projiziert werden: Die Inschrift von Miletupolis stammt wohl aus einem Gymnasium, die von Thera und Aï-Khanum aus der Nähe eines Gymnasiums. Papyri und Ostraka belegen, daß die Kurzimperative in Ägypten Schulstoff waren.[6]

Diese volkstümliche Ethik ist abzusetzen von der philosophischen Ethik, wie sie etwa in der *Nikomachischen Ethik* des Aristoteles vorliegt.[7] Er unterstellt das sittliche Handeln des Menschen systematisch einem Ziel: dem Glück. Dieses wird wiederum anthropologisch bestimmt, z.B. von der Bedeutung aus, die die theoretische Erkenntnis für den Menschen hat. Von da her entfaltet Aristoteles ein geordnetes Spektrum von Tugenden und reflektiert über die Bedingungen sittlichen Tuns. Er mag dabei volkstümliche Weisheit aufnehmen, z.B. wenn er die Tugenden als die Mitte zwischen Extremen definiert. Aber die Methode ist eine andere: Problematisierung, Begriffsbestimmung, Phänomenologie, Ordnung. Die vorphilosophische Ethik dagegen ist unsystematisch, dafür aber meist konkret. Es mag sein, dass gewisse Grundwerte und Grundhaltungen die einzelnen Weisungen leiten, das wird jedoch selten explizit. Der Begriff des ethischen Endzwecks fehlt vollkommen. Diese Art von Ethik schöpft ihre Autorität nicht aus rational nachvollziehbaren Prinzipien, sondern aus der Tradition bzw. aus dem Ruf der Weisheit, in dem ihre angeblichen Verfasser stehen. Deshalb kommt sie oft ohne Begründung daher. Und wenn eine Begründung gegeben wird, ist sie meist in der Tatfolge zu suchen. Dafür kann sie allgemeine Akzeptanz beanspruchen; sie stellt nicht nur die Meinung eines Gelehrten, einer Schu-

[6] Vgl. oben I 4. Zu Gnomologien im pädagogischen Bereich vgl. auch MORGAN 1998, v.a. Kap. 4. DEBUT 1986, 259 verzeichnet unter den Schreibübungen verschiedene Arten von „sentences".

[7] Vgl. die deutsche Ausgabe in der „Bibliothek der Antike" von O. GIGON, München 1991, bes. die Einführung 59f. Um Verwechslungen vorzubeugen: Auch die kynisch-stoische „Popularphilosophie" gehört zur philosophischen Ethik.

le dar. Eine solche Schlagseite haben bei aller sachlichen Nähe zuweilen die Gnomen des Demokritos[8] oder die *Goldenen Worte* des Pythagoras[9], die wir gelegentlich zum Vergleich heranziehen.

Bei Cicero, *orat.* III 55ff gibt Antonius einen geschichtlichen Aufriss der Entwicklung von Philosophie und Rhetorik, der auf Philo von Larisa zurückgeht. Hier verkörpern Männer wie Pittakos oder Solon ein Stadium vor der Trennung dieser Disziplinen, eine Einheit von gründlichem Wissen, staatsmännischer Klugheit und packender verbaler Ausdrucksfähigkeit. „Diese Methode zu denken und zu urteilen und diese Kraft der Rede nannten die alten Griechen ‚Weisheit'". Sie wird unterschieden von der praxisfernen philosophischen Spekulation. Dies und die Benennung der Garanten unseres Textkorpus als „Weise" gibt uns das Recht, die unter ihrem Namen überlieferte volkstümliche Ethik in dem Bereich anzusiedeln, den man auch religionsgeschichtlich als „Weisheit"[10] umschreibt. Damit wird ein internationales Phänomen der Alten Welt angezeigt, ein praktisches, auf Erfahrung beruhendes Wissen, das von der älteren Generation an die junge weitergegeben wird. Richten sich die frühen weisheitlichen Instruktionen an den Nachwuchs von Hofbeamten, Schreibern etc., so ist mit der Zeit meist eine Verbreiterung des Adressatenkreises zu beobachten, ähnlich wie wir es für die Worte der Sieben Weisen annahmen. Diese Situierung bedingt nun Inhalt und pragmatische Funktion weisheitlicher Mahnung. Sie beschäftigt sich auch mit Dingen, die uns nicht so sehr sittlich relevant scheinen: z.B. ob einer faul oder fleißig ist, zuviel trinkt, was für eine Frau man wählen soll. Sie hat so eine viel größere Spannweite als etwa die Gesetze der Polis, ist dafür auch nicht justiziabel. Wie die ägyptische und altorientalische Weisheit möchte auch die griechische den Einzelnen zum Gelingen des Lebens führen.

Sie kann sich auf unterschiedlichen Niveaus aussprechen. Während die älteren griechischen Texte poetisch gefasst sind und kontinuierliche größere Texteinheiten bieten, sind die Worte der Sieben Weisen zunächst prosaisch, viel kürzer und ohne erkennbaren Zusammenhang. Deswegen sollen sie hier mit anderen Zeugnissen vorphilosophischer Ethik[11] zusammengestellt und inhaltlich aufbe-

[8] Vgl. DIELS/KRANZ 68 B (zitiert mit Nummer und angehängtem DK).

[9] Vgl. YOUNG 1961, 86-94. (Neu-)Pythagoreisch beeinflusst sind auch die Gnomen des Sextus, des Kleitarch und der Pythagoreer, hrsg. CHADWICK 1959 (Zählung wie dort). Dagegen atmen die von WÖLFFLIN 1878 ed. *monita* Senecas stoischen Geist.

[10] Vgl. den sehr weit gefassten Sammelband von ASSMANN (Hrsg.) 1990, darin für unser Thema besonders den Aufsatz von B. LANG, Klugheit als Ethos und Weisheit als Beruf (172-192).

[11] Hauptquellen sind: 1. Hesiod, *erg.* (vor allem V. 342-380.695-723), 2. Das erste Buch des Theognis, 3. Die angeblich von Epicharm stammenden Gnomen des Axiopistos (vgl. DIELS/KRANZ 23 B 8-46), 4. Die Gnomen des Chares (vgl. KÜCHLER 1979, 246-248; Zählung nach YOUNG 1961), 5. Ps.-Isokrates, *ad Demonicum* 13-43, 6. Menander, *monostichoi* bzw. *synkrisis* zwischen Menander und Philistion (vgl. KÜCHLER 1979, 254-

reitet werden. Ihre durch die Knappheit bedingte Rätselhaftigkeit lässt sich manchmal durch Parallelen aufhellen. Interessant sind aber auch Umdeutungen und Missverständnisse im Gang der Überlieferung. Dem bunten Durcheinander der Einzelworte[12] können wir nur etwas abgewinnen, wenn wir sie nach Lebensfeldern ordnen.

1. Grundwerte und allgemeine Ziele

Vorweg soll aber gesammelt werden, was die Sprüche ausdrücklich an höchsten Gütern nennen. Sie bekommen sittliche Bedeutung, wenn sie zum Ergebnis bewussten Strebens werden. Der Übergang zu den ganz allgemein formulierten ethischen Zielen ist fließend. Obwohl volkstümliche Weisheit vorwiegend konkret ist, werden doch auch manchmal übergreifende Verhaltensweisen empfohlen. In D Bias 16f geschieht das in einer auffallend langen Einheit am Ende einer Gruppe. Mit S 143 beschließt eine solche ausführliche Mahnung die ganze Sammlung. Ein ähnlicher Tugendkatalog rundet bei D V 13 = Diog.Laert. I 78 die von Pittakos überkommenen Aussprüche ab. Dies zeigt einerseits das Gewicht, das diese abstrakten Weisungen für die Redaktion haben, ist aber doch vielleicht andererseits ein Indiz für spätere Anreicherung. Worauf kommt es nun nach dem *common sense* im Leben an?

1.1 Gesundheit + x

Aristoteles, *rhet.* II 21, 1394b 13 zitiert – wohl aus Epicharm[13] – als Beispiel einer Gnome, die so selbstverständlich ist, dass sie kein Nachwort braucht:

> Für den Mann ist Gesundheit das Beste, wie es uns scheint.

Ein altes Trinklied bei Athenaios XV 694E[14] spricht offen aus, was – schwimmt man auf dem Wellenkamm des Lebens – als der Güter höchstes erscheint:

> Gesundsein ist das Beste für einen sterblichen Mann,
> das Zweite, dem Wuchs nach schön geboren zu sein,

256), 7. Die Weisheitslehre Aesops in *Vita Aesopi* G 109f (ed. PERRY 1952, I 69f) bzw. W (nach JAEKEL 1964, 132-136), 8. Der Prolog zu den *Dicta Catonis* (Zeilenzählung nach DUFF 1982, II 592-597). Ich bin mir bewusst, dass sie zeitlich und literarisch stark zu differenzieren wären.

[12] Manchmal ist freilich auch die Reihenfolge aufschlussreich, z.B. bei den Zweiergruppen in S (oben S. 63).

[13] Vgl. Axiopistos 19 (vgl. o. S. 14, Anm. 19); Menander, *monost.* 562: „Es gibt nichts Besseres im Leben als Gesundheit“.

[14] Vgl. PMG fr. 890.

das Dritte ohne Falsch reich zu sein,
und das Vierte, sich's gut gehen zu lassen mit den Freunden.

Lag hier in dem „ohne Falsch reich sein" schon eine sittliche Wertung, so stellt Theognis I 255f die Gerechtigkeit voran:

Höchste Gerechtigkeit ist das Schönste, Gesundheit aber das Beste,
doch zu erreichen, was man begehrt, ist das Erfreulichste.[15]

Die zweite Zeile findet sich auch bei D Thales 10, nur dass statt πρᾶγμα τερπνότατον wie auf Delos ἥδιστον, statt ἐρᾶν ἐπιθυμεῖν steht.[16] Nicht erst die Psychoanalyse erkannte, wie unheilvoll unterdrücktes Begehren wirkt. Eine schlagende Parallele aus dem Alten Testament bietet Sprüche Salomos 13,12:

Hingehaltene Hoffnung macht das Herz krank,
erfülltes Verlangen ist ein Lebensbaum.

Ist für das Volksempfinden körperliches Wohlgefühl und die Erfüllung aller Wünsche selbstverständlich oberstes Gut, so bringt die erzieherische Weisheit ein ethisches Korrektiv an. Nach Diog.Laert. I 92 riet Kleobulos, den Leib gut in Schuss zu halten (ἀσκεῖν). Das passt als Leitspruch in jedes Gymnasion. In der Fassung bei D Kleobulos 3 tritt jedoch noch die Seele hinzu:

In guter körperlicher und seelischer Verfassung sein.

So nennt nach Diog.Laert. I 37 auch Thales den glücklich, „der in Bezug auf den Leib gesund, auf die Seele gewandt (εὔπορος), auf die Anlage bildungsfähig ist". Sind hier Leib und Seele noch im Gleichgewicht[17], so verschiebt sich bei Demokrit 187 DK der Akzent auf die Seele.[18] Wie die Philosophie Schlechtigkeit und Leidenschaft metaphorisch als „Krankheit der Seele" bezeichnet, so stellt Menander, *monost.* 116 fest:

Es ist besser, am Leib als an der Seele krank zu sein.

[15] Ein ähnliches Distichon findet sich nach Aristoteles, *eth.Nic.* I 9, 1099a 25-28; *eth.Eud.* I 1, 1214a 5 auf dem Propylaion des Letoons in Delos. Die erste Zeile bezeugt auch eine Inschrift aus Eretria GVI 1213 (3. Jh. v. Chr.).

[16] Dem entspricht bei Diog.Laert. I 36 das Thales zugeschriebene Apophthegma: „(Gefragt), was das Angenehmste sei, (antwortete er): das Erlangen".

[17] Vgl. auch Par.Lat. 7 Kleobulos: *ne minorem curam egeris animi quam corporis.* Auch Sokrates hält mässiges Training für vereinbar mit der Sorge um die Seele (Xenophon, *mem.* I 2,4). Diogenes empfiehlt sowohl körperliche wie seelische Übung (Diog.Laert. VI 70).

[18] „Für die Menschen ist es passend, eher auf die Seele als auf den Leib Rücksicht zu nehmen" (vgl. 31.37.40 DK). Vgl. dann auch Kleitarch 102; Pythagoreer 45: „Wähle eher der Seele als dem Leib nach gesund zu sein".

Möglicherweise ist das im ursprünglichen dramatischen Kontext aber nicht moralisierend gemeint, sondern auf die ungestillte Sehnsucht bezogen. Die Sieben Weisen jedenfalls vertreten eher ein ganzheitliches Menschenbild. Erst in späteren Versionen (Par.$_2$ 12) findet sich der Kurzimperativ ψυχῆς ἔχου: „Halte dich an die Seele".

1.2 Bildung – ein Selbstläufer

Demselben Thales, der nach Diog.Laert. I 37 eine bildungsfähige Anlage schätzte, wird bei D IV 13 der Stoßseufzer zugeschrieben: „Schwer (erträglich) ist Mangel an Erziehung", aber auch gleich darauf (D IV 14) der Aufruf: „Lehre und lerne das Bessere."

Entsprechend mahnen die Kurzimperative:

> Halte an Bildung fest (M I 10 = S 21),
> Ermüde nicht beim Lernen (S 121).

Wie sich im Alten Testament (vgl. Sprüche Salomos 8f) die Weisheit selbst anpreist, so drängen auch die Worte der Sieben Weisen, die selbst im Erziehungsmilieu tradiert wurden, auf παιδεία (Erziehung, Bildung). Anfänglich ein Privileg des Adels, war sie in klassischer Zeit Privatsache, d.h. allen Begüterten männlichen Geschlechts erschwinglich. Inhaltlich bestand sie manchmal in einem Wust von mythologischem, halbwegs naturwissenschaftlichem und philosophischem Wissen. Während philosophische Stimmen[19] eine solche Anhäufung von Wissen (πολυμαθίη) kritisieren, scheint der Satz des Kleobulos D I 5

> (Besser) vielwissend als unwissend

noch diesem quantitativen Standard zu huldigen. Vielleicht haben Diog.Laert. I 92 und Paris. 135,3 deswegen πολυμαθῆ durch φιλομαθῆ ersetzt. Bei beiden wird noch vorher die Bereitschaft zum Zuhören (φιλήκοον εἶναι) gefordert. Dazu passt die Mahnung S 6, durch Lernen zur Erkenntnis zu kommen.

Wie das Wort παιδεία schon besagt, soll man sich Bildung in der Jugend aneignen („Was Hänschen nicht lernt, lernt Hans nimmermehr"). So ruft nach Diog.Laert. I 88 Bias dazu auf:

> Nimm Weisheit als Wegzehrung mit von der Jugend ins Alter:
> denn sie ist beständiger als die anderen Besitztümer.[20]

[19] Vgl. Heraklit (DIELS/KRANZ 27 B 40); Demokrit 64f.169 DK.

[20] Auch Demokrit 180.185 DK stellt die Bildung anderen Gütern wie Glück und Reichtum gegenüber.

Bei D Bias 16 steht dafür ein ausführlicherer Spruch, der in 17 durch einen Tugendkatalog erweitert ist. Er reserviert die Weisheit dem Alter:

> Erwirb in der Jugend gute Handlungsweise (εὐπραξία),
> im Alter aber Weisheit.

Naturgemäß schätzen die Weisheitslehrer die intellektuellen Fähigkeiten am meisten. Deshalb auch die häufigen Empfehlungen der Vernünftigkeit (φρόνησις) im Gegensatz zu ἀφροσύνη (D Bias 6 = Diog.Laert. I 88; S 17). Sie ist wohl mit der Weisheit (σοφία) identisch und hat wie diese einen praktischen Einschlag. Deshalb meint S 48 (auch in Baktrien) φιλόσοφος γίνου nicht, man solle den Philosophenstand anstreben, sondern die Liebe zu der Weisheit (vgl. S 23 = Par.$_2$ 30 Eifer), die kluges Handeln lehrt.[21] In diese Richtung geht auch ein Gedicht des Thales (Diog.Laert. I 35):

> Viele Worte offenbaren nicht eine vernünftige (φρόνιμος) Ansicht;
> das eine Weise suche, das eine Ehrbare (κεδνόν) wähle;
> so wirst du geschwätziger Männer lose Zungen verstopfen.

1.3 Überlegtes Handeln

Diesen Bezug der Erkenntnis auf das Handeln setzt die Spruchweisheit immer schon voraus, z.B. wenn sie Solon bei Diog.Laert. I 60 sagen lässt:

> Nimm die Einsicht (νοῦς) zum Führer.

Oder D Bias 9:

> Erkenne, was du tust
> (vgl. S 50 = Mon. Solon 49: Handle erst, nachdem du erkannt hast).

Bei Kleobulos (nach Diog.Laert. I 92) kommt zu der vorausgehenden Überlegung noch die nachfolgende Reflexion hinzu:

> Wenn einer aus dem Haus geht, soll er zuerst überlegen, was er tun will, und wenn er wieder heimkommt, soll er überlegen, was er getan hat.[22]

Pittakos meint nach Diog.Laert. I 78:

[21] Bekanntlich wird dann bei Platon unter der Einwirkung des Sokrates die φρόνησις bzw. σοφία zur vierten, krönenden Kardinaltugend, während Aristoteles zwischen praktischer φρόνησις und theoretischer σοφία unterscheidet.

[22] Ausonius, *ludus* 141-143 interpretiert so das γνῶθι σεαυτόν:
quid ferre possis, quidve non, dinoscere;
noctu diuque, quae geras, quae gesseris,
ad usque puncti tenuis instar quaerere.

> Es ist Sache vernünftiger Männer, bevor das Unglück passiert, vorauszudenken (προνοῆσαι), dass es nicht passiert.

Man muss also auf das Künftige schauen (S 40 = $Par._2$ 3) bzw. auf das Ende, das, was beim Tun herauskommt[23], auf der Hut sein (Chilon Diog.Laert. I 70, S 61), alles überprüfen (Vat. Thales 7)[24]. Die „Voraussicht" (πρόνοια), die man nach M I 7 = S 18 ehren soll, ist also sicher nicht die göttliche Vorsehung, sondern die menschliche vorausschauende Achtsamkeit. Beliebt ist das Wortspiel: Besser προνοεῖν als nachher bereuen (μετανοεῖν).[25]

In diesem Sinn ist wohl auch der Spitzensatz D Periandros 1

> μελέτα τὸ πᾶν

zu deuten. μελέτη sollte man nicht aktivistisch mit „reger Eifer" (O. APELT) oder „Übung" (B. SNELL), sondern mit „Sorgfalt" übersetzen.[26] Die bei D VII 2f folgenden Aussagen interpretieren den Spruch:

> Ruhe ist schön, gefährlich Voreiligkeit.

Freilich muss auf das Überlegen entschlossenes Handeln[27] folgen:

> Geh langsam ans Werk, aber was du begonnen, bei dem harre aus.[28]

S 103 = M II 11 „Lass dir Zeit beim Beraten"[29] ist wohl mit dem folgenden πράττε συντόμως[30] zusammenzunehmen. Für Handeln ohne Reue plädiert auch S 100, ergänzt jedoch 101:

> Wenn du dich verfehlt hast, bereue.[31]

[23] Solon nach *Cyn. ep.* 9.

[24] Vgl. 1. Thessalonicherbrief 5,21 und den ähnlichen Vers Menander, *monost.* 95: „Höre auf alles, wähle aber, was nützt".

[25] Vgl. Axiopistos 41; Demokrit 66 DK; Pythagoras, *carm.aur.* 27-29.

[26] Vgl. *Dicta Catonis* 14 *Diligentiam adhibe.* Sachlich vgl. noch Theognis I 583-590.633f. Bei Hyginus, *fab.* 221 heißt es: *cuncta et meditanda*; bei Ausonius, *ludus* 66.216-228 steht für μελέτη *meditatio.*

[27] Vgl. $Par._2$ 97 πρᾶξιν θήρευε. S 92 „Erreiche das Ziel ohne Feigheit" (M II 1 ohne das Partizip).

[28] D Bias 3 = Diog.Laert. I 87; anonym Aristoteles, *Eth.Nic.* VI 9, 1142b 4f; vgl. Pythagoras, *carm.aur.* 27-31.39.

[29] OIKONOMIDES 1987, 75 falsch: „Give a timely counsel".

[30] S 104, vielleicht auch M II 12 zu lesen; $Par._2$ 62 εὐτόλμως. Der vollständige Spruch ist in den Unterweisungen des Amenotes (KÜCHLER 1979, 233f) 3 erhalten.

[31] Isoliert M II 8. Die Form ἁμαρτὼν μεταβουλεύου ($Par._2$ 87) ist durch Fusion mit dem folgenden βουλεύου χρόνῳ entstanden.

1.4 Nützlich und hervorragend, aber auch gerecht und gut

Die angestrebten Ziele stehen einmal im Verhältnis zum Wohl des eigenen Ichs. Z.B. wenn betont wird, dass Bürgschaft Unheil bringt (D Thales 1). Die seltenen Motivationen blicken auf den Nutzen (D Bias 12), suchen Schmerz und Kummer (D Solon 3; Chilon 4.10) oder die Schadenfreude der Feinde (D Periandros 18) zu vermeiden. Auf das Nützliche aus zu sein ist keine Schande. M II 25 = S 110 = Par.$_2$ 117 raten, vom Vorteil Gebrauch zu machen bzw. danach zu jagen. Die Selbstliebe ist als normal vorausgesetzt oder wird sogar ausdrücklich nahegelegt.

σεαυτὸν εὖ ποιεῖ (M II 4 = S 96, Par.$_2$ 58)[32]

heißt nicht „Mache dich selbst gut“, sondern „Tu dir selbst Gutes“. Erst Menander, *monost.* hält nicht nur die Selbstliebe als Faktum fest (560.814),[33] sondern wertet sie auch negativ (431.678); man darf sich nicht zu sehr selbst lieben (775).

Anderes erscheint deshalb als erstrebenswert, weil es über andere hinaushebt. Das Gute ist relativ in Bezug auf die Masse. In der alten Adelsethik[34] sind Begriffe wie „edel“ (ἐσθλός), „gut“ (ἀγαθός), „Tugend“ (ἀρετή) von diesem an Ehre und Scham ausgerichteten „agonalen“ (W. JAEGER) Bestreben geprägt. Bei Theognis gerät dieses Denken in eine Krise, weil oft auch der Schlechte durch Besitz, der Tor durch Ruhm ausgezeichnet ist. Er bestimmt Tugend und Gutsein neu durch die Gerechtigkeit, gegenüber der die äußeren Werte verblassen.[35] Das gilt wohl bereits für den authentischen Spruch des Pittakos (Diog.Laert. I 76), zu dem wir bei Platon, *Prot.* 339-345 ein Gegengedicht des Simonides haben:

Schwer ist es, edel zu sein.

Das meint kaum die äußere hohe Stellung[36], sondern ist dem Fragment Solons

Schwer ist das Schöne[37]

vergleichbar. In einer Zeit rüder Macht- und Geldpolitik ist es schwer, nicht auch schmutzige Finger zu bekommen. Die bei Diog.Laert I 77 überlieferte Chrie zeugt von gleichem Pessimismus: Man mag noch so sehr einen tüchtigen Menschen (σπουδαῖος) suchen, man wird ihn nicht finden. Das adelige elitäre

32 Vgl. auch Par.$_2$ 98: „Vernachlässige dich selbst nicht“; Par.$_2$ 105: „Kämpfe nicht gegen dich selbst“.

33 Vgl. auch Euripides, *Med.* 85ff.

34 Vgl. SCHWARTZ 1951, Kap. 2.

35 Vgl. Theognis I 149f.665f.29f.145-148; vgl. auch Phokylides, fr. 10 DIEHL.

36 So SCHWARTZ 1951, 23f.

37 Schol. Platon, *Hippias* 304E bzw. Zenobios 6,38. Vgl. auch Phokylides, fr. 13 DIEHL.

Streben ist moralisch orientiert und schlägt sich in der Verachtung der Masse nieder:

Die meisten Menschen sind schlecht

lautet ein alter Ausspruch des Bias (D VI 1), der auch Heraklit in den Mund gelegt wird.[38]

Wo die späteren Gnomen Tugend und Gerechtigkeit[39] allen vor Augen stellen, dürften diese Werte bereits einen Prozess der Verbürgerlichung hinter sich haben:

Mit der Tugend vertraut, der Schlechtigkeit fremd

heißt es bei D Kleobulos 7 = Diog.Laert. I 92, und Nr. 8 fährt fort:

Das Unrecht hassen, die Frömmigkeit bewahren,

wobei sich das zweite Glied im Vergleich mit Diog.Laert. I 92 als Zuwachs erweist.

Die Sammlungen M und S sind voll von ähnlichen, oft paarweisen, Aufrufen:

Lobe die Tugend (ALTHOFF: „charakterliche Qualität"),
tue das Gerechte (M I 12f = S 26f),
Übe Vornehmheit (εὐγένεια; ALTHOFF: „einen noblen Charakter"),
halte dich von Schlechtigkeit fern (S 30f, letzteres auch M I 18).

„Ehre die Guten" (S 65) muss wohl ähnlich wie S 24 „Preise den Schönen" und S 26 „Lobe die Tugend" gedeutet werden, also ethisch, nicht soziologisch.[40] Es ist auch keineswegs selbstverständlich, dass die Guten – und nicht die Einflussreichen, Erfolgreichen – Anerkennung finden.

Das Gegenteil markieren Imperative wie

Fliehe das Unrecht (M I 3),
Hasse die Schlechtigkeit (S 119).

Wohl klingt der moralische Ehrenkodex noch an:

Fürchte das Schimpfliche, beeile dich, schön (καλός) zu sein (Vat. Pittakos 2.10),
Preise den Schönen (S 24).

[38] Vgl. DIELS/KRANZ 22 B 104.

[39] Vgl. D Bias 17 γνώμηι δικαιοσύνην, was ich mit „in der Gesinnung Gerechtigkeit" übersetzen würde.

[40] Anders ASPER o. S. 88, der an die „guten Familien" denkt. Das ist im Spätstadium von S wenig wahrscheinlich.

Aber die ästhetischen Kategorien sind ethisiert:

> Wer in den Spiegel schaut, sagte er, muss, wenn er schön aussieht, Schönes tun;
> wenn er aber hässlich ist, muss er den Mangel der Natur durch Rechtschaffenheit (καλοκαγαθία)[41] korrigieren (D Bias 2),[42]

> Nicht dein Äußeres schmücke, sondern sei schön in deinem Tun
> (D Thales 3 = Diog.Laert. I 37).

Andere positive Handlungsziele sind: τὸ κεδνόν (s.o. zu Thales nach Diog.Laert. I 35):

> Sinne auf Ehrbares, werde nicht töricht bzw. unhöflich
> (fr. des Kleobulos bei Diog.Laert. I 91)

und τὰ σπουδαῖα:

> Mühe dich um Rechtschaffenes (D Solon 7 = Diog.Laert. I 60).

Diese unsterblichen Tugenden werden schließlich bei D Periandros 7 idealistisch der vergänglichen Lust entgegengesetzt. Die Parallele bei Diog.Laert. I 98[43] hat statt ἀρεταί „Ehren“. Ein bleibendes Andenken (μνήμη) und eine führende Rolle erscheinen auch als erstes und letztes Gut in der abschließenden Mahnung D Bias 17. Sie nennt eine ganze Reihe erstrebenswerter Ziele und setzt sie im *Dativus modi* ins Verhältnis zu den Feldern menschlicher Bewährung, auf denen sie erreicht werden. Wenn es dann am Ende heißt:

> Du sollst erlangen ... durch erfolgreiches Handeln Macht, durch Ruhm Herrschaft,

so ist kaum eine herrschende Klasse angesprochen, die ihre Privilegien bewahren will, sondern eher der Aufsteiger, der sich durch Leistung seine Stellung erst verdient.[44]

Das Streben nach Ehre und Ruhm ist nicht anrüchig (vgl. M I 11 = S 22, vgl. 118),[45] aber man soll sich nicht der Stärke rühmen (M II 23 = S 114).[46] Interes-

[41] Vgl. auch D Solon 4 = Diog.Laert. I 60: „Wahre deine Anständigkeit, die glaubwürdiger ist als ein Eid“.

[42] Der Ratschlag, in den Spiegel zu schauen – gleichsam eine Konkretisierung des γνῶθι σεαυτόν – erscheint auch in sokratisch-kynischer Tradition; vgl. Diog.Laert. II 33, Plutarch, *mor.* 141D; COURCELLE 1974, 22.

[43] Ebenso Paris. 140,18; WÖLFFLIN 220f.

[44] „Im Charakter Adel“ übersetzt ALTHOFF τρόπῳ γενναιότητα. Eine andere Auffassung oben S. 88 bei ASPER.

sant ist, dass Paris. 141,6 bei δόξαν δίωκε hinzusetzt: „nicht jeden, und nicht allzusehr".[47] Dieser Kodex 142,19f enthält auch die Mahnung: „Überhebe dich nicht aufgrund des Ruhms".[48] Menander, *monost.* 192 erweitert:

Jage der Ehre *und der Tugend* nach, fliehe den Tadel.[49]

Auch die gelegentlichen Begründungen arbeiten mit dem Eindruck auf andere.[50] Die sich bis in klassische Zeit durchhaltende „Schamkultur"[51] herrscht noch S 74:

αἰσχύνην σέβου (Verehre die Scham),

wohl auch S 81, wenn ὄνειδος passiv zu verstehen ist:

Schmach/Schande hasse.

Sie wird jedoch verinnerlicht, wenn es S 129 heißt:

σεαυτὸν αἰδοῦ (vgl. $Par._2$ 102 σεαυτὸν αἰσχύνου).

Unabhängig vom Urteil anderer soll man letztlich niemand scheuen als sich selbst.[52]

Scheint auch die Moral bisweilen zur Etikette zu verflachen, so finden wir neben den relativen doch Nützlichkeit und Geltung übersteigende Werte.[53] Sie haben freilich noch nicht die Absolutheit des sokratischen „Guten", sondern stehen immer vor dem unausgesprochenen Hintergrund gesellschaftlicher Akzeptanz. Das ist besonders beim „Gerechten", das man tun und dem andern zuteilen soll (vgl. M I 13; II 13), selbstverständlich.

[45] Vgl. auch D Bias 17: „durch Ehre zur Führung"; Ath. und Paris. haben zwischen D Kleobulos 7 und 8a: εὔκλειαν φυλάττειν; das setzt auch die Versifikation (WÖLFFLIN 11), allerdings mit δόξα, voraus; vgl. $Par._1$ 9 und *Dicta Catonis* 42: *Existimationem retine.*

[46] Vgl. zu diesem Thema ZELLER 1996, 46f.

[47] Nach TZIATZI-PAPAGIANNI 1994, 262 christliche Zutat, wie auch Rhed. 12 δόξαν μίσει.

[48] Vgl. $Par._2$ 113.

[49] = IV 21; vgl. Isokrates, *Dem.* 43.

[50] Z.B. D Kleobulos 17 „du scheinst betrunken". Anderes verrät Unvernunft oder Verrücktheit (D Kleobulos 16; Chilon 18; Pittakos 8). Man könnte verlacht werden (D Pittakos 2).

[51] Vgl. DOVER 1974, 220 mit Anm. 3. 238-240 mit Kritik an Dodds.

[52] Vgl. ausführlich Demokrit 244.264 DK, Demetrios von Phaleron nach Diog.Laert. V 82; Theophrast und Musonius bei SCHMIDT 1882, I 183.211; Cato im Einschub in Seneca, *monita* 48; Pythagoras, *carm.aur.* 11f.

[53] Eine Tendenz zu letzteren ist festzustellen, wenn nach Diog.Laert. I 70 Drohen verpönt ist, weil es weibisch wirkt, nach D Chilon 3 jedoch, weil es nicht gerecht ist. Die Furcht vor Verfehlung leitet die Mahnungen D Chilon 2, Bias 4.

2. Das Verhältnis des Menschen zu sich selbst

Die kurzfristige Suche nach dem eigenen Nutzen und der Geltungsdrang erhalten ein inneres Regulativ durch das Bewusstsein des Menschen von seiner Endlichkeit.[54] Wenn einer dem Genuss des Augenblicks verhaftet ist, so gibt ihm doch die Wahrnehmung der anderen und ihres wechselnden Geschicks zu denken. Sobald er daran die eigene Sterblichkeit erkennt, ist die solipsistische Grundhaltung aufgebrochen. Es wird zu zeigen sein, dass diese Erfahrung das Verhältnis des Menschen zu sich selbst und zu anderen in den Worten der Sieben Weisen grundlegend bestimmt. Die Erkenntnis des Abstands zu den unsterblichen Göttern und die Vorwegnahme des eigenen Todes gibt der Ethik das Maß vor: Es ist das Maß des Menschlichen.

2.1 Umgang mit der Sterblichkeit

„Erkenne dich selbst" gilt zu Recht als Inbegriff delphischer Ehik[55], gleich welcher Name sich damit verbindet.[56] In S 8 hat der Spruch die Form σαυτὸν ἴσθι, was man nicht mit „be yourself" (OIKONOMIDES) übersetzen sollte. ALTHOFF gibt den Imperativ Präsens im Unterschied zum ingressiven Aorist wieder: „Kenne dich selbst". Das γνῶθι σεαυτόν wird bei S 11 und in späteren Handschriften[57] zu Recht als φρόνει θνητά ausgelegt. Mit der Einsicht in die eigene Sterblichkeit verbindet sich die Abgrenzung ἀθάνατα μὴ φρόνει (Par.$_2$ 119), die Warnung vor der Hybris, die sich den Göttern gleichstellt. Es ist müßig, dies als Thema der frühen lyrischen und dramatischen Dichtung nachzuweisen. Für die Gnomik genüge die bei Aristoteles, *rhet.* II 21, 1394b 25 zitierte anonyme – Epicharm bzw. Axiopistos zugeschriebene – Sentenz

> Sterbliches im Sinn haben soll der Sterbliche,
> nicht Unsterbliches der Sterbliche.

In Menander, *monost.* 1 heißt es statt „Sterbliches" (246.606) „Menschliches". Wie kann eine solche negative Einsicht Ethik konstituieren?

[54] Vgl. zu diesem Prozess SNELL 1955.

[55] Vgl. Plutarch, *mor.* 116C; Iuvenal XI 27-29. Zur Interpretationsgeschichte vgl. WILAMOWITZ-MOELLENDORFF 1926; WILKINS 1929, 49-69; SCHADEWALDT 1970; COURCELLE 1974/75; TRÄNKLE 1984; REISER 1992.

[56] D Chilon 1, nach Diog.Laert. I 40 (= Aristoteles, fr. 3 ROSE^3) von der ersten Pythia übernommen; der Imperativ wird in Diog.Laert. I 40 auch Thales zugetraut. Von ihm stammt nach D IV 9 = Diog.Laert. I 36 die negative Einsicht: „Es ist schwer, sich selbst zu erkennen".

[57] Vgl. Par.$_2$ 6 mit zahlreichen Sachparallelen bei TZIATZI-PAPAGIANNI 1994, 259f. Im Vat. Chilon 2 folgt das φρόνει θνητά unmittelbar auf das Γνῶθι σαυτόν Chilons. Par.$_2$ 77 ἐργάζου θνητά ist aus ἐργάζου κτητά S 79 entwickelt.

S 12 folgt auf „(Nur) Sterbliches habe im Sinn" sicher nicht zufällig

Wisse, dass du ein Fremder bist.

Der christlich anmutende Gedanke, dass das Leben nur ein kurzer Gastaufenthalt auf Erden ist,[58] ist ein anderer Ausdruck für das Bewusstsein der Sterblichkeit. Menander, *monost.* 310 (vgl. IV 11) fordert dem Fremdsein entsprechende ἤθη.

Der Mensch kann und soll in seinem Denken immer wieder „vorlaufen" zum Tod. So wird er der *Vorläufigkeit* allen Tuns gewahr. Weil der Mensch jederzeit durch den Tod bedroht ist, kann ein Urteil über ein gelungenes Leben erst nach dem Tod gefällt werden. Das betont schon Solon gegenüber Kroisos, der ihn nach dem glücklichsten Menschen fragte.[59] Solange einer nicht gestorben ist, kann man ihn nicht glückselig (ὄλβιος) nennen, sondern höchstens glücklich (εὐτυχής).[60] Das Glück ist zufällig, deshalb nicht endgültig. Das bedingt Zurückhaltung im Urteil:

ὅρα τέλος μακροῦ βίου
Sieh auf das Ende eines langen Lebens
(Ausonius, *ludus* 56, vgl. Mon. Solon 18),
Solange du lebst, lass dich loben,
erst wenn du gestorben bist, aber seligpreisen
(D Periandros 11).

In diesem Sinn ist wohl auch das Wort Chilons (D III 7) zu verstehen:

Preise (erst) den selig, der gestorben ist.

Diog.Laert. I 70 sagt μὴ κακολογεῖν statt μακαρίζειν. Das Wort wurde inzwischen in der Bedeutung von *De mortuis nil nisi bonum* missverstanden.[61]

Die geistige Vorwegnahme des Endes hat ein bestimmtes *Verhältnis zur Zeit* zur Folge. Man muss sich darauf einstellen, sowohl lang wie kurz zu leben (Bias bei Diog.Laert. I 87). Obwohl es an sich ratsam ist, vorausschauend zu planen,[62] ist doch die Zukunft durch den plötzlich hereinbrechenden Tod verun-

[58] Vgl. FELDMEIER 1992. Vgl. auch Ps.-Platon, *Axioch.* 365B: παρεπιδημία τίς ἐστιν ὁ βίος.

[59] Herodot I 32, vgl. Diodor Sic. IX 2,2. Hier kommt noch das Motiv des Götterneids hinzu. Das Wort Solons wird bei Sophokles, *Trach.* 1-3 als λόγος ἀρχαῖος ἀνθρώπων angeführt.

[60] Vgl. auch Aischylos, *Ag.* 928f; Euripides, *Tro.* 519f.; Simonides fr. 6 DIEHL; Menander, *monost.* 498; *synkr.* I 69f; Seneca, *monita* 54.

[61] So S 134: „Lache nicht über einen Toten". Dazu unten 3.1. Solon soll verboten haben, einem Toten Böses nachzusagen: Plutarch, *Sol.* 21.

[62] S. 1.3; Myson wurde deshalb zum weisesten Menschen erklärt, weil er schon im Sommer seine Pflugschar richtete (vgl. Diog.Laert. I 106).

sichert und undurchsichtig.[63] Deshalb soll man den gegenwärtigen Augenblick – das einzig Sichere nach D Pittakos 9 – ergreifen und gut gestalten:

τὸ παρὸν εὖ ποιεῖν (Pittakos nach Diog.Laert. I 77).[64]

Diese bewusste Hinwendung zur Gegenwart aus dem Vorblick auf die Endlichkeit ist nicht zu verwechseln mit dem hektischen Lebensgenuss, der den Tod im Nacken sitzen hat.[65] Sie hängt nicht illusionären Träumen nach, sondern sieht nüchtern, was jetzt zu tun ist:

τοῖς ἐπιτηδείοις χρῶ (D Pittakos 3).

Das hat eine Sachparallele in dem bei Philon, *prob.* 122 überlieferten Diktum des Diogenes:

χρῶ τοῖς παροῦσιν.

Was ἐπιτήδειος, d.h. geeignet oder erforderlich, ist, wird wesentlich durch den rechten Augenblick bestimmt. Deshalb lautet ein Urwort des Pittakos (D V 1 = S 10):

Erkenne den rechten Augenblick.[66]
Vgl. S 111: Warte den rechten Augenblick ab.

Nach D Bias 17 gewinnt man durch die Beachtung des καιρός Vorsicht (εὐλάβεια). Selbsterkenntnis geht also immer mit der Erkenntnis dessen zusammen, was jetzt an der Zeit ist. Da die Zeit aber nicht unbegrenzt zur Verfügung steht, heißt es ökonomisch mit ihr umzugehen:

Spare Zeit (P.Ath. 5 = S 39).[67]

[63] Vgl. D Pittakos 9 = Diog.Laert. I 77; vgl. Theognis I 583-590.1075-1078.

[64] Als Imperativ im Vat. Thales 5. Der Satz gilt bei Platon, *Gorg.* 499C als παλαιὸς λόγος; vgl. auch *leg.* 959C. Ath. Anhang 32f liest dafür τὸ παρὸν ἐπαίνει.

[65] Sie wird illustriert durch das Zitat 1Kor 15,32: φάγωμεν καὶ πίωμεν, αὔριον γὰρ ἀποθνῄσκομεν. Vgl. dazu das vom NEUEN WETTSTEIN II 1, Berlin/New York 1996, 396-400 beigebrachte antike Parallelmaterial. Von den Sieben Weisen ist nur S 141 „Lass dir's gut gehen, da du sterblich bist“ zu nennen.

[66] Vgl. Menander, *monost.* 381f:
Καλὸν τὸ καιροῦ παντὸς εἰδέναι μέτρον.
Καιρὸς γάρ ἐστι τῶν νόμων κρείττων πολύ.
Auch Sophokles, *El.* 75 nennt den καιρός den größten Befehlshaber (ἐπιστάτης) jeden menschlichen Werkes. Die Pythagoreer haben dann das Achten auf die rechte Zeit zu einer ethischen Theorie ausgebaut. Vgl. Jamblich, *v.P.* 181.

[67] Vgl. Par.Lat. 26 (Pittakos): *tempori parce.* Auch Cicero, *fin.* III 73 und Seneca, *ep.* 94,28 bezeugen den Satz unter den *vetera praecepta sapientium* bzw. Orakelsprüchen. Bei Cicero allerdings die Lesart *tempori parere.* D.h. wohl wieder: dem Gebot des Au-

Weil die Zeit so kostbar ist, gilt die Untätigkeit natürlich als unheilvoll (D Thales 11), und derselbe Weise mahnt:

> Sei nicht faul, selbst wenn du reich bist (D Thales 15).

Damit aber genug von dem etwa in der alttestamentlichen Weisheit so beliebten Topos Faul-Fleißig. Der nur bei M II 18 überlieferte Imperativ „Verlass dich auf die Zeit“ bedeutet wohl so viel wie unser „Kommt Zeit – kommt Rat“.[68] Verständlich ist jedoch, dass Ald. Periandros 41 das verneint: Μὴ πίστευε χρόνῳ. Man darf nichts auf die lange Bank schieben.

2.2 Die Mitte als Maß

Eine Folgerung aus der menschlichen Endlichkeit zieht das Prinzip μηδὲν ἄγαν. Es findet sich deshalb bezeichnenderweise auch auf Grabmälern.[69] Varro, *Men.* 320 CÈBE interpretiert es als *ad mortalem modum medioxime facere*. Mit der Empfehlung, nichts zu übertreiben, geht von jeher das Lob des *Maßes* (D Kleobulos 1 = Diog.Laert. I 93) einher. Es wird bei D Thales 18 in einen Imperativ umgesetzt:

> Halte Maß.[70]

Später wird das *ne quid nimis* auf alles Mögliche im Leben bezogen, selbst auf Wohltaten oder Unrechttun.[71] Ursprünglich mag es den Wagemut der Adeligen gedämpft haben. Das menschliche Planen und Wagen soll sich nicht auf zu Riskantes richten:

genblicks folgen, vgl. Ps.-Phokylides 121 καιρῷ λατρεύειν. Von daher ist die Variante Röm 12,11 τῷ καιρῷ – statt τῷ κυρίῳ – δουλεύοντες nicht sinnlos.

68 Vgl. Menander, *monost.* 714: Σύμβουλος οὐδείς ἐστι βελτίων χρόνου.

69 Vgl. KAIBEL V 615 „Nichts allzusehr ... , damit du weißt, dass du sterblich bist“; R. MERKELBACH, Die Hirten des Dionysos, Stuttgart 1988, 106 Anm. 43 (Termessos): μηδὲν ἄγαν φρονέειν· πᾶς γὰρ βίος κάμπτει [ἐπ' ἄκρῳ]. Zu den verschiedenen Zuweisungen vgl. SCHULTZ 1866, 208-214; WILKINS 1929, 19-48. Seine Resonanz untersucht METTE 1933.

70 Zwei Parallelen mögen genügen: Solons Wort ἐν μετρίοισι τίθεσθε μέγαν νόον bei Aristoteles, *Ath.pol.* 5,3 und Menander, *monost.* 509 Μέτρῳ πάντα μανθάνων δικαίως ποιεῖ. Vgl. auch MARSHALL 1987, 200f.

71 Vgl. Ausonius, *ludus* 158-161:
fandi, tacendi, somni, vigilii is modus,
beneficiorum, gratiarum, iniuriae,
studii, laborum: vita in omni quicquid est,
istum requirit optimae pausae modum.

Begehre nicht Unmögliches (D Chilon 16 = Diog.Laert. I 70).[72]

Z.B. stellt D Pittakos 10 = Diog.Laert. I 78 die Gefahren des Meeres heraus. Vor ihnen warnt auch Hesiod, *erg.* 615-694 seinen unternehmungslustigen Bruder. Der letzte Vers zeigt wieder, wie hier das rechte Maß (in der Seefahrt) mit der Beachtung der Zeit (konkret der Saison) zusammenhängt:

μέτρα φυλάσσεσθαι: καιρὸς δ' ἐπὶ πᾶσιν ἄριστος.

Laut einer Inschrift dichtete Sodamos, ein Konkurrent der Sieben (PSI IX 1093,47-51):

μηδὲν ἄγαν. καιρῶι πάντα πάρεστι καλά.
Nichts allzu sehr. Zur rechten Zeit stellt sich alles Schöne ein.[73]

Μὴ θρασύνου (D Solon 13) ist wohl nicht mit dem vorhergehenden τοῖς πολίταις zu verbinden,[74] sondern will wie κινδύνευε φρονίμως (S 120) und μὴ ῥιψοκίνδυνος ἔσῃ (Ald. Kleobulos 13) davon abhalten, dass man sich leichtfertig in Gefahren stürzt. Dies bildet ein Gegengewicht gegen die schon erwähnte Mahnung zu entschlossener Tat.

Auch überzogenen Hoffnungen ist durch das Sterbenmüssen eine Grenze gesetzt:

Hoffe als Sterblicher.[75]

Daher ist wohl auch ἐλπίδα αἴνει (S 62) verlesen aus ἐλπίδας νέμε („Halte die Hoffnungen im Zaun").[76] Der Übereifer der Lebenssicherung wird gebremst:

Auf der Straße haste nicht, um andere zu überholen
(D Chilon 17, vgl. Diog.Laert. I 70).

Solcher Voreiligkeit steht die „Ruhe" gegenüber:

καλὸν ἡσυχία, ἐπισφαλὲς προπέτεια (D Periandros 2f = Diog.Laert. I 97).

[72] Vgl. Diog.Laert. I 86: Bias bezeichnet es als „eine Krankheit der Seele, Unmögliches zu erstreben". S 52 wendet das positiv: „Wünsche Mögliches", vielleicht auch von der Bitte im Gebet. Vgl. weiter Theognis I 461f; ausführlich Demokrit 191 DK, u.a.: „Auf das Mögliche muss man also den Sinn richten und sich mit dem Vorhandenen begnügen ...".

[73] Ein bei Diog.Laert I 41 erhaltenes Distichon spricht das Wort (mit πρόσεστι) dem Chilon zu.

[74] So aber Thales nach Ald. 5 und Vat. 4 = Solon 16; BARKOWSKI 1923, 2259. Zum möglichen Sinn s.u. 4.2.

[75] $Par._2$ 111.

[76] So die Mehrheit der D und S kombinierenden Handschriften; vgl. $Par._2$ 71 und die textkritische Anm. dazu bei TZIATZI-PAPAGIANNI 1994, 296.

Oder auch die ἠρεμία, die Chilon nach Diog.Laert. I 70 und späten Handschriften (Par.$_1$ Chilon 20, allerdings zu ἐρημία geworden) anrät. Dieses Lob der Langsamkeit ist auch heute wieder aktuell.[77]

Der Beschränkung auf die eigenen Möglichkeiten ist der Übermut (ὕβρις) entgegengesetzt, den S 41 zu verabscheuen lehrt. Ihm steht wiederum seit Theognis das gesunde Denken, die Mäßigung (σωφροσύνη[78]) gegenüber. Das Wort kommt zwar bei den Sieben Weisen nur im Tugendkatalog D Pittakos 13 vor, die damit bezeichnete Haltung ist aber grundlegend. Die σωφροσύνη wird bei Platon, *Charm.* 161B traditionell als τὰ ἑαυτοῦ πράττειν definiert. D.h.: sich nicht in anderer Leute Dinge einmischen, sich nur um das Eigene kümmern. Den Gegensatz dazu bildet die πολυπραγμοσύνη bzw. Allotria treiben.[79] Und so sagt auch Chilon (D III 9):

> Hasse den, der sich in fremde Dinge einmischt.

Der Aufruf M I 20 = S 33 „Achte auf das Eigene" könnte an sich die positive Version davon sein, in S 34 ergänzt durch:

> Halte dich fern von fremden Dingen.

Möglicherweise ist das aber schon auf den Besitz eingeengt. Auf keinen Fall möchte die Aufforderung von der Beteiligung am politischen Leben abhalten und Privatiers heranzüchten. Sie warnt nur vor Überschreitung der eigenen, durch die Sterblichkeit gesetzten Grenzen.

2.3 Umgang mit den Schicksalsschlägen

Das Maßhalten ist nicht nur gegenüber bewusst angesteuerten Zielen geboten, sondern auch gegenüber dem Auf und Ab des Schicksals. Dieses ist unzuverlässig, deshalb gilt:

> Vertraue nicht dem Glück (S 142 = Par.Lat. 24 Pittakos).[80]

[77] Vgl. Theognis I 329-331 („ruhig gehe den Mittelweg").335f („nichts übereilen; von allem ist das Mittlere das Beste"). 401f steht der Augenblick an Stelle des Mittleren. Bei Platon, *Charm.* 159B dient die ἡσυχιότης als vorläufige, freilich unzureichende Bestimmung der σωφροσύνη.

[78] Vgl. dazu NORTH 1966. Platon, *Charm.* 164DE fasst das γνῶθι σαυτόν als Verrätselung eines σωφρόνει auf. Vgl. auch Platon, *Alk.* 1 133C.

[79] Vgl. DOVER 1974, 188f; SCHMIDT 1882, II 429 verweist auf Platon, *rep.* 433 AD. 441E. Vgl. in unserer Literatur Demokrit 80.253 DK, Menander, *monost.* 629.653.737. 750. Vgl. auch St 387a, 4: *vitae* tuae *curam age.*

[80] Ald. Periandros 41 hat χρόνῳ statt τύχῃ.

In Spannung dazu stehen M I 6 = S 68 „Glaube an das Glück“ und andere Äußerungen hellenistischen Glaubens an die Τύχη[81]. Das kann wiederum Moschion, *hyp.* 10 nur als Leichtsinn empfinden:

> Vertraue nicht auf das Glück und du wirst Gott vertrauen.

Das Glück verleitet leicht zu Hochmut.[82] In den Sprüchen der Weisen ist demgegenüber die Mittellage des Gemüts angesagt. Wie schon der älteste lyrische Dichter Archilochos (fr. 131 WEST) empfahl:

> Freue dich nicht allzu sehr am Erfreulichen und jammere übers Unglück nicht allzusehr, erkenne, welch ein Wechsel über uns regiert,

so sagt auch Kleobulos (D I 20):

> Wenn es einem gut geht, nicht arrogant[83] sein, wenn es einem schlecht geht, nicht niedergeschlagen.

Die imperativische Fassung bei Diog.Laert. I 93 hat noch den Zusatz „Die Schicksalsschläge tapfer zu ertragen wissen.“[84] Auf derselben Linie D Periandros 8 = Diog.Laert. I 98:

> Im Glück sei maßvoll, im Unglück aber vernünftig.

Die Ratschläge

> Lebe ohne Kummer (S 90)[85],
> Lass dich durch das Leben nicht bedrücken (S 133)

klingen so oberflächlich wie unser „Take it easy“. Aufgeklärt wirkt dagegen die Mahnung

> Wenn du Unglück hast, beschuldige nicht Gott, sondern dich selber (Mon. Bias 6).

[81] Dem Τύχῃ εὔχεσθαι (D Kleobulos 13) entspricht das Paar S 76f εὐτυχίαν εὔχου. Τύχην στέργε. Vgl. Menander, *monost.* 352: „glaube an Gott, an zweiter Stelle an das Schicksal“. Älter ist die Überzeugung von einer allem übergeordneten Notwendigkeit, gegen die selbst die Götter vergeblich ankämpfen (Pittakos bei Diog.Laert. I 77, Simonides PMG 542,29f).

[82] Vgl. Menander, *monost.* 581.794f.

[83] Vgl. auch Ald. Kleobulos 1: μὴ ὑπερήφανος γίνου ποτέ.

[84] Ebenso Mon. Kleobulos 21f; vgl. Mon. Chilon 22: „Im Unglück halte durch“; dazu DOVER 1974, 167f. Das Verhalten gegenüber Glück und Unglück beschreibt nach dem Motto „Nichts allzu sehr“ etwa Theognis I 355-362.441-446.555f.591-594.657f. Isokrates, *Panath.* 30-33 definiert die „Wohlerzogenen“ als solche, die sich auf alle Lebenslagen und Mitmenschen einstellen können.

[85] In Laur. 53, Ath. Anhang 22 mit dem Zusatz πόνει μηδέν. Differenzierter S 137 „Betrübe dich nicht aus jedem Anlass“.

Wenn man sich im Unglück verbergen soll, um nicht die Schadenfreude der Feinde zu erregen (D Periandros 18, vgl. D Thales 16: „Verbirg das Unheil im Haus"), so scheint es, als würde das Leid nur unter den Teppich gekehrt. Die Feststellung des Bias[86], nur der sei unglücklich, der sein Unglück nicht zu tragen wisse, mutet Dialektik zu. Meist bleibt im Dunkeln, wie das möglich sein soll. Hilft die Erkenntnis der eigenen Sterblichkeit darüber hinweg? Vielfach wird man im Unglück eine Chance gesehen haben, sich ruhmvoll zu bewähren. Deshalb M II 7 = S 99:

> Nimm ruhmvoll Mühen auf dich.

Vielleicht gehört auch die Ermunterung νίκην προσδέχου[87] in diesen Zusammenhang. Dass man durch Leiden lernt, ist nach Aischylos, *Ag.* 176-178 ein von Zeus geheiligtes Gesetz.[88] Die Lesart γνῶθι παθών bei Laur. 22 (Par.$_2$ 22)[89] könnte diese Erfahrung widerspiegeln.

2.4 Maßhalten gegenüber den vitalen Trieben

Wenn trotz der Bedrohung durch den Tod das Leben nicht schrankenlos ausgelebt wird, so weil der Weise die unangenehmen Folgen solcher Exzesse im Auge hat. Er weiß die Lebenslust (ἡδονή) zu beherrschen (D Kleobulos 10 = Diog.Laert. I 92; M I 5 u.ö.), ja zu fliehen, wenn sie Unlust gebiert (D Solon 3).[90] Fast schon dualistisch klingt die Bewertung:

> Die Lüste sind vergänglich, die Tugenden aber unsterblich
> (D Periandros 7; vgl. Diog.Laert. I 97).

Die Zügelung der Begierden, die der Erhaltung und Fortpflanzung des Lebens dienen (Essen, Trinken, Sexualität), das Heilbehalten der Sinne gegenüber den Leidenschaften, wird bei den Philosophen des 4. Jh. v. Chr. mehr und mehr zum Inhalt der σωφροσύνη.[91] Sie deckt sich weithin mit der Selbstbeherrschung (ἐγκράτεια), die nach D Bias 17 Frucht der Mühe ist. So verlangen auch die Kurzimperative – z.B. S 14, Par.$_2$ 25 – ganz allgemein: ἄρχε σεαυτοῦ, und Chi-

[86] Diog.Laert. I 86, vgl. auch ebd. die Chrie über die Schwierigkeit, Wandlungen zum Schlechteren edelmütig hinzunehmen.

[87] „Erwarte den Sieg": Ath. Anhang 31, Paris. 142,16. Laur. 76 = Par.$_2$ 104 liest dagegen Δίκην.

[88] Der Anklang weist nach SCHMIDT 1882, I 78 auf eine sprichwörtliche Weisheit.

[89] TZIATZI-PAPAGIANNI 1994, 267f vermutet sogar ein ursprüngliches μάθε παθών. S 6 liest allerdings γνῶθι μαθών, was auf γνῶθι σαυτόν zurückgehen könnte.

[90] Vgl. Menander, *monost.* 250.806.863. Das Lustkalkül Epikurs lässt grüßen.

[91] Vgl. außer NORTH (1966) etwa SCHWARTZ 1951, 54ff. Das hängt auch mit ihrer Abgrenzung gegen die übrigen drei Kardinaltugenden zusammen. Vgl. FERGUSON 1958, Kap. III.

lon fordert nach Ald. und Vat. 3, man solle Enthaltsamkeit üben. Das wird bei einem Ersatzkandidaten für die Sieben Weisen, Anacharsis, konkretisiert. Seine Bildsäulen tragen angeblich die folgende Inschrift:

> Die Zunge, den Magen, die Schamteile beherrschen (Diog.Laert. I 104).

Wenn M II 9 = S 102 mahnen, man solle das Auge beherrschen, so ist damit der begehrliche Blick gemeint. Sonst erscheint aber die Warnung vor sexuellen Verlockungen, die etwa Sprüche Salomos 5-7 dominiert, in unseren Sammlungen kaum. Obwohl hauptsächlich die Trinkgelage ein Übungsfeld für solche Selbstbeherrschung sind und die Mäßigung beim Trinken – etwa bei Theognis – ein beliebtes Thema der Weisheit ist, wird das in unseren Texten selten direkt angesprochen.[92]

2.5 Beherrschung des Affekts und der Zunge

Allgemein bewahrheitet sich der Satz D Thales 12, dass mangelnde Selbstbeherrschung (ἀκρασία) schädlich ist. Besonders wütende Reaktionen können unheilvolle Wirkungen haben. Deshalb ist die Mahnung, *den Zorn zu beherrschen* (D Chilon 15 = Diog.Laert. I 70; M I 2 = S 16),[93] ein Standard der Weisheit.[94] Die Weisung D Chilon 12 arbeitet mit den Folgen:

> Im Zorn (τραχὺς ὢν) gebärde dich ruhig,
> damit man dich eher respektiert als fürchtet.[95]

Dagegen motiviert ein bei Aristoteles, *rhet.* II 21, 1394b 23 erhaltener Spruch – wohl des Euripides – mit der Verfassung des Menschen:

> Da du sterblich bist, bewahre keinen unsterblichen Zorn.

Wie die ägyptischen Weisheitslehren dem abschreckenden Bild des „Heißen" das Ideal des „Schweigers" gegenüberstellen, der Herr seiner Gefühle ist,[96] so

[92] Vgl. aber wieder Anacharsis nach Diog.Laert. I 103; *Dicta Catonis* 18.22 *convivare raro, vino tempera*; Vat. Kleobulos 9f οἰνοφλυγίαν φεῦγε, συμπόσια μὴ ἀγάπα. Auch Pythagoras, *carm.aur.* 33f besteht auf dem Maß beim Essen, Trinken und bei körperlicher Ertüchtigung. Vgl. auch Chares 3 zur Beherrschung des gefräßigen Magens.

[93] Paris. 141,16 hat εἶκε τῷ θυμῷ. Es wäre aber doch merkwürdig, wenn man dem Zorn – zumindest, wenn es nicht der des andern ist – nachgeben sollte. Deshalb ist ein μὴ zu ergänzen. Nach Anth.Pal. IX 366 ist χόλου κρατέειν das Leib- und Magenwort des Periandros. Nach einem Scholion zu Lukian, *Phal.* I 7 RABE ist sein Apophthegma θυμοῦ κράτει sogar in Delphi verewigt.

[94] Vgl. z.B. Theognis I 631f; Pythagoras, *carm.aur.* 9f: den Bauch, den Schlaf, die Wollust und den Zorn beherrschen.

[95] Die Version des Diog.Laert. I 70 hat eher eine Machtposition im Auge; sie setzt ἰσχυρός für τραχύς, πρᾷος für ἥσυχος.

kommt es auch für den Griechen darauf an, „eine *schweigsame Zunge* zu erwerben“ (D Kleobulos 6 = Diog.Laert. I 92), die Zunge im Zaum zu halten (S 82). Die Kurzimperative halten dazu an, εὔφημος zu werden (M I 23, vgl. S 36) bzw. εὐφημία zu üben (M II 26 = S 115). Das ist wohl darin begründet, dass der endliche Mensch zuerst auf das *Hören* angewiesen ist:

> φιλήκοον εἶναι καὶ μὴ πολύλαλον (D Kleobulos 4),
> *Auribus frequentius quam lingua utere* (Par.Lat. 1 Kleobulos).

Dem „Sei schweigsam“ (S 36) geht daher ein „Höre alles“ (S 35) voraus. Erst muss man hören, dann kann man etwas wissen:

> ἀκούσας νόει (S 7)[97].

Das Wissen gilt es aber zunächst für sich zu behalten:

> εἰδὼς σίγα (D Solon 18).

Μὴ σπεῦδε λαλῶν lautet die Abwandlung des Chilon-Wortes D III 17 in späteren Handschriften.[98] Man soll zwar in der Rede Überzeugungskraft entfalten, aber durch das Schweigen den Anstand (κόσμος) bewahren (D Bias 17).

Das Kriterium des *Redens* ist wieder die rechte Zeit:

> Siegle deine Worte mit Schweigen,
> dein Schweigen mit dem rechten Augenblick (D Solon 5 = Diog.Laert. I 58),
> Höre viel, sprich, was an der Zeit ist (D Bias 10f),[99]
> Antworte zur rechten Zeit (M II 6 = S 98).

Dass die kleine Zunge viel Unheil anrichtet und zugleich das höchste Gut wie das größte Übel ist,[100] wird in der internationalen Weisheit immer wieder herausgestellt. Den Grund für die angeratene Verschwiegenheit gibt die Angst vor Verfehlung ab:

> Hasse das schnelle Reden, damit du nicht fehlst; denn die Reue folgt

[96] Vgl. z.B. H. BRUNNER 1988, 26f.

[97] Vgl. Par.Lat. 30 Bias: *Numquam plus intellegeris quam audieris.* Bei S 78 paradox formuliert: ἀκούων ὅρα („Indem du hörst, sieh“). Man könnte allerdings auch übersetzen: „Wenn du etwas hörst, sieh genau zu“ (vgl. 4.1).

[98] Z.B. Paris. 138,3f. Vgl. Par.$_1$ Chilon 17.

[99] Bei Ald. Bias 4 heißt es ὀλίγα statt καίρια. Vgl. jedoch Menander, *monost.* 88: Ἄκουε πάντα καὶ λάλει καιρῷ, φίλος. Bei Theognis I 613f ist das Maß entscheidend. Aischylos, *Choeph.* 581f. expliziert die γλῶσσα εὔφημος als „zu schweigen, wo es nötig ist, und zu sagen, was an der Zeit ist“. Vgl. auch *Sept.* 1.

[100] Vgl. Anacharsis bei Diog.Laert. I 105; Plutarch, *mor.* 146F. Im Neuen Testament ist Jakobusbrief 3,1-12 eine bekannte Diatribe zum Thema.

sagt D Bias 4 (andere Begründung bei Diog.Laert. I 87). Weil die Rede oft nicht bedacht ist, mahnt D Chilon 14 = Diog.Laert. I 70:

> Deine Zunge soll nicht dem Verstand vorauslaufen.

Man kann sich blamieren, besonders beim Gastmahl; deshalb:

> Beim Trinken rede nicht viel; du wirst nämlich Fehler machen
> (D Chilon 2, sinngemäß auch Diog.Laert. I 69).

Auch die Tatsache, dass die Zukunft nicht in unserer Hand ist, gebietet Zurückhaltung beim Reden; man soll seine Pläne nicht vorschnell ausplaudern:

> Was du zu tun gedenkst, sag nicht;
> denn wenn du Pech hast, wirst du verlacht werden
> (D Pittakos 2 = Diog.Laert. I 78).

Es geht um persönlichen Schaden, den man zu vermeiden sucht, aber auch um sozialen Kredit. Deshalb darf man keine Geheimnisse verraten (D Periandros 14 = Diog.Laert. I 98).[101]

> Deine Rede soll dich nicht bei denen in Misskredit bringen,
> deren Vertrauen du hast (D Thales 5 = Diog.Laert. I 37).

Schließlich könnte man auch das βουλεύου χρόνῳ (M II 1) wiedergeben mit:

> Gib nicht vorschnell Ratschläge.[102]

Der voreilige Ratgeber hat bald den Ruf der Weisheit verspielt. Hier geht es immer noch um das Wann der Rede, nicht um ihren Inhalt. Dass man die Wahrheit sagen soll, wird ohne Begründung gefordert:

> Lüge nicht, sondern sprich die Wahrheit (D Solon 6).[103]

Wie bei D Thales 5 soll man sich wohl so die soziale Glaubwürdigkeit[104] erhalten. Sie wird auch nicht durch wildes Gestikulieren beim Reden (dagegen D

[101] Vgl. M II 16 ἀπόρρητα κρύπτε = S 108 ἄρρητον κρύπτε; vgl. Par.$_2$ 116.

[102] So KÜCHLER 1979, 243. Das wird gestützt durch *Dicta Catonis* 40 *Tute consule* und Par.$_2$ 134 συμβούλευε ἀναιτίως. Aber die Abfolge S 103f legte oben (s. 1.3) eine andere Auffassung nahe.

[103] Bei Diog.Laert. I 60 nur die erste Hälfte, ebenso Par.Lat. Solon 12 *nihil mentiri* = *Dicta Catonis* 44; vgl. noch M II 27 „Schäme dich der Lüge“, Par.$_2$ 9 „Halte dich an die Wahrheit“.

[104] Vgl. πίστις neben ἀλήθεια in D Pittakos 13. Demselben wird in Mon. 17 πίστιν προτίμα zugeschrieben. Deshalb soll man auch zu seinen Versprechen stehen: D Periandros 13, ohne die Begründung „denn schlecht ist die Übertretung“ Diog.Laert. I 98; vgl. M II 31 = Par.$_2$ 96.

Chilon 18 = Diog.Laert. I 70) oder durch einen Eid[105] bekräftigt. Ganz abgesehen davon, dass ersteres die gebotene Mäßigung verletzt und letzteres die Götter ungebührlich in Anspruch nimmt. Die Vorsicht gebietet schließlich sogar, niemand etwas zu versprechen (S 139).

2.6 Der Mensch und seine Habe[106]

Das Bewusstsein der Sterblichkeit regelt auch das Verhältnis des Menschen zum Besitz. Auf der einen Seite finden wir *Appelle zum Zugreifen*, die aus der Notwendigkeit heraus geboren sind, die gegenwärtige Chance zu nutzen:

> Erwirb Eigentum (D Pittakos 12),[107]
> Freue dich am Besitz (S 73),
> Mühe dich um Erwerbbares (S 79).

In einer Chrie stellt Bias (Diog.Laert. I 87) nüchtern fest, dass sich der Mensch am meisten beim Gewinn freut. Manchen Grundbesitzern scheint der Übergang vom Tauschhandel zu der aus dem Osten kommenden Geldwirtschaft schwer gefallen zu sein.[108] Vielleicht musste ihnen mit einem etymologischen Spiel gesagt werden:

> χρῶ χρήμασιν (S 85),

zweifellos im Sinn des *non olet*, kaum im Sinn des großzügigen Umgangs mit Geld.

> Besser beneidet als bemitleidet

meint denn auch D Thales 17 pragmatisch. Möglicherweise hat Diog.Laert. dieses wenig erbauliche Wort absichtlich verschmäht. Die Sprüche teilen aber wohl die Erfahrung, die die Dichter der alten Aristokratie festgeschrieben ha-

[105] Dagegen M I 8 = S 19 = Par.$_2$ 28. Vgl. Menander, *monost.* 592 mit dem Zusatz „selbst wenn du gerecht schwörst". Vgl. J.T. FITZGERALD 1995, dem 171-173 die trivialethischen Parallelen entgangen sind.

[106] Ausführlicher dazu SANTONI 1983, 109-132. Insofern es beim Besitz um die Sicherung der eigenen Existenz geht, gehört dieser Punkt in das Kapitel „Verhältnis des Menschen zu sich selbst".

[107] Der Satz fehlt bei Diog.Laert.; in Paris. 140,9 und Ath. Pittakos 6 ist κτῆσαι mit den folgenden Tugenden zusammengezogen. Offensichtlich stieß man sich am mangelnden moralischen Gehalt. So auch die Textkorrektur (NAUCK). DIELS verweist demgegenüber auf ἴδια φύλαττε (M I 20 = S 33). Dazu unter 2.2. Vgl. auch St 386b, 28f: *damnum cave, lucrum tene.*

[108] Vgl. SCHMIDT 1882, II 382f. Noch Isokrates, *Dem.* 27f rät zur Anlage des Reichtums.

ben: Wohlstand ist Grundlage für ἀρετή; Armut und Unglück dagegen lassen zu unrechten Mitteln greifen.[109]

Auf der anderen Seite lehnen die Sieben Weisen nach dem Vorgang von Hesiod, *erg.* 320-326 und der Elegiker[110] es ab, *sich auf Kosten der andern bereichern* zu wollen:

> Werde nicht auf üble Weise reich (D Thales 4 = Diog.Laert. I 37),
> Werde auf gerechte Weise reich (M II 30 = S 117, vgl. 64).

Wir sahen schon, dass auch S 34 ἀλλοτρίων ἀπέχου in diesem Sinn verstanden werden kann: „Finger weg von fremdem Gut." Den alten Haudegen muss D Bias 14 = Diog.Laert. I 88 sagen:

> Nimm durch Überredung, nicht durch Gewalt.

Zur Begründung droht man nicht mit der Rache der Götter wie noch bei Hesiod und Solon. Eher findet sich der auch bei Theognis[111] begegnende Gedanke, dass Reichtümer vergänglich sind, Tugend aber unvergänglich. Das steckt wohl hinter dem Rat D Chilon 10 = Diog.Laert. I 70:

> Verlust nimm eher als bösen Gewinn; denn jener schmerzt einmal, dieser immer.

Die Aussage D Periandros 4 = Diog.Laert. I 97 κέρδος αἰσχρόν kann aber kaum so absolut stehen bleiben, als sei Gewinn an sich schimpflich; sie wird gewöhnlich mit Nr. 5 zusammengenommen:

> ... ist eine Anklage des Charakters (φύσεως κατηγορία).

In Par. Gr. II 758 hat sie jedoch eine andere Ergänzung bekommen:

> ... ist ein schwer zu tragender Schatz (βαρὺ κειμήλιον).

Blasser wirkt die Mahnung desselben Periandros bei Diog.Laert. I 97, man solle nichts um des Geldes willen tun, denn man müsse das (wahrhaft) Erwerbenswerte erwerben. Auch die Erfahrung, dass Reichtum oft Glückssache ist,[112] relativiert seinen Wert. So folgert D Bias 13 = Diog.Laert. I 88:

[109] Vgl. Aristodemos von Sparta nach Alkaios (Diog.Laert. I 31): „Geld macht den Mann, es gibt keinen Armen, der edel und ehrbar ist": Phokylides 9 DIEHL: „Suche Lebensunterhalt, Tugend aber erst, wenn etwas zum Leben schon da ist"; Theognis I 649-654 (Die Armut zwingt ihm Schimpfliches auf); Simonides bei Platon, *Prot.* 344C-E; Pittakos sachgemäß nach Aristoteles, *rhet.* II 12, 1389a 11: Mangel macht geldgierig. Belege aus klassischer Zeit bei DOVER 1974, 109f.

[110] Vgl. Solon, *1. Elegie* 7-16; Theognis I 145-148.1155f.

[111] Vgl. I 315-318 = Solon, fr. 4,9-12 DIEHL. Auch Pythagoras, *carm.aur.* 15f.

[112] Vgl. Bias nach Diog.Laert. I 86 εὐπορίαν δὲ χρημάτων πολλοῖς καὶ διὰ τύχην περιγίνεσθαι. Theognis I 165f (ein guter Daimon).

> Einen Unwürdigen lobe nicht wegen seines Reichtums.

Aber auch *Neid* verbietet sich. Derselbe Weise bei D VI 12:

> Bist du arm, mach den Reichen keine Vorwürfe.

Opportunistisch wirkt der Zusatz „es sei denn, dass du großen Nutzen davon hast.“ Bei S 60 dagegen heißt es lapidar:

> Beneide niemand.[113]

Die Grundmotivierung kommt bei Ald. Chilon 2 heraus:

> Beneide nicht Sterbliches.[114]

Besitz hat seine eigene, verhängnisvolle Gesetzmäßigkeit: er ist unersättlich (D Pittakos 11) und verführt zur Maßlosigkeit. Die alten Elegiker wissen, dass Übersättigung wieder Hybris gebiert, und halten zur Selbstbescheidung an. In der Überlieferung der Sieben Weisen dagegen steht die Warnung vor der Habsucht nur vereinzelt (Vat. Kleobulos 6). Die Unbeständigkeit der Besitztümer suggeriert die Mahnung:

> Misstraue dem Reichtum (S 128).

Die Unsicherheit gebietet aber auch, sich bei den Ausgaben zurückzuhalten (S 72)[115] – dialektisch gefolgt von „Freu dich am Erwerb“ – und an die Zukunft zu denken:

> Höre nie auf zu sparen (S 122),
> Haushalte mit deinem Lebensunterhalt (Vat. Pittakos 9, vgl. Thales 9 Kümmere dich um deinen Lebensunterhalt),
> Wenn du aufwendest für Unnötiges, wird es dir am Nötigen fehlen.[116]

Beim *Sparen* vergisst der Weise sogar die Sterblichkeit. Nach dem Aufruf, der die Hoffnungen durch die Erinnerung an die Sterblichkeit begrenzt,[117] steht spannungsvoll

[113] Vgl. $Par._2$ 70; in St 386b, 21, Rhed. 19 und Mon. Solon 36 = Thales 18 steht φθόνου ἀπέχου statt φόνου ἀπέχου (S 51, $Par._2$ 43). Par.Lat. 17 Solon: *nec tua invidia torquearis nec aliena* scheint verstümmelt in Ath. Anhang 33 λυποῦ ἐπὶ φθόνῳ.

[114] Der Vetitiv kam allerdings dadurch zustande, dass ursprüngliches φρόνει θνητά (Vat.) zuerst (von einem Christen?) verneint, dann φρόνει in φθόνει verlesen wurde.

[115] Δαπανῶν ἄρχου. Dazu braucht δαπανῶν μὴ ἄχθου ($Par._2$ 73) – gegen SANTONI 1983, 120 – nicht im Widerspruch zu stehen, wenn man auffasst: „Belaste dich nicht mit (zu großen) Ausgaben“. TZIATZI-PAPAGIANNI 1994, 298 erwägt dagegen: „Ärgere dich nicht über Ausgaben, die notwendig sind“.

[116] In Par. Gr. II 357 Chilon zugeschrieben, in $Par._2$ 137 auf die Zeit bezogen.

[117] Die Abfolge wäre noch einleuchtender, wenn ἔλπιζε ὡς θνητός (dazu unter 2.2) aus εὖ πάσχε ὡς θνητός (S 141 „lass es dir gut gehen als Sterblicher“) entstanden wäre,

> Spare, als seiest du unsterblich (Par.$_2$ 112).

Die Knauserer arbeiten, als ob sie ewig leben würden,[118] damit sie nie Mangel erleiden müssen. Oder sie erachten ein Leben in Armut als wertlos:

> Es ist besser, als Sparsamer zu sterben als im Leben bedürftig zu sein (D Periandros 9).

Es gilt eben beides zugleich: dem Augenblick leben, als wäre es der letzte, und sich auf eine lange Zukunft einrichten. So lobt Isokrates, *Dem.* 9 am Vater des Demonikos:

> Er liebte auch nicht den Reichtum zur Unzeit, sondern genoss die gegenwärtigen Güter als Sterblicher, kümmerte sich aber auch zugleich um den Vorrat, als sei er unsterblich.

Bäuerliche Sparmentalität (vgl. Hesiod, *erg.* 361-369) mischt sich mit aristokratischer Großzügigkeit,[119] zu der auch der klassische Bürger Gelegenheit hatte, wenn er bei Festen und anderen Anlässen als Sponsor beansprucht wurde. Mit dieser sozialen Funktion des Eigentums kommen wir – wie schon am Ende von 2.5 bei der sozialen Funktion des Redens – jedoch zum nächsten großen Bereich, in dem sich der Zögling der Weisen zu bewähren hat.

3. Das Verhalten gegenüber andern

Das Wissen um die eigene Sterblichkeit erwies sich als Leitmotiv der individuellen Lebensführung. Kommt es aber auch in der Sozialethik zum Tragen? An sich könnte es ja auch nur rücksichtslose Selbstbehauptung auslösen. Aber merkwürdigerweise schafft das gemeinsame Ausgeliefertsein an Bedrohung und Tod ein neues Miteinander.

3.1 Solidarität im menschlichen Schicksal

Es scheint zwar, dass die alten Griechen keine ethische Lehre auf der Grundlage des gemeinsamen Menschseins ausgearbeitet haben.[120] Aber es werden schon sehr früh Verhaltensmaßregeln gegenüber Menschen jenseits der Grenzen des

wie TZIATZI-PAPAGIANNI 1994, 320 annimmt. Doch handelt es sich hier nicht um Verlesung, sondern um absichtliche Änderung.

[118] Vgl. Demokrit 227 DK, vgl. seine Kritik 228f.

[119] Vgl. Theognis I 903-932: er weist einen Mittelweg zwischen Geiz und Verschwendung.

[120] Vgl. FERGUSON 1958, Kap. VI zur φιλανθρωπία, besonders kritisch DEN BOER 1979, Kap. V.

eigenen Volkes gegeben. Sie sind wohl aus der Überlegung heraus erwachsen, dass jeder in dieselbe extreme Lage kommen kann. Sie haben oft die nicht hinterfragbare Wucht eines Tabus und sind religiös sanktioniert. So die Buzygischen Flüche[121]; sie halten Grundpflichten des sesshaft gewordenen Bauern gegenüber dem Fremden, der sich noch in einem sozialen Vorstatus befindet, fest. Man darf ihm nicht die Elemente Feuer und Wasser, Wegweisung und/ bzw. einen guten Rat verweigern. In unseren Sprüchen dagegen ist das Ratgeben bezeichnenderweise auf die Bürger bezogen (D Kleobulos 9).[122] Die hergebrachte Achtung vor den Schutzflehenden und Fremden kommt in unseren Texten kurz zur Sprache:

> ἱκέτας ἐλέει (M I 24)[123] bzw. αἰδοῦ (S 42).

Glück und Unglück liegen in den Händen der Götter; jeder kann davon betroffen werden. Wie sich deshalb Neid angesichts des Glücks anderer nicht gehört,[124] so ist noch weniger *Schadenfreude* über ihr Unglück angebracht:

> Über einen Unglücklichen lache nicht (D Chilon 11 = Diog.Laert. I 70).[125]

Man schafft sich hiermit nur potentielle Feinde:

> Nicht mit dem Spötter lachen; denn du wirst den Verspotteten verhasst sein (D Kleobulos 19 = Diog.Laert. I 93).

Darüber hinaus zieht man sich dadurch die göttliche Vergeltung zu:

> Beschimpfe keinen im Missgeschick,[126] denn darüber ist die Rache der Götter verhängt (D Pittakos 5, vgl. Diog.Laert. I 78).

Das ist der einzige Spruch, der diese in den Dramen selbstverständliche Dimension ins Spiel bringt. Dass das gemeinsame menschliche Schicksal der Misshandlung des Unglücklichen entgegensteht, wird bei stärker reflektierenden Au-

[121] Vgl. dazu SCHMIDT 1882, II 278-280, KÜCHLER 1979, 229f.

[122] Die Form „Gute Beratung allen anbieten" (WÖLFFLIN 12) verdankt sich der jambischen Versifikation.

[123] Im Paris. 141,13f wurde aus ἱκέτας οἰκέτας. S. dazu unten 3.3.

[124] S.o. 2.6 und ausdrücklich Mon. Thales 26. Bei Chares 1 mit der Begründung „damit du nicht schlecht zu sein scheinst."

[125] S 134 und Par.$_2$ 132 dagegen: Über einen Toten; vgl. Par.Lat. 32 Bias; Menander, *monost.* 346 mit der Begründung „da du selbst sterblich bist".

[126] Vgl. Hesiod, *erg.* 717f: „Und brings nie übers Herz, die entnervende grausige Armut einem zum Vorwurf zu machen; sie kommt von den ewigen Göttern" (Übersetzung W. MARG).

toren[127] ausdrücklich. Aus demselben Grund soll man die Überlegenheit gegenüber Schwächeren nicht hybrid ausnutzen:[128]

Verwirf den Unterlegenen nicht als Unrat (Ald. Kleobulos 11).

Ein weiterer Schritt aber ist es, sich mit dem Glücklichen zu freuen[129] bzw. mit dem Unglücklichen schwer zu tragen:

ἀτυχοῦντι συνάχθου (S 135, Par.$_2$ 106).

Das versteht sich vor allem bei freundschaftlicher Verbundenheit, für die solche συν-Komposita typisch sind.

3.2 Solidarität zwischen den Generationen

Oft wird die *Scheu vor den Eltern* in einem Atemzug mit der Verehrung der Götter eingeschärft, dazu manchmal noch an der Spitze der Sammlungen.[130] Sie bekommt so fast religiösen Charakter. Auch die Sammlung D wurde wohl ursprünglich einmal von dem Spruch des Kleobulos angeführt:

πατέρα δεῖ αἰδεῖσθαι.

Dabei geht es wohl weniger um den Gehorsam der Kleinen, der sich bei dem Erfahrungsvorsprung der Eltern von selbst versteht,[131] sondern um den Respekt der jungen, erstarkenden Generation vor den älter werdenden Erzeugern. Parallel geht die Achtung vor den Älteren überhaupt (D Chilon 8, vgl. Diog.Laert. I 70, S 126, Par.$_2$ 99) und den Vorfahren (S 131).[132]

[127] Vgl. Demokrit 107a.293 DK; Isokrates, *Dem.* 29; Menander, *monost.* 470 (vgl. 10.514); *Vita Aesopi* W 3f. Vgl. auch DOVER 1974, 270.

[128] Vgl. Menander, *monost.* 216: „Gegen einen Unglücklichen plane nichts Böses." Dagegen differenzieren ebd. 474 und Chares 2b 18f moralisch: Mit den Schlechten, denen es schlecht geht, braucht man kein Mitleid zu haben.

[129] So *Vita Aesopi* G 109: τοῖς εὖ πράττουσι μὴ φθόνει ἀλλὰ σύγχαιρε, καὶ μεθέξεις αὐτῶν τῆς εὐπραξίας· ὁ γὰρ φθονῶν ἀγνοῶν ἑαυτὸν βλάπτει.

[130] S 3f = P.Ath. 7f; Solon nach Vat. 1f; Ald. 1f; Kleobulos nach Paris. 135,1, Ath. 1 und Mon. 2f; Rhed. 1-3; St 386b, 17f. Vgl. Pindar, *P.* 6, 23-26; die ungeschriebenen Gesetze nach Xenophon, *mem.* IV 4,19f; Chares 2a 5.7; Isokrates, *Dem.* 16; Plutarch, *mor.* 7E; Menander, *monost.* 322 = XIII 17. *Dicta Catonis* 1f; vgl. die drei Tugenden bei Euripides, fr. 853 NAUCK. Γονεῖς τιμᾶν ist das erste der drei angeblich von Triptolemos gegebenen Gesetze, die man im Tempel von Eleusis lesen konnte (vgl. Porphyrios, *abst.* IV 22; Hieronymus, *adv. Iov.* II 14).

[131] Vgl. Chares 2a 3, wo ausdrücklich der παῖς angeredet ist.

[132] Vgl. Plutarch, *mor.* 7E. M II 24 = S 113 γῆρας προσδέχου wird von KÜCHLER 1979, 243 übersetzt: „Auf das Alter sei gefasst". Aber *Dicta Catonis* 10 *maiori concede* und Par.Lat. 25 *maiorem suspicere* („Zum Älteren aufschauen", vielleicht liegt ein προσ-

Ein Konfliktfeld ist die schwindende Autorität. Deshalb D Solon 8:

> Sei nicht rechthaberisch gegenüber den Eltern.[133]

Ja, es kann eine gewisse Diplomatie angezeigt sein:

> Deinen Eltern zu schmeicheln zögere nicht (D Thales 6).

Vorausgesetzt ist natürlich, dass die Eltern vorbildlich sind. Deshalb kann D Periandros 10 sagen:

> Zeige dich wert deiner Eltern.

Aber in den drei Sprüchen zum Thema „Eltern" bei D Thales 6-8 findet sich auch ein kritischer:

> Nimm nicht das Schlechte von deinem Vater an.[134]

Die Ehrfurcht vor den Eltern muss sich bewähren, wenn die Alten Versorgung und Wohnung brauchen. Hier wird nun das Motiv deutlich: Man weiß, dass man selbst einmal alt und hilfsbedürftig wird. So greift die „Goldene Regel" (s.u. 3.4) um eine Generation versetzt:

> Was du den Eltern Gutes tust, das empfange selbst im Alter von deinen Kindern (D Thales 8 = Diog.Laert. I 37).[135]

Manchmal werden die Weisheitsschüler nicht als Kinder, sondern als (potentielle) Eltern angesprochen. Bei dem hohen Stellenwert der Bildung (s. 1.2) versteht es sich von selber, dass auch sie die *Kinder erziehen* sollen (D Kleobulos 12 = Diog.Laert. I 92; M I 25 = S 44). Überhaupt ist es die Pflicht der Älteren, die Jüngeren zu belehren (S 127; Par.$_2$ 125). Die emotionale Komponente berücksichtigt S 124:

> Die du nährst, liebe.

Negativ soll sich der Vater nicht von den Kindern lossagen:

> Fluch nicht den Söhnen (S 94).

Dieses affektive Band hält die Generationenfolge zusammen.

δέχεσθαι entsprechendes *suscipere* zugrunde) zeigen, dass nicht das eigene Alter im Blick steht, sondern der πρεσβύτερος.

[133] Ald. Pittakos 9: „Streite nicht mit den Eltern, auch wenn du Recht hast." Vgl. Ald. Kleobulos 9 = Par.Lat. 13 Solon: „Besiege die Erzeuger durch Geduld." Ebenso *Dicta Catonis* 46.

[134] Nr. 7 fehlt wohl wie der wenig erbauliche Nr. 6 nicht zufällig bei Diog.Laert. Der Gedanke ist so ungewöhnlich, dass Paris. 138,13 moralisierend missversteht: „Eine Beleidigung deines Vaters dulde nicht." Vgl. Seneca, *monita* 200.

[135] Vgl. Sextus 490: „Wie du erwartest, dass die Kinder dir gegenüber sind, sei gegenüber den Eltern." Zum Ganzen BOLKESTEIN 1939, 160f.

3.3 Das Verhalten gegenüber Frau[136] und Familie

Leider können wir dieses Kapitel nicht überschreiben: Solidarität zwischen den Geschlechtern. Denn die Durchschnittsweisheit ist von mehr oder weniger erfahrenen Männern für die männliche Jugend gemacht und – ob in Israel, Ägypten oder in Griechenland – voll von Klagen über das verführerische Weib und über die Sorgen, die eine Heirat mit sich bringt. So auch in unseren Worten der Sieben. Zwar legt S 13 = Par.$_2$ 7 nahe, die Hestia bzw. die Häuslichkeit zu schätzen, aber das könnte auch nur bedeuten, dass man das Recht der am Herd Schutz Suchenden wahren soll. Jedenfalls warnen die Weisen vor zu schneller Bindung an eine Frau. S 9

γαμεῖν μέλλε

ist nicht mit OIKONOMIDES zu übersetzen „Intend to get married", sondern wohl gleichbedeutend mit S 67

Halte dich zurück mit Heiraten.[137]

Da die Kinderzeugung der erste Zweck der Ehe war, konnte der Mann *sich Zeit lassen*. Die Mädchen jedoch wurden oft schon bald nach der Geschlechtsreife verheiratet. Ein Spruch des Kleobulos[138] gibt das Ideal: man müsse die Töchter verheiraten, wenn sie noch Jungfrauen dem Alter nach seien, aber dem Verstand nach schon Frauen.

Wenn der Mann aber heiratswillig ist, soll er auch eine *kluge Wahl* treffen (vgl. Hesiod, *erg.* 701-706). Eine wichtige Regel bei der Verheiratung wird Kleobulos zugeschrieben:

γαμεῖν ἐκ τῶν ὁμοίων,

d.h. man soll auf der gleichen sozialen Ebene die Partnerin suchen. Die Begründung lautet:

denn aus besserem Stand gewinnst du Herren, keine Verwandten
(D Kleobulos 18 = Diog.Laert. I 92).

[136] Aus der älteren Lit. vgl. SCHMIDT 1882, II 165-203 und DEN BOER 1979, Kap. XI. Die neuere ist uferlos.

[137] H. DIELS, Syll.^{3} III, S. 394 möchte denn auch S 9 mit dem folgenden Spruch „Erkenne den rechten Zeitpunkt" verbinden. Vgl. auch Menander, *monost.* IV 22: γαμεῖν ἀναβάλλου ...

[138] Diog.Laert. I 91, auch Stobaios IV 22,4 106.

Dasselbe bezweckt die angeblich auf Pittakos[139] zurückgehende Maxime:

τὴν κατὰ σαυτὸν ἕλα.[140]

Während Theognis 183-192 beklagt, dass Adlige Bürgerliche heiraten, wenn sie nur reich sind, scheint – nach der Begründung zu schließen – hier die Gefahr eher, dass einfache Bürger durch Heirat mit vornehmen Frauen die soziale Leiter hinaufklettern wollen.[141] Vielleicht suchte man den Standesunterschied hie und da durch den Aufwand bei der Eheschließung wettzumachen. Darauf könnte die Weisung Chilons (D III 6 = Diog.Laert. I 70) für künftige Väter des Bräutigams gehen:

Gib keine teuren Hochzeiten.

Stobaios IV 22,4 105 fügt zu εὐτελεῖς noch ἰσοτίμους hinzu: so dass beide Teile in gleichem Ansehen stehen. Aus dem Blickwinkel des Adels dagegen scheint S 138 zu raten:

(Nur) aus gutem Stamm zeuge (Nachkommen).

Im Haus mag jene Arbeitsteilung zwischen Gatte und Gattin maßgebend gewesen sein, die Xenophon, *oik.* 7 beschreibt. Doch in der Frage, wer das Sagen hat, betonen die Weisen einmütig:

Herrsche über die Frau (M II 3 = S 95; $Par._2$ 84).

Die Begründung aus der Natur oder der verschiedenen Ausstattung können sie den Philosophen überlassen. Dass man nur dann ein Staatsamt übernehmen kann, wenn man sich um das eigene Haus kümmert, ist ein alter Topos. In diesem Sinn wird dem Mann gesagt:

Dem eigenen Haus steh vor (D Chilon 13 = Diog.Laert. I 70).

Diese einseitige *Herrschaft des Mannes* wird höchstens durch die Rücksicht auf den schlechten Eindruck andern gegenüber gemildert. So D Kleobulos 16:

[139] Vgl. das bei Diog.Laert. I 79f überlieferte Gedicht des Kallimachos. Ebd. 81 wird erwähnt, dass Pittakos ein gebranntes Kind war: Er hatte eine Vornehmere geheiratet, die ihn hochnäsig behandelte.

[140] Da dies in der Beispielerzählung Knaben sagen, die ihre Kreisel treiben, ist wohl ὁδόν zu ergänzen.

[141] D Kleobulos 18 ist aus der Sicht der potentiellen Aufsteiger formuliert. Das spricht gegen die Interpretation von ASPER o. S. 87. Vgl. auch Aischylos, *Prom.* 886-893: Der Chor lobt den als weise, der den Grundsatz τὸ κηδεῦσαι καθ' ἑαυτόν aufgebracht hat. Weitere literarische Stimmen bei SCHMIDT 1882, II 166f.

Mit der Frau nicht streiten, aber auch nicht allzu (freundlich)[142] sein, wenn andere dabei sind; denn das eine kann Unvernunft, das andere Raserei verraten.

Wie man Unglück überhaupt besser für sich behält (s. 2.3), so trägt man seine Auseinandersetzungen auch besser innerhalb der vier Wände aus. Von diesen Umständen unabhängige Mahnungen, die Frau nicht zu schmähen, mit der Bettgenossin freundlich zu reden, finden sich nur in verwandten Gnomologien.[143] Dass die Männer ihre Frauen lieben sollen – wie die neutestamentliche Paränese (Kol 3,19; Eph 5,25) den Appell an die Frauen, sich unterzuordnen, ausgleicht –, steht erst in den *Dicta Catonis* 20:

couniugem ama,

wohl statt „Herrsche über die Frau", und im jüdischen Ps.-Phokylides 195.[144] Wir bekommen so nur einen Ausschnitt aus dem Familienleben zu Gesicht. Es ist von *Solidarität gegenüber dem eigenen Fleisch und Blut* gekennzeichnet:

Verehre die Verwandten (M I 17; *Dicta Catonis* 3),
Den Deinen gegenüber sei milde (D Solon 19, Mon. Solon 17).

Dagegen tritt die von Moralphilosophen und der antiken Ökonomik beschworene partnerschaftliche Lebensgemeinschaft von Mann und Frau kaum in Erscheinung. Zu der „Familie", für die man nach *Dicta Catonis* 15 sorgen soll, gehören auch die *Sklaven*. Sie werden in unseren Sprüchen fast nicht erwähnt. Der Rat des Kleobulos (D I 17 = Diog.Laert. I 92)

Sklaven beim Wein nicht prügeln, sonst hält man dich für betrunken

gehört eher in das Kapitel „Maßhalten" (s. 2.4). Der Imperativ οἰκέτας ἐλέει (Paris. 141,13f) ist ein Missverständnis des ursprünglich vom Schutzflehenden handelnden Spruches aus einer Zeit, die offensichtlich den Sklaven freundlicher gesonnen war.[145]

142 Ergänzung nach Diog.Laert. I 92. Sie wird durch Par.Lat. 3 Kleobulos bestätigt.

143 Vgl. Menander, *monost.* 484 = I 1,24: μὴ λοιδόρει γυναῖκα μηδὲ νουθέτει. *Vita Aesopi* G 109: τῇ γυναικί σου χρηστὰ ὁμίλει, allerdings mit misogyner Begründung.

144 Vgl. noch die pythagoreisch beeinflusste Gesetzgebung des „Charondas" bei Stobaios IV 2,24 (S. 154,10); Diodor Sic. XII 20. Während andere Quellen Liebe eher von der Frau verlangen, spricht (Ps.-)Plutarch, *erot.* wenigstens von der ἀγάπησις ἀλλήλων (*mor.* 769A).

145 Vgl. auch *Vita Aesopi* G 109; Ps.-Phokylides 223-227; Plutarch, *mor.* 7E: „Sklaven nicht misshandeln".

3.4 Allgemeines Wohlverhalten

Anscheinend unabhängig von familiären Bindungen, aber auch von der Einteilung der übrigen Menschen in Freund und Feind sind Mahnungen, die davon abhalten wollen, jemand *etwas Böses anzutun,* sei es mit Worten oder Taten:

> Verachte niemand (M II 15; Par.$_2$ 64),
> Hasse Verleumdung (S 63 = Par.$_2$ 72)[146] bzw. Ohrenbläserei (Vat. Bias 6),
> Verdächtige niemand (S 56 = Par.$_2$ 66),
> Hasse Schmähung (S 81, wenn man ὄνειδος aktiv auffasst),
> Rede nicht schlecht über deine Nachbarn, sonst wirst du Betrübliches hören (D Chilon 4 = Diog.Laert. I 69; vgl. Mon. Solon 25),
> Mach keine grundlosen Vorwürfe; denn du gerätst in den Anschein der Gottlosigkeit (Ath. Chilon 8f),[147]
> Tadle niemand (S 25; vgl. Mon. Chilon 27: Indem du jemand tadelst, erweist du dich als schlecht),
> Drohe den Freien nicht, es ist nämlich nicht gerecht (D Chilon 3),[148]
> Hasse Streit (S 80 = Par.$_2$ 52 = Mon. Solon 41),
> Fliehe Feindschaft (M II 28; vgl. S 112),
> Halte dich nicht an Gewalt
> (S 89, vgl. D Kleobulos 11 = Diog.Laert. I 92: Nichts mit Gewalt tun),[149]
> Enthalte dich des Mords (S 51 = Par.$_2$ 43).

Eine Begründung ist selten beigegeben.[150] Wenn wir nach der Norm – nicht nach dem Motiv – fragen, so gibt wohl die eigene Erwartungshaltung das Maß, wie es die *Goldene Regel*[151] in ihrer negativen Fassung festhält:

> Was du dem Nächsten verübelst, das tue selbst nicht (D Pittakos 4).

Vgl. das Apophthegma des Thales bei Diog.Laert. I 36fin.:

> Gefragt, „wie wir wohl am besten und gerechtesten leben“, sagte er: „Wenn wir das, was wir an andern tadeln, selbst nicht tun.“

[146] Vgl. Mon. Chilon 11: „Mit einem Verleumder schlaf nicht zusammen“. Weniger radikal Mon. Solon 23: „Schenke Verleumdung nicht schnell Glauben“.

[147] Vgl. Par.$_1$ Chilon 15 und TZIATZI-PAPAGIANNI 1994, 184 zur Vorgeschichte des Textes.

[148] Wohl weil es so aussieht, als könne man Abhängigen drohen, verallgemeinern Diog.Laert. I 70 und Par.$_2$ 123.

[149] S.o. 2.6 zu D Bias 14 = Diog.Laert. I 88; Mon. Kleobulos 23.

[150] Im Fall der Schmähung wirkt die zu erwartende Reaktion des Geschmähten abschreckend: D Chilon 4. Drohen wirkt nach außen weibisch (Diog.Laert. I 70; anders D s.o. 1.4 Anm. 53).

[151] Vgl. DIHLE 1962. Leider verwechselt er Motiv und Norm und kann so 12 behaupten, die hier wirksame sittliche Urteilsweise wurzle „im hochaltertümlichen Vergeltungsdenken“. Dagegen ZELLER 1983, 117-120; MATTHYS/HEILIGENTHAL 1984.

Das bedingt zumindest eine neutrale Einstellung:

> Sei nicht gutmütig noch bösartig (D Bias 5).

Positiv wird darüber hinaus empfohlen, allen zu gefallen (Par.$_1$ Periandros 1),[152] allen wohlgesonnen zu sein (φιλοφρονεῖν M II 2 = S 93, Par.$_2$ 83, vgl. Par.$_2$ 20: φίλος γίνου; auch εὐγνώμων S 106 hat wohl eine soziale Komponente), sich mit allen zu vertragen (ἁρμόζεσθαι S 43), freundlich mit ihnen zu reden (εὐπροσήγορος[153] γίνου: M II 5 = S 97, Par.$_2$ 85), sanft im Umgang zu sein (S 91, Par.$_2$ 80), über alle Gutes zu reden (S 47) – was S 24 = Vat. Periandros 4 wieder einschränkt: nur von den Guten –, schließlich Eintracht zu wahren:

> ὁμόνοιαν ἄσκει (M II 14) bzw. δίωκε (S 107, Par.$_2$ 91), in Par.$_2$ 90 ergänzt durch: στάσιν ἀποστρέφου.

Bezogen auf die Umgangsformen ist κοινὸς γίνου (M I 19 = S 32, Par.$_2$ 16) ebenso oberflächlich wie unser „be sociable".

Was ist die Motivation? Wir können sie nur ausführlicheren Lehren entnehmen. Etwa *Vita Aesopi* G 110:

> Sei ansprechbar und umgänglich für die dir Begegnenden, im Wissen darum, dass auch dem Hund Schwanzwedeln Brot bringt, Bellen und Beißen dagegen Schläge.

Und Isokrates, *Dem.* 20 rät:

> Verhalte dich zu allen angenehm, gebrauche aber nur die Besten. Denn so wirst du den einen nicht verfeindet sein, den andern aber Freund werden.

Das Wohlverhalten allen gegenüber steht also im Dienst des Bestrebens, sich möglichst beliebt zu machen, möglichst viele Freunde zu gewinnen.

3.5 Das Verhalten gegenüber Freunden und Wohltätern

Überhaupt ist dies das wichtigste Feld privater Sozialisation: Freunde zu erwerben. Freundschaft unterscheidet sich dadurch von der eben besprochenen allge-

[152] Es scheint, als sei das Wort bei D durch den anderen bekannten Spitzensatz verdrängt worden. Auch WÖLFFLIN 214f bezeugt es, betont aber zugleich die Schwierigkeit. In der Tat hält es Demokrit 153 DK eher für schädlich, seinen Nächsten gefallen zu wollen. Und Seneca, *monita* 18 differenziert: nur den Guten. Das parallele Wort in Par.$_2$ 37 „Gefalle der Menge" wird von Vat. Chilon 7 verneint. Ausführlicher ZELLER 1996, 43f.

[153] Isokrates, *Dem.* 20 erklärt: Der φιλοπροσήγορος grüßt alle Begegnenden, der εὐπροσήγορος lässt sich auf ein Gespräch mit ihnen ein. Zu den „geselligen Tugenden" SCHMIDT 1882, II 300-303.

meinen Freundlichkeit, dass immer eine Zuneigung, ein Affekt mitschwingt,[154] ohne dass in unseren Texten eine Einengung auf homoerotische Beziehungen spürbar wäre. Weisheitstexte und Philosophen singen das *Lob der Freundschaft*. Mag auch Aristoteles ihre höchste Stufe darin sehen, dass man den andern um seiner Tugend willen liebt, so schätzt die Weisheit eher realistisch die Freunde als Zuflucht in der Not.[155] In den Widrigkeiten des Lebens muss man zusammenstehen. So verstehen sich die Maximen

> Liebe die Freundschaft (M I 9 = S 20, Par.$_2$ 10),
> Bewahre die Freundschaft (M II 10 = S 105, Par.$_2$ 88),
> Gebrauche Freunde (Par.$_2$ 133).

Wenn nach der pessimistischen Sicht des Bias (D 1) die meisten Menschen schlecht sind, ist bei der *Wahl des Freundes* Vorsicht geboten. So wird jedenfalls bei Diog.Laert. I 87 die Regel begründet, „man solle lieben, als würde man bald hassen".[156] Eine ganze Reihe von Worten warnt davor, leichtfertig jemand Vertrauen zu schenken (πιστεύειν):[157]

> Traue nicht allen (D Thales 19),
> Lass dich beim Vertrauenschenken nicht betrügen
> (M II 29 nach der Konjektur von DIELS, Syll.³ 397),
> Nimm dich vor allen in Acht (Par.$_2$ 4),
> Fürchte die Hinterlist (S 46 – wohl die der anderen).

Konkret heißt das, dass man gute Gesellschaft suchen soll:

> Verkehre nicht mit den Schlechten (D Solon 14 = Diog.Laert. I 60),[158]
> Verkehre mit Weisen (S 53).[159]

Denn der Umgang prägt den Menschen, schlechte Freunde verderben die besten Sitten.[160] Daher gilt es vor dem Schließen eines Freundschaftsbundes den Cha-

[154] Vgl. Aristoteles, *eth.Nic.* IV 12, 1126b 23ff. Vgl. dann ausdrücklich VIII 1-10. Vgl. den Art. „Freundschaft" von TREU 1972, der 419f auch auf die Gnomik eingeht.

[155] Vgl. Menander, *monost.* 261: Εἰσὶ καταφυγὴ πᾶσι οἱ χρηστοὶ φίλοι. Vgl. Aristoteles, *eth.Nic.* VIII 1, 1155a 11f. Vom Nutzen der Freundschaft handelt auch Xenophon, *mem.* II 4.

[156] Bei Aristoteles, *rhet.* II 13, 1389b 23-25 ist dieser Rat des Bias erweitert: „und zu hassen, als würde man bald lieben". Bei Cicero, *Lael.* 59 korrigiert Scipio: vielmehr müsse man beim Anknüpfen von Freundschaften eine solche Sorgfalt üben, dass man nie jemand zu lieben beginne, den man einst hassen könne.

[157] Vgl. auch Theognis I 283-288; Axiopistos 13; Demokrit 67 DK.

[158] Vgl. Theognis I 31-38.1165f. Dass man „Edles von den Edlen lernt", weiß Aristoteles, *eth.Nic.* IX 9, 1170a 11f. und IX 12, 1172a 13f von Theognis.

[159] Vgl. *Dicta Catonis* 6: *Cum bonis ambula.* „Verkehre mit Gleichen" (S 71) dagegen geht auf den sozialen Stand. Vgl. auch Demokrit 98 DK: „eines einzigen verständigen Mannes Freundschaft ist besser als die aller Unverständigen zusammen".

rakter zu prüfen (S 54, $Par._2$ 65). Leider stellt sich der aber meist erst nach längerer Erfahrung heraus,[161] vor allem durch Bewährung in der Not.[162] Da bleiben oft nur wenige Freunde übrig.[163] Allgemein gilt jedoch:

> Freunde erwirb nicht rasch, die du aber gewonnen hast, verwirf nicht rasch (D Solon 9 = Diog.Laert. I 60).[164]

Wie *macht man sich aber nun Freunde* bzw. erhält sich ihre Freundschaft? Gefordert ist ein aktives Wohlwollen (εὐνοεῖν M I 15 = S 28; $Par._2$ 14),[165] ein Verehren (εὐσεβεῖν D Solon 16), ja, mehr noch: tatkräftige Hilfe (βοηθεῖν M I 1 = S 15, Mon. Solon 42) und Gefälligkeit (χαρίζεσθαι M I 21 = S 37, $Par._2$ 17).[166]

Anders als in verwandten Texten[167] kommt in unseren Sprüchen das Motiv, dass man durch diese Wohltaten selbst wieder Gutes empfangen möchte, nicht vor. Solche Gegenseitigkeit mag zwar vorausgesetzt sein; aber die Weisen drängen zur Initiative, die nicht gleich auf Vergeltung spekuliert. Wer nicht nur der anwesenden, sondern auch der abwesenden Freunde gedenken soll (D Thales 2 = Diog.Laert. I 37),[168] hat ja nicht unmittelbar etwas davon. Die uneigennützige Konstanz der Freundschaft zeigt sich in der Not:

> Deinen Freunden sei in ihrem Glück und Unglück der gleiche
> (D Periandros 12 = Diog.Laert. I 98),
> Zu den Festen der Freunde geh langsam, zu ihrem Unglück schnell
> (D Chilon 5, vgl. Diog.Laert. I 70).[169]

160 Vgl. Menander, *monost.* 808, ein wohl ursprünglich von Euripides gemünzter Ausspruch, der auch 1. Korintherbrief 15,33 zitiert wird. Vgl. ferner Theognis I 305-308; Demokrit 184 DK.

161 Man muss einen Scheffel Salz mit den Freunden verzehrt haben: Aristoteles, *eth.Nic.* VIII 4, 1156b 26-28; Cicero, *Lael.* 67f.

162 Vgl. Ennius bei Cicero, *Lael.* 64: *amicus certus in re incerta cernitur.* Isokrates, *Dem.* 24 empfiehlt einen regelrechten Test. Vgl. auch Laur. 38: φιλίαν κρῖνε.

163 Vgl. Demokrit 97.101.106 DK; Jesus Sirach 6,7-12; 12,8f; 37,1-5.

164 Vgl. Isokrates, *Dem.* 24.

165 Gegenseitige εὔνοια gehört auch nach Aristoteles, *eth.Nic* VIII 2, 1155b 33f zur Definition der Freundschaft; sie muss sich freilich noch beweisen: IX 5, 1166b 30ff.

166 Reichtum dient dazu, sich damit Freunde zu erwerben: D Bias 14.

167 So Theognis I 573f; Hesiod, *erg.* 342-355; Axiopistos 30 „Hand wird nur von Hand gewaschen (= Menander, *monost.* 832); wenn du nehmen willst, so gib!“, vgl. 3; Menander, *monost.* II 11.443. *Vita Aesopi* W 31. Vgl. BOLKESTEIN 1939, 158f.162f. Kritik an dieser Haltung bei Demokrit 96 DK.

168 Ein Echo bei Xenophon, *symp.* VIII 18. Bei Isokrates, *Dem.* 26 wird das „Gedenken“, das ursprünglich nicht rein mental ist, zum Erwähnen vor den Anwesenden.

169 Vgl. auch Aristoteles, *eth.Nic.* IX 11, 1171b 20-25.

Dass man das Unglück der Freunde als sein eigenes betrachten soll, ist ein häufiger Topos,[170] wie denn auch Sich-Mitfreuen und Mitleiden meist den Freunden gilt.[171]

Selbstverständlich ist es auch Freundespflicht, die empfangenen *Wohltaten* wenn nicht zu *vergelten*, so doch wenigstens verbal zu *verdanken*:

> Die Wohltaten (S 59) bzw. die Wohltäter (Par.$_2$ 68) ehre,
> Statte Dank ab
> (ἀπόδος M I 14, Par.$_2$ 32; ἐκτέλει S 75; ἀνταμείβου Mon. Solon 48),
> Sei jedem dankbar (Par.$_1$ Pittakos 8),
> Wenn du empfangen hast, so gib zurück (S 55).

Das führt zu einem regelrechten Wettstreit im Wohltun.[172]

3.6 Das Verhalten gegenüber Bedürftigen

Es mag verwundern, dass das Thema „Gutes tun“ (χάρις, εὐεργεσία) weitgehend im Rahmen der Freundschaft abgehandelt wird. Seine Adressaten sind Freunde, die Wohltaten mit eben solchen erwidern können, nicht mittellose Arme (πτωχοί)[173]. H. BOLKESTEIN[174] hat sogar festgestellt, dass in Griechenland die im Orient so wichtige Armenfürsorge, das Almosengeben des Einzelnen, keine Rolle spielt. Anspruch auf Hilfe haben die vom Schicksal Geschlagenen, die Unglücklichen (s. 3.1), aber nicht speziell die Armen, auf die man geringschätzig herabsieht. Das bestätigt sich in unseren Sprüchen, die die Armen nicht als Empfänger von Wohltaten nennen, auch nicht die Witwen und Waisen. Nicht einmal von der Gastfreundschaft für den armen Fremden[175] ist die Rede. Vielmehr wird der Besitzende *allgemein zum Gutestun* angehalten, wobei man ergänzen darf, dass dies vor allem den Freunden gilt.[176]

> Wenn du hast, dann schenke (χαρίζου S 45)

wird S 136 durch die Einschränkung ἀβλαβῶς abgeschwächt. Wenn man[177] übersetzen dürfte „without harming“, könnte der schöne Gedanke vorliegen,

[170] Vgl. Menander, *monost.* 370.467.534.803. X 6; Kleitarch 90.

[171] Vgl. 3.1; SCHMIDT 1882, II 342f zu den literarischen Belegen.

[172] Vgl. Demokrit 92 DK; Ps.-Phokylides 80; SCHMIDT 1882, II 353f.

[173] Man unterscheidet diese „Bettelarmen“ von den πένητες, kleinen Handwerkern und Bauern, die mit ihrer Hände Arbeit nur ein Existenzminimum erwirtschaften.

[174] 1939; vgl. die teilweise Revision seiner Thesen bei DEN BOER 1979, Kap. 8.

[175] So häufig bei Menander, *monost*.542-544.550.553f.558.

[176] BOLKESTEIN 1939, 106f.

[177] Mit OIKONOMIDES 1987, 75.

dass man das Ehrgefühl und die Scham des Bedürftigen respektieren soll.[178] Aber wahrscheinlich ist gemeint: ohne Schaden für dich. Man soll Wohltaten erweisen, soweit man glaubt, es zu vermögen.[179] Eine wichtige Rolle spielt in den Traktaten über das Wohltun wie in den weisheitlichen Mahnungen[180] die Überlegung, *wem* man die Hilfe zuteil werden lassen soll.

Cui des videto (*Dicta Catonis* 17).

Die Barmherzigkeit ist geleitet von der Gerechtigkeit, die jedem das Seine gibt.[181] Dem „Das Gerechte teile zu" (M II 13) entspricht in Par.$_2$ 100:

Teile nach Würdigkeit zu.

Deshalb immer wieder die Mahnung, dass man dem Guten Gutes tun soll (Ald. Kleobulos 6).[182]

Wenn man aber einen würdigen Bedürftigen gefunden hat, soll man schnell geben:

ἃ μέλλεις δός
(S 58, vgl. Par.Lat. Solon 20 *quod aliquando es daturus, statim da*).[183]

Zurückhaltung übt dagegen die alte Weisheit beim *Leihen* und vor allem bei der *Bürgschaft*. Die drastische Warnung

Bürgschaft – und schon ist Unheil da (D Thales 1, vgl. Thera 1)

stand bekanntlich schon früh am Tempel in Delphi. Gleichlautend sind:

Bürgschaft ist schädlich (Par.$_1$ Thales 10),
Fliehe Bürgschaft (S 69 = Par.$_2$ 39; Mon. Solon 37).

Vielleicht weil man die Aussage als banal empfand, hat man sie auf das Verbot der Heirat oder verbaler Versicherungen gedeutet.[184] Gemeint ist aber, sich als Bürgen für Pachtverträge oder Geldgeschäfte anderer zur Verfügung zu stellen. Davor schreckt der grundbesitzende Adel zurück. Auch in der biblischen Weis-

[178] So Isokrates, *Dem.* 31: Man soll die Wohltaten (χάριτες) nicht ohne Grazie (ἀχαρίστως) oder auf unangenehme Weise (ἀηδῶς) den Freunden zukommen lassen.

[179] Vgl. Menander, *monost.* 825.

[180] Vgl. Jesus Sirach 12,1-6; Didache 1,6 zitiert als bekannten Spruch: „Das Almosen soll in deiner Hand schwitzen, bis du weißt, wem du es gibst".

[181] Vgl. Menander, *monost.* 828: „Gerechte Wohltaten gib und empfange".

[182] Vgl. *Dicta Catonis* 39; Theognis I 1161, vgl. 105-112; 955f; Isokrates, *Dem.* 29.

[183] In dieselbe Richtung geht auch das lateinische Sprichwort *Bis dat qui cito dat.* Vgl. ferner Sprüche Salomos 3,27f; Jesus Sirach 4,3; Ps.-Phokylides 22.

[184] Vgl. Par.$_1$ Chilo 23 und die Anm. dazu bei TZIATZI-PAPAGIANNI 1994, 189f, hier auch zu ihrer Herkunft von Chilon. Luxorius hat den wenig sozialen Spruch des Thales durch einen andern ersetzt, s.u. SPAHLINGER 161f, Anm. 3.

heit[185] siegt hier die Vorsicht über das Mitleid mit dem Armen. Der spätere Jesus Sirach 29,1-20 scheint jedoch in Bezug auf das Leihen weniger rigoros. Unter dem Eindruck des Gebotes Deuteronomium 15,7-11 ruft er dazu auf, dem Nächsten zu borgen, wenn er in Not ist. Doch weil er um den Ärger mit der Rückzahlung weiß, warnt er zugleich vor Betrug. Vielleicht hat die griechisch-römische Spruchweisheit einen ähnlichen Wandel durchgemacht. Jedenfalls ermuntern die *Dicta Catonis* 16:

> *mutuum da* (Gib bereitwillig auf Pump).

Wie bei Jesus Sirach 29,2b wird aber auch zur Rückerstattung aufgefordert:

> Anvertrautes Gut gib zurück (D Pittakos 6 = Diog.Laert. I 78).[186]

3.7 Das Verhalten gegenüber Gegnern

Die allgemeine Freundlichkeit, die einem unqualifizierten Gegenüber gilt (3.4), kommt nicht den Feinden zu. Wie der Lateiner (*hostis – inimicus*) unterscheidet auch der Grieche manchmal zwischen dem Landesfeind (πολέμιος) und dem persönlichen Gegner. Dieser wird in unserer Literatur mit ἐχθρός gemeint sein.[187] Das kann der politische Widersacher sein, der Verleumder bzw. Ankläger vor Gericht, der rücksichtslose Konkurrent im Geschäftsleben, der Nebenbuhler in der Familie, der Nachbar, der einem zu leid lebt. Es muss aber ein Dauerverhältnis vorliegen, das sich – wie heute noch im Mittelmeerraum üblich – über Generationen vererben kann. Nun bemisst sich in der griechischen Gesellschaft die Stellung des Einzelnen, seine ἀρετή, nach seiner Fähigkeit, viele Freunde um sich zu scharen, den Feinden aber zu widerstehen.[188] Diese *ungleiche Behandlung von Freund und Feind* spiegelt sich nicht nur in deskriptiven Texten, sondern wird in unseren präskriptiven Worten ausdrücklich nahegelegt. Neben „den Freunden wohlwollen“ steht M I 16 = S 29 gleich:

[185] Vgl. Sprüche Salomos 6,1-5; 11,15; 17,18; sie malt die rücksichtslose Pfändung aus: ebd. 20,16; 22,26f; 27,13.

[186] Vgl. ergänzend dazu *Dicta Catonis* 4: *datum serva.* Es geht hier freilich weniger um geliehenes als um treuhänderisch übereignetes Gut.

[187] Vgl. BLUNDELL 1989, 35. D Kleobulos 15 τὸν τοῦ δήμου ἐχθρὸν πολέμιον νομίζειν muss keine Gegeninstanz sein, wenn hier der öffentliche Interessen verletzende Schädling innerhalb des Volkes dem Kriegsgegner gleichgestellt wird.

[188] Vgl. nur Platon, *Men.* 71E; Xenophon, *mem.* II 6,35; Solon, *1. Elegie* 5f; Pindar, *O.* 2, 83f. Weiteres bei SCHMIDT 1882, II 362f; PEARSON 1962, 87f; DOVER 1974, 180; BLUNDELL 1989, 26-59: das Prinzip in „Greek popular thought“. Sie legt Wert darauf, dass „Harming Enemies“ meistens nicht als „commandment but as an expression of desire or approval“ (28) erscheint.

> Wehre die Feinde ab.[189]

Das Motiv kann man aus *Vita Aesopi* W 10 ergänzen:

> Verhalte dich gegenüber deinen Feinden furchtbar, damit sie dich nicht verachten,
> den Freunden gegenüber aber sanft und mitteilsam, damit sie dir mehr wohlwollen.

Das geht bis zum Reden:

> Sprich nicht schlecht von deinem Freund und nicht gut von deinem Feind,
> denn solches wäre unlogisch (D Pittakos 8),[190]

ja bis zum Denken und Wünschen:

> Bete darum, dass deine Feinde krank und arm sind,
> damit sie dir nicht schaden können,
> wünsche aber, dass es den Freunden in allem gut gehe (*Vita Aesopi* W 11).

Unser Thales soll nach Plutarch, *mor.* 160E gesagt haben:

> Man muss den Feinden auch bei glaubwürdigen Dingen misstrauen, den Freunden aber sogar das Unglaubwürdige glauben.[191]

Derselbe Weise soll auf die Frage, wie man die Schläge des Schicksals am besten ertragen könne, geantwortet haben, man könne es, wenn man sehe, wie die Feinde sich noch schlechter befinden (Diog.Laert. I 36). Den Feinden (hier πολέμιοι) gegenüber ist sogar Gewalt gestattet – den Hausgenossen gegenüber jedoch soll man Beschämung gebrauchen.[192] Vorausgesetzt ist hier immer, dass sich die Feinde durch böse Taten schon als solche erwiesen haben, so dass man ihnen nur das Ihre heimzahlt.[193] Und weiter wird angenommen, dass der Feind objektiv Unrecht hat. Der Kampf gegen die Gegner ist immer auch einer gegen die Schlechtigkeit überhaupt. Die Schlechtigkeit hassen (s. 1.4) kann manchmal

[189] Vgl. Menander, *monost.* 224 mit dem Zusatz „nicht zu deinem Schaden".

[190] Diog.Laert. I 78 lässt das εὖ weg, korrigiert also moralisch: „aber auch nicht von deinem Feind". Folglich fehlt auch die Begründung. Spätere Handschriften (vgl. Par.$_1$ Pittakos 7) gleichen das wieder aus, indem sie φίλον ἡγοῦ anfügen. Zur Textgeschichte TZIATZI-PAPAGIANNI 1994, 15.

[191] Vgl. Menander, *monost.* 237.

[192] Par.$_1$ Solon 11; WÖLFFLIN 56-58.

[193] Vgl. die Auslegung des Begriffs der Gerechtigkeit bei Simonides: den Freunden ist man Gutes, den Feinden Böses schuldig (Platon, *rep.* 331E-332B). Die Erkenntnis, dass Menschen sich in der Bewertung von Freund und Feind irren, führt dann bei Platon in eine Aporie und erfordert eine Neudefinition (334E/335A).

als „die Schlechten hassen“ konkretisiert werden.[194] In der alten Weisheit ist es nur eine Frage der Taktik, ob dieser Hass in Aggression übergeht.[195]

Der unterschiedliche Stellenwert von Freund und Feind zeigt sich bei der *Reaktion auf Beleidigung und Unrecht.* Grundsätzlich gilt, dass man nicht mit dem Unrecht anfangen soll (Par.$_2$ 127; S 130 hat das stärkere ὑβρίζειν).[196] Das kann aber auch erfordern, dass man anfangs Unrecht erleiden muss. So die Fortsetzung bei Paris. 143,4: ἄρχου δὲ ἀδικεῖσθαι. TZIATZI-PAPAGIANNI[197] sieht hier den Einfluss des christlichen Glaubens oder des platonischen Gorgias, wo das Unrechtleiden dem Unrechttun vorgezogen wird. Aber auch Par.Lat. 22 Pittakos hat *iniuriam pati*, ebenso Menander, *monost.* 675; IV 47 belegt, dass der Gedanke nicht nur auf der philosophischen Ebene erörtert wurde.[198] Groß durfte der erlittene Schaden aber nicht sein. So legt D Pittakos 7 nahe:

> Dulde, wenn du vom Nächsten ein wenig zurückgesetzt wirst.

Chilon soll es einerseits als schwierig bezeichnet haben, Unrecht zu ertragen (Diog.Laert. I 69), andererseits behauptet er von sich: ἐπίσταμαι ἀδικεῖσθαι (ebd. 68). Solche Seelenstärke gilt gerade als charakteristische Eigenschaft der Spartaner, wie Chilon einer war.[199] Mon. Chilon 5 schreibt ihm denn auch die Mahnung zu:

> ἀδικηθεὶς γενναίως φέρε.
> Wenn du beleidigt wurdest, trag es mit Edelmut.

Man möchte sich nicht durch überzogene Reaktion ins Unrecht setzen und den Eindruck der Streitsucht vermeiden. Solche Toleranz gegenüber Fehlern ist vor allem Freunden gegenüber angeraten.[200] Man kann es unter vertrauten Freunden

[194] Vgl. Ald. Solon 11; Ps.-Aristoteles, *virt.* 8.

[195] Vgl. Theognis I 363f. Dass dem Feind gegenüber auch schlechte Mittel erlaubt sind, wird mit der Assonanz von πονηρός an πονηρία gerechtfertigt: Axiopistos 32: „Gegen einen Bösen ist Bosheit keine unbrauchbare Waffe“, anonym zitiert bei Plutarch, *mor.* 21E.534A.

[196] Vgl. auch Hesiod, *erg.* 708. Zum platonischen Sokrates vgl. SCHMIDT 1882, II 319, DIHLE 1962, 61ff.

[197] 1994, 331. Sie verweist 330 auf Platon, *Gorg.* 469C.473A. Auch Demokrit 45 DK wäre zu nennen.

[198] Vgl. auch Chares 2b11-14 und den bei YOUNG 1961, 119-121 abgedruckten Pap. Oxyrh. 1795, fr. 3,2-4: „Suche nicht Unrecht zu tun, und, wenn du Unrecht erleidest, fang keinen Streit an. Fliehe den Mord und fliehe die Kämpfe, denke an Schonung. Dann wirst du wenig Ärger haben und zweitens wird es dich nicht reuen.“

[199] Vgl. Plutarch, *mor.* 190A.232B.239A; zur μεγαλοψυχία, die Verfehlung sanft zu ertragen, Demokrit 46 DK.

[200] Vgl. Theognis I 323-328.97-100 = 1164; Chares 2a8; Menander, *monost.* 604.800. Pythagoras, *carm.aur.* 7f. Aufschlussreich ist die Begründung Theognis I 327f: „Fehler

freilich auch mit Zurechtweisung (ἐλέγχειν, νουθετεῖν) versuchen.[201] Das ist jedenfalls besser als hintenherum zu flüstern (Vat. Bias 6). So klären sich auch zwei nicht ganz eindeutige Imperative im P.Ath. Wie dem Menschen Einsicht in die eigene Fehlerhaftigkeit und Reue zugetraut wird (s. 1.3 Schluss), so auch, dass er sich von einem Guten umstimmen lassen kann: ἀγαθοῦ πείθου (Z. 4).[202] Auf dasselbe kommt im gleichen Papyrus das Z. 10 mit Hilfe von S 5 restaurierte ἡττῶ ὑπὸ δικαίου hinaus. Auch hier würde ich nicht abstrakt[203] übersetzen. Einem Gerechten im Streit um das Recht zu unterliegen ist keine Schande. Für den, der tadelt, gilt aber:

> Schimpfe so, dass du schnell wieder Freund werden kannst
> (D Periandros 15).[204]

Ein Konflikt zwischen Freundschaft und offiziellen Richteraufgaben droht, wenn man über einen Freund, der Unrecht getan hat, zu Gericht sitzen muss.[205] Man soll dieser Situation eher ausweichen:

> Sitze nicht zu Gericht, sonst wirst du dem Verurteilten ein Feind sein
> (D Solon 2),
> Werde nicht zum Richter über Freunde (Par.$_1$ Solon 1).

Das scheint manchmal zur Warnung vor dem Richteramt überhaupt verabsolutiert worden zu sein.[206]

nämlich folgen unvermeidlich den Sterblichen, Kyrnos; nur die Götter wollen nichts ertragen."

[201] Ein Par.$_1$ Chilon 15 zugeschriebenes Wort hält aber eher von solchen vergeblichen Versuchen ab. Es ist nach TZIATZI-PAPAGIANNI 1994, 184 aus der Ehrenrettung der Mantik (Diog.Laert. I 70) entstanden. Auch S 25.81 sind Tadel und Vorwürfen abhold.

[202] Der Spruch ist singulär. Die Korrektur von OIKONOMIDES 1980, 182 τῶι ἀγαθῶι ist nicht unbedingt nötig, da die Konstruktion mit Genitiv auch bei Herodot belegt ist. Das Adjektiv ist wohl personal aufzufassen. Vgl. Sokrates bei Platon, *Hipparch.* 228B: οὐ μεντἂν καλῶς ποιοίην οὐ πειθόμενος ἀνδρὶ ἀγαθῷ καὶ σοφῷ („ich würde nicht gut daran tun, mich nicht von einem guten und weisen Mann überzeugen zu lassen").

[203] Wie OIKONOMIDES 1987, 75: „Be overcome by justice". S 27 verwendet den Plural δίκαια für das Abstraktum. Der Singular, freilich mit Artikel, ist allerdings in M II 13 (vgl. Par.$_2$ 63) belegt. Und Mon. Solon 52 hat: ὑπὸ ἀληθείας ἡττῶ („Lass dich besiegen von der Wahrheit").

[204] Vgl. auch die von Hesiod, *erg.* 711-714 monierte Bereitschaft zur Versöhnung unter Freunden.

[205] Nach Diog.Laert. I 71 geriet Chilon einmal in ein solches Dilemma. Dazu auch BLUNDELL 1989, 50f. Vgl. auch die Äußerung des Bias nach Diog.Laert. I 87 = Gnomologium Vaticanum 150: Es sei angenehmer zwischen Feinden Recht zu sprechen als zwischen Freunden; denn von den Freunden werde einer auf jeden Fall zum Feind, von den Feinden werde einer zum Freund.

[206] Par.Lat. 11 Solon: *minime iudicare.* Vgl. *Dicta Catonis* 53.

Eine Grenze für Nachgiebigkeit und Geduld ist allerdings bei einem *gewalttätigen Übergriff* auf Leib und Leben erreicht. Dagegen muss man sich zur Wehr setzen (S 83).[207] D Chilon 20 markiert den Unterschied zwischen einem einfachen Unrecht und solcher ὕβρις:

ἀδικούμενος διαλλάσσου, ὑβριζόμενος τιμωροῦ.[208]

Insofern hier die Rechtsordnung als solche gestört wird, gibt es auch ein öffentliches Interesse an solchem Widerstand.[209] Auch der nicht Betroffene ist zur Solidarität mit den Unrecht Leidenden aufgerufen:

ἄχθοιντο τοῖς ἀδικουμένοις οἱ μὴ ἀδικούμενοι (Solon nach Diog.Laert. I 59).

Wie aber die Verzeihung bei der Hybris des Gegners endet, so darf sich auch das Bedürfnis nach Vergeltung nichts Übermenschliches anmaßen.[210] Explizit mahnt Menander, *monost.* 5 = XIV 5:

Unsterbliche Feindschaft wahre nicht, da du sterblich bist.[211]

Umgekehrt setzt auch der Tod des Kontrahenten allem bösen Reden und Unrechttun ein Ende (vgl. S 134.140, wo φθίμενοι ein poetischer Ausdruck für „Tote" ist).

Menschlich ist auch, sich ändern zu können. Das muss man auch dem Gegner zubilligen. Wie nach dem Sprichwort[212] ἐγένοντο καὶ φίλοι ἐχθροί aus Freunden Feinde werden können, so auch umgekehrt. Deshalb

muss man dem Freund Gutes tun, dass er noch mehr Freund sei,
den Feind aber zum Freund machen;
denn wir haben uns vor dem Tadel der Freunde,
von seiten der Feinde aber vor Nachstellung zu hüten
(Kleobulos nach Diog.Laert. I 91).[213]

Die Begründung spielt einerseits mit dem Motiv des Wettstreits in den Wohltaten, zum andern scheint sie – entgegen der Devise „viel Feind, viel Ehr" – das

[207] Das ἀμύνεσθαι hat denselben Sinn wie in S 29. Die Übersetzung von OIKONOMIDES 1987, 75 „Keep yourself from insolence" dürfte daneben liegen.

[208] Etwas anders stuft Cato bei Seneca, *monita* 52 ab: *Invidiae cede; iniuriae obvia.*

[209] Das reflektiert stärker Demokrit 193.257-262 DK.

[210] Vgl. Menander, *monost.* IV 12: „Achte auf die (göttliche) Nemesis und übernimm dich nicht." Der in den *monost.* (vgl. 13.16.432.605.626.688) wie auch in den Tragödien – vgl. nur Sophokles, *El.* 174-178 – häufige Gedanke, dass das allsehende Auge Gottes schon alles ans Licht bringen und richten wird, fehlt aber in unseren Worten.

[211] Als anonymes Zitat bei Aristoteles, *rhet.* II 21, 1394b 22.

[212] Vgl. STRÖMBERG 1961, 15.

[213] Vgl. Mon. Kleobulos 4; auch Pythagoras nach Diog.Laert. VIII 23 (Iamblich, *v. P.* 40).

Vorhandensein von Feinden als nachteilig zu betrachten.[214] So bedingt der persönliche Vorteil[215], aber auch die Unstetigkeit des menschlichen Charakters ein „Nicht allzu sehr" auch im Hassen des Feindes. Bias soll empfohlen haben,

> zu lieben, als würde man bald darauf hassen,
> und zu hassen, als würde man bald darauf lieben.[216]

Deshalb rufen die Worte der Sieben nicht nur dazu auf, Feindschaft(en) und Streit zu fliehen (M II 28 = S 116, vgl. 80), sondern auch dazu, bestehende *Feindschaften aufzulösen* (D Kleobulos 14 = Diog.Laert. I 92, M II 22 = S 112, Ald. Pittakos 24).[217] Ausschlaggebend ist sicher einmal das Bemühen, Verfehlung durch Überreaktion zu vermeiden:

> Verzeihung ist besser als (spätere) Reue
> (Pittakos in einer Chrie bei Diog.Laert. I 76).[218]

Doch kann man dadurch auch neue Freunde gewinnen.[219] Keine Antwort erhalten wir in unseren Sprüchen auf die Frage, wie man sich den Feind zum Freund machen kann. Das Rezept lautet wohl: durch Wohltaten. Doch wird das erst in einem späten Text ausdrücklich gegeben.[220] Dass man den Feind lieben soll, auch wenn er Feind bleibt, ist hier kaum denkbar. Jedoch verhindert das Achten auf die *conditio humana* – die eigene wie die des Gegners – eine starre, auf ewig festgelegte Haltung.

[214] Vgl. SCHMIDT 1882, II 366f.

[215] Das arbeitet REISER 2001, 416 heraus. Eine kategorische Verwerfung ungesetzlicher Vergeltung wie beim Sokrates Platons ist in unseren Weisheitstexten auch nicht zu erwarten.

[216] Aristoteles, *rhet.* II 13, 1389b 23. Zur ersten Hälfte bei Diog.Laert. I 87 s.o. 3.5. Zur Wirkungsgeschichte des Spruches SCHMIDT 1882, II 354f mit Anm. 13. Dieser Gedanke lehrt bei Sophokles, *Ai.* 677-683 den erzürnten Aias das σωφρονεῖν.

[217] Auch die Gesetzgebung des Charondas (Diodor Sic. XII 20,3) wendet sich gegen unversöhnliche Feindschaften, ἀλλ' οὕτω τὴν ἔχθραν ἀναλαμβάνειν ὡς ἥξοντα πάλιν εἰς σύλλυσιν καὶ φιλίαν.

[218] Diodor Sic. IX 12,3 hat allerdings statt μετάνοια τιμωρία. Diese Form teilt Diog.Laert. I 76 Heraklit zu.

[219] So Publius Syrus 142: *Cum inimico ignoscis, amicos gratis complures acquiris.*

[220] *Vita Aesopi* G 110: „Wenn du im Glück bist, trag den Feinden das Böse nicht nach, vielmehr tue ihnen Gutes, damit sie bereuen, wenn sie sehen, wem sie Unrecht taten" (fehlt in W). Die Bedingung, dass man sich solche Großzügigkeit leisten kann, sowie die Abzweckung machen immer noch das wenig Christliche deutlich.

4. Das Verhältnis zum Staat

Da im alten Griechenland der Staat mit der Stadtgemeinde zusammenfiel, konnte sich der Einzelne viel mehr mit ihm identifizieren als heute, wo er einer großen anonymen Macht gegenübersteht. Der Vollbürger – und nur um ihn geht es hier – hatte zudem meistens Grundbesitz, er verteidigte also seine eigene Sache mit der der Polis. Sofern die Weisheit in Ägypten und Israel Beamte ausbildet, kommt in ihr auch das Verhältnis zur Obrigkeit bzw. zum König zur Sprache. Auch in der griechischen Spruchweisheit finden sich einige wenige Weisungen, die die Pflichten des Staatsbürgers betreffen.

4.1 Pflichten des Bürgers gegenüber dem Staat

Wenn die selbstverständlichen Grundpflichten aufgezählt werden, erscheint öfter nach der Ehrung der Götter und Eltern die Forderung, *den Gesetzen zu gehorchen*.[221] In S 2 steht

Νόμῳ πείθου (auch Par.$_2$ 21)

sogar noch vor diesen beiden fundamentalen Pflichten. D Chilon 19 hat den Plural; in einer Chrie bei Diog.Laert. I 71 nennt er sich selbst als Beispiel: Er habe sein Leben lang das Gesetz nicht gebrochen. Diese Hochschätzung der Gesetze in den Spruchsammlungen[222] entspricht der verbreiteten Überzeugung, dass sich Gerechtigkeit an den Gesetzen bemisst.[223] Sie bestimmen, was Recht und Unrecht ist, sie erziehen die Menschen zum Besseren. Sie erhalten ihre Autorität auch durch ihr Alter:

Gebrauche alte Gesetze, aber frische Speisen (D Periandros 16).

Dieser Vorsprung an Autorität wird auch der jeweiligen *Obrigkeit* zugebilligt:

τὸ κρατοῦν φοβοῦ (M II 17 = S 109; Par.$_2$ 92).

Das bedeutet nicht „Zu herrschen fürchte"[224], sondern bezieht sich auf die Furcht vor den staatlichen Machthabern, die in den Parallelen[225] ausdrücklich

[221] S.o. unter den Anm. 130 genannten Texten Euripides, fr. 853 NAUCK=KANNICHT; Isokrates, *Dem*. 16; Plutarch, *mor*. 7E; P.Ath. 8.

[222] Vgl. noch Menander, *monost*. 527.537f; Demokrit 47 DK; Pythagoras nach Diog.Laert. VIII 23: dem Gesetz helfen, die Gesetzlosigkeit bekämpfen. Der Vorschlag von OIKONOMIDES 1987, 71, in M II 12 πράττε σὺν νόμωι zu lesen, ist jedoch wohl verfehlt (vgl. 1.3).

[223] Vgl. SCHMIDT 1882, I 198-201; BOLKESTEIN 1939, 103f; DOVER 1974, 185ff.

[224] So KÜCHLER 1979, 243; anscheinend auch OIKONOMIDES 1987, 75 „Fear ruling". Aber τὸ κρατοῦν ist bei Platon, *leg*. 714C u.ö. der herrschende Teil. Ald. Thales 1: τὸν

genannt werden. Dahinter steckt nicht nur die Erfahrung, dass mit großen Herrn schlecht Kirschen essen ist:

Gib den Großen nach (Par.$_2$ 118),[226]

sondern die Anerkennung legitimer Gewalt.

Der *Einsatz für das Vaterland* steht allem voran, auch der Rücksicht auf die eigene Familie:

Stirb für das Vaterland (S 132, Par.2 103).227

Der Schauplatz des Kampfes kann aber auch die Innenpolitik sein, wenn man den Gegner des Volkes als Kriegsfeind ansehen, also wie einen äußeren Feind bekämpfen soll (D Kleobulos 15).[228] Eine politische Note werden auch die Aufrufe (s. 3.4) haben, Aufruhr (στάσις) abzuwenden und Eintracht (ὁμόνοια) anzustreben.[229] Was nun die *Beteiligung an den Staatsgeschäften* angeht, so hat die Weisheit zwar von jeher Scheu, sich in fremde Dinge einzumischen,[230] aber das sind nicht die öffentlichen Angelegenheiten, wie auch Demokrit 253 DK klarstellt. Und wenn D Kleobulos 9 dazu anhält, den Bürgern (Diog.Laert. I 92: der Stadt) das Beste zu raten, so setzt das wohl eine Aktivität in der Volksversammlung voraus. Der parallele Spruch bei D Solon 12 = Diog.Laert. I 60 verdeutlicht, dass das Beste für die Bürger nicht das Angenehmste ist. Eine Reihe von Imperativen beschäftigt sich mit dem *Gerichtswesen.* Sie warnen einerseits vor dem Prozessieren:

δίκην φεῦγε (Vat. 297,18, vgl. *Dicta Catonis* 5: *Foro parce*),

erheischen andererseits Respekt vor dem Recht und dem Richter:

κρατοῦντα τίμα, Vat. Pittakos 5: τῷ κρατοῦντι πείθου bzw. Thales 1: τοὺς κρατοῦντας τίμα lesen das personale Partizip.

[225] Vgl. vorige Anm. und Ald. Periandros 39: τοὺς ἡγεμόνας φοβοῦ. *Dicta Catonis* 11: *Magistratum metue. Vita Aesopi* G 109 nennt nach Gott den an Macht gleichen König, der zu ehren ist. Plutarch, *mor.* 7E „den Herrschern sich fügen". Vgl. Solon, fr. 27 DIEHL und gleichsinnig Pap. Oxyrh. XLII (1974) 3006.

[226] Ald. Periandros 12 hat statt μεγάλοις ἄρχουσιν. Der *maior* in *maiori concede* in *Dicta Catonis* 10 ist aber doch eher der Ältere (im Gegensatz zum *minor* Z. 47; s. Anm. 132 in 3.2) als der Mächtigere. Weitere Parallelen: Euripides, *Hec.* 404; Menander, *monost.* 730.

[227] Vgl. *Dicta Catonis* 23: *Pugna pro patria*; Kleitarch 65; dazu SCHMIDT 1882, II 227.229f; DOVER 1974, 162.

[228] Zur Interpretation s.o. Anm. 187.

[229] Zumal sie in Paris. 142,10f und Ald. Periandros 39 gefolgt werden vom Appell, die Herrschenden zu fürchten.

[230] S.o. 2.2 Ende. Der Grundsatz „Lebe im Verborgenen" hat sich nur Vat. Bias 2 in die Tradition eingeschlichen.

δίκην προσδέχου (Par.$_2$ 104),
Erkenne den Richter an (S 66).

Manche Worte nehmen aber auch offensichtlich an, dass die Angesprochenen auch selbst einmal das Amt des Richters ausüben, das einem in Athen per Los zufallen konnte. Denn sie warnen nicht nur davor, über Freunde zu Gericht zu sitzen (s.o. 3.7), sondern mahnen auch:

Richte gerecht (S 84, vgl. S 49 ὅσια κρῖνε),[231]
Sprich Recht, ohne Bestechung zu nehmen (S 86; Rhed. 78),[232]
Sprich Recht, indem du (Streit) auflöst (Par.$_2$ 122).

Die „Goldene Regel" wird bei D Solon 11 auf den Ankläger angewandt:

Die Rechenschaft, die du von andern forderst, leg auch selber ab (D Solon 11).

Das wird sich auf den Rechenschaftsbericht beziehen, den die athenischen Beamten am Ende ihrer Amtsperiode abzugeben hatten. Die Angesprochenen müssen also damit rechnen, selbst einmal ein öffentliches Amt zu bekleiden.

Auch dass man nur Anwesende beschuldigen (S 87), Gerüchte durch Augenschein überprüfen (S 78), nur Gesehenes behaupten (D II 17) bzw. das Verborgene nach dem Sichtbaren beurteilen (D II 20) soll, wird besonders für die Gerichtssituation gelten.

4.2 Ratschläge für die Herrschenden

Seit dem 4. Jh. kennt man Regeln für angehende Herrscher, die sie auf ihr Amt vorbereiten, Fürstenspiegel, z.B. Isokrates, *ad Nicoclem*. Und auch einige unserer Sprüche richten sich an solche:

Die Herrschaft zeigt des Mannes Art (Pittakos nach Diog.Laert. I 77),[233]
Als Herrscher zeichne dich aus (D Thales 20).

Es scheint, dass auch hier die weisheitliche Erfahrung des Rollentauschs die Gegensätze zwischen Herrscher und Beherrschten mildert. Auf jeden Fall muss auch der Amtsinhaber zunächst einmal sich den Gesetzen unterwerfen:

Lerne zu gehorchen (ἄρχεσθαι), und du wirst zu herrschen wissen (D Solon 10 = Diog.Laert. I 60).[234]

[231] Das dürfte nicht nur auf das moralische Urteil gehen, wie OIKONOMIDES 1987, 75 übersetzt: „Choose what is divine". Vgl. ebenfalls im Gerichtskontext M I 4: μαρτύρει ὅσια.

[232] Auch der folgende Imperativ S 87 hat es mit dem Verhalten vor Gericht zu tun.

[233] Nach Aristoteles, *eth.Nic.* V 3, 1130a 1 von Bias.

In den Fürstenspiegeln wird das dann verinnerlicht auf die Selbstbeherrschung, die die Voraussetzung für die Herrschaft über andere bildet.[235] Selbstbeherrschung hatten wir unter 2.4 schon als Thema der Sieben Weisen kennengelernt. Man empfiehlt dem Herrscher Sanftmut im Umgang mit den Untertanen. Auch hier gilt das „Nicht allzu sehr“:

Den Bürgern (gegenüber) sei nicht (zu) kühn (μὴ θρασύνου).[236]

Ausgerechnet der Tyrann Periandros gibt nach D VII 6 = Diog.Laert. I 97 die Wertung von sich:

Demokratie ist besser als Tyrannei.

Ist das als eine Art Selbstkritik gedacht?

5. Das Verhältnis zu den Göttern

Von den Göttern ist in unseren Worten relativ selten die Rede. In den ohnehin wenigen Begründungen wurde nur einmal (D Pittakos 5) auf die göttliche Vergeltung verwiesen. In späteren Zusammenstellungen hat man die offenbar selbstverständlichen religiösen Pflichten am Anfang ausdrücklich gemacht:

Gott verehre.[237]

Diese Verehrung ergibt sich schon aus der Erkenntnis der Distanz zum Göttlichen. Die Frömmigkeit (εὐσέβεια) ist zwar in der Mahnung D Kleobulos im Vergleich mit Diog.Laert. I 92 sekundär, eröffnet aber den Tugendkatalog D Pittakos 13[238] und wird in Kurzimperativen eingeschärft (Par.$_2$ 15.29). Zwar gab es in der Antike nur wenige echte „Atheisten“, aber Platon, *leg.* X und andere ideale Gesetzgeber hielten es doch für notwendig, den normativen Ausführungen eine Art Gottesbeweis vorzuschalten. Das können wir in der aphoristischen Weisheit an sich nicht erwarten. Immerhin fordert D Bias 8 = Diog.Laert. I 88:

[234] Kurzgefasst in Rhed. 86 ἄρχε πείθων, das freilich auf ἀρχῇ πείθου (Laur. 64) zurückgehen dürfte. Das gängige Wort taucht in anderer Form auch bei Ald. Pittakos 10, Aristoteles, *pol.* III 4, 1277b 11-13, Kleitarch 50 auf. Par.$_1$ Solon 8 ergänzt: „denn du wirst andere zu lenken wissen“, eine Reminiszenz an D Solon 11.

[235] Z.B. Isokrates, *ad Nic.* 29.

[236] Par.$_1$ Solon 10. Der ungewöhnliche Dativ τοῖς πολίταις rührt freilich daher, dass er vom vorhergehenden Wort übernommen wurde. Vgl. o. 2.2 und D Solon 12f.

[237] Vgl. die unter 3.2 Anm. 130 aufgeführten Belege und Par.$_1$ Kleobulos 1, Par.$_2$ 2. Auch Ald. Pittakos 18 „Vor allem verehre das Göttliche“ muss einmal am Anfang gestanden haben, wie die Formulierung verrät. Zur „priority of the divine“ vgl. MIKALSON 1983, Kap. 2.

[238] In der Aufzählung D Bias 17 steht sie als Produkt der Furcht im ersten Drittel.

Von den Göttern sage: sie sind.[239]

Die Anerkennung ihrer Realität hat aber nun sowohl kultische wie ethische Konsequenzen.

5.1 Kultische Weisungen

Das überlegene Göttliche verlangt Anbetung (M II 20). Der Kult dient aber auch dazu, mit den Göttern in heilsamer Verbindung zu bleiben. Frömmigkeit erwies sich darin, dass man sich die Freundschaft der traditionellen Götter mit Gebet und Opfern erhielt. Das oben 3.5 beschriebene Modell der auf gegenseitigen Wohltaten beruhenden Freundschaft wurde auf die Götter projiziert.[240] In diesem Sinn ist wohl der Rat Solons (D II 15) aufzufassen:

Gebrauche die Götter.

Das schließt einerseits das Gebet, das im Wesentlichen Bitte war, ein:

Bete zu den Göttern
(Mon. Kleobulos 13, vgl. *Dicta Catonis* 1: *Deo supplica*).[241]

Zum andern Opfer je nach der Leistungsfähigkeit[242] des Einzelnen:

Opfere fromm den Göttern ($Par._1$ Solon 13).

Zur Frömmigkeit gehört aber auch die Offenheit gegenüber der Mantik:

Der Seherkunst nicht feindlich gegenüberstehen
(Chilon nach Diog.Laert. I 70),
Bewundere die Orakelsprüche (S 123).

Und schließlich das Halten heiliger Eide. In unserem Fall vermeidet man es von vornherein, den Namen der Götter zur Beteuerung der Wahrheit in Anspruch zu nehmen (s. 2.5 Anm. 105). Von einer ethischen Läuterung des Gottesdienstes, gar von einer Spiritualisierung, wie in späteren Sammlungen (Menander, *monost.*; Kleitarch, Sextus) ist in unseren Worten noch nichts zu bemerken.

[239] Die Fassung bei Ald. Bias 2 ($Par._1$ Bias 7) „Von Gott rede nicht schlecht; dass er aber ist, vernimm“ kam dadurch zustande, dass das folgende ἄκουε verdoppelt wurde. Auch der Singular ist weniger ursprünglich.

[240] Vgl. neuerdings BRUIT ZAIDMAN 2001 und Hesiod, *erg.* 336-341; Chares 2a 5: „Hoffe, wenn du die Götter ehrst, dass es dir gut geht“ = Menander, *monost.* 213.

[241] Vgl. auch Ald. Kleobulos 19: „Es gibt nichts Wertvolleres als das Gebet“.

[242] $Par._2$ 96. Zu dem κατὰ δύναμιν vgl. schon Hesiod, *erg.* 336; Xenophon, *mem.* IV 3,16.

5.2 Mehr ethische Weisungen

Noch vor den Aufruf zur Verehrung der Götter stellen Sammlungen mit Imperativreihen (S 1; P.Ath. 3; Paris. 141,3; Laur. 1; Ath. Anhang 13) ein

ἕπου θεῷ.[243]

Gemeint ist ein praktisches Sich-Richten nach „dem Gott". Der Singular meint hier „the abstract and unified collective of divine powers".[244] Im Kontext von Delphi müsste man sonst an Apollon und seine Weisungen denken. Wenn dieses Gott-Folgen zum Prinzip der Ethik erklärt wird, könnte man pythagoreischen Einfluss vermuten.[245] Doch ist auch im Begriff ὅσια das Gottgemäße impliziert; wenn es nach S 49 (Mon. Solon 46) zum Maßstab des Richtens werden soll, ist das Recht immer schon heilig. Solche Imperative verleihen dem sittlichen Handeln eine religiöse Tiefendimension, die an der Oberfläche kaum in Erscheinung tritt. Dass es aber immer von den Göttern getragen und ermöglicht wird, kommt in dem bemerkenswerten Spruch des Bias (D 15; vgl. Diog.Laert. I 88) heraus:

Was du Gutes tust, schreib den Göttern zu, nicht dir.[246]

6. Rückblick

Äußerlich betrachtet stellen sich die unter dem Namen der Sieben Weisen überlieferten Maximen als ein Sammelsurium von Allgemeinplätzen und banalen Allerweltsweisheiten dar. Doch sollte hier dargetan werden, dass die meisten Lebensregeln ihr Maß nehmen an der von den delphischen Urworten eingehämmerten Sterblichkeit des Menschen. Solche Selbsterkenntnis vermeidet Extreme; sie führt nicht nur zur Annahme des eigenen Schicksals, sondern auch zu einer Verbundenheit mit den anderen Menschen. Gewiss, die daraus entspringende Ethik ist nicht heroisch, sie überfordert den Menschen nicht. Aber gerade weil sie durchschnittlich ist, ist sie auch plausibel und ermöglicht ein soziales Zusammenleben, in dem jeder dem anderen das zugesteht, was er sel-

243 Vgl. Par.$_2$ 1. Auch Kleitarch 1. St 386b *secus deum* ist wohl aus *sequere deum* verlesen. Das ist auch nach Cicero, *fin.* III 73 eines der alten Gebote der Weisen. Vgl. Seneca, *dial.* VII 15,6.

244 MIKALSON 1983, 68.

245 Vgl. Stobaios II 7, 3f mit kosmischen Assoziationen. Jamblich, *v.P.* 86 sieht darin den Kern der pythagoreischen Moral, dass das ganze Leben darauf hin geordnet ist, dem Gott zu folgen (ἀκολουθεῖν).

246 Vgl. Par.$_1$ Bias 13. Ältere Stimmen in gleichem Sinn bei WEHRLI 1931, 17. Spätere: Menander, *monost.* 334; Kleitarch 18; Sextus 113.390; Charondas bei Stobaios IV 2.24 (S. 149f).

ber beansprucht. Das Ziel ist eine starke gesellschaftliche Position der Ermahnten, abschreckend gegen die Feinde, unterstützt von zahlreichen Freunden, fähig zur Übernahme öffentlicher Ämter. Auch im Verhalten gegenüber der Ehefrau, wo das Solidaritätsprinzip zu versagen schien, steht letztlich die soziale Stellung des Hausherrn auf dem Spiel. Solche Ethik ist nicht revolutionär, sondern geht dem demokratischen System konform. Sie leuchtet den meisten von selbst ein und bedarf eigentlich nicht religiöser Sanktionierung. Die Tatsache, dass die Mahnungen am Apollontempel in Delphi fixiert sind, verleiht ihnen freilich eine zusätzliche Aura. Der Redner konnte die Sprüche als allgemein anerkannte Weisheiten beim *argumentum ex auctoritate* anführen. Quintilian V 11,39 sagt zur Begründung:

> *Iam illa septem praecepta sapientium nonne quasdam vitae leges existimamus?*

Was hier wenigstens für die bei Demetrios vorangestellten Kernsätze behauptet wird, nämlich dass sie „Lebensgesetze“ sind, gilt das auch für heute? Die Analyse ergab, dass die Einzelworte bei allem Anspruch auf Allgemeingültigkeit in der damaligen Gesellschaft und ihrer Zeit verankert sind. Kaum jemand wird sie sich deshalb heute als Kalendersprüche an die Wand hängen. Aber vielleicht besitzt die herausgearbeitete Grundhaltung, von der sie getragen sind, doch einige Aktualität. In einer Zeit, in der naturrechtliche und religiöse Fundierungen der Ethik zu bröckeln beginnen, die vom Glauben an den technologischen Fortschritt und von der Durchsetzung des Eigeninteresses bestimmt ist, mag die Erinnerung an die dem Menschen gesetzten Grenzen und das dadurch gebotene Miteinander erneut hilfreich sein.

IV.

Ausonius' *Ludus septem sapientum*. Ein Zeugnis zur Rezeption der Sprüche der Sieben Weisen in der lateinischen Spätantike

IV. Ausonius' *Ludus septem sapientum*. Ein Zeugnis zur Rezeption der Sprüche der Sieben Weisen in der lateinischen Spätantike

von Lothar Spahlinger

Zentrale Belege für die Rezeption der *dicta septem sapientium* auch in der lateinischen Spätantike[1] liefert neben einzelnen kleineren Werkpassagen bei Sidonius Apollinaris[2] und dem Gedicht *De sententiis septem philosophorum distichi* des Luxorius[3] vor allem das Corpus der authentischen und fälschlich zuge-

[1] Unbeachtet bleibt in diesem Zusammenhang Hyginus, *fab.* 221 (*septem sapientes*), ein Abschnitt, der zunächst in Prosaform die sieben Weisen Pittakos, Periandros, Thales, Solon, Chilon, Kleobulos und Bias mit ihren Herkunftsorten aufzählt, um dann in einem zweiten Teil ihre *sententiae* in hexametrischer Form in sieben Versen aufzulisten, wobei noch einmal Verfasser und Herkunftsorte genannt werden. Diese offensichtliche Dublette wie auch die Singularität einer poetischen Passage im Gesamtwerk Hygins lässt es fraglich erscheinen, ob diese beiden Teile ursprünglich zusammengehörten: Denkbar wäre ebenso ein Katalog der *septem sapientes*, wie ihn der erste Teil darstellt und wie er in der kurz darauf folgenden Liste der *septem opera mirabilia* eine Parallele hat (*fab.* 223), der dann in späterer Zeit aus dem Bedürfnis heraus, auch die jeweiligen *sententiae* aufgelistet zu finden, durch den eher ungelenken poetischen Teil ergänzt worden sein könnte (so auch FPL[3] inc.vers. 77 BLÄNSDORF, und H.J. ROSE, Hygini Fabulae, Leiden [2]1963, 144f z.St.). Dies ist umso wahrscheinlicher, als die Reihenfolgen der Aufzählungen in beiden Teilen ohne ersichtlichen – inhaltlichen oder stilistischen – Grund voneinander abweichen (vgl. dazu auch TZIATZI-PAPAGIANNI 1994, 445, die auf eine griechische Parallele zu dieser Versfassung hinweist).

[2] II 157-163 (eingefügt sind hier in den Rahmen eines hexametrischen *Panegyricus* Anreden der Sieben Weisen mit ihren Herkunftsorten und Paraphrasen der ihnen zugeschriebenen *dicta* in jeweils einem Vers); XV 42-50 (im Rahmen eines *Epithalamium* gleichfalls Nennungen der Sieben, ihrer Herkunft und ihrer *dicta* – allerdings mit einer Abweichung, da dem Solon hier, V. 47, *ne quid nimis* zugeschrieben wird, an der vorangehenden Stelle, V. 160, das geläufige *finem bene respicis aevi*; vgl. hierzu eingehend GÄRTNER 2002, bes. 322 mit Anm. 2); schließlich XXII 101-110, mit einem Preis der Sieben Weisen und ihrer Heimatorte.

[3] Kap. 65 (= Anth.Lat.1.1, 346 SH.-B.), ein aus sieben Hexameterpaaren zusammengesetztes Gedicht, das Namen, Herkunftsort und Paraphrase des jeweiligen *dictum* bietet.

schriebenen Werke des Dichters Ausonius, in dem sich die Sentenzen an vier Stellen in jeweils höchst aufschlussreicher Weise bearbeitet finden. Dabei gilt es allerdings festzuhalten, dass der jüngste Herausgeber und Kommentator, ROGER P.H. GREEN, wie auch seine Vorgänger wohl zu Recht die gemeinsam mit dem *Ludus septem sapientum* überlieferten Gedichte *Septem sapientium sententiae septenis versibus explicatae* und *De septem sapientibus ex Graeco* aus dem Bestand der Werke des Ausonius als unecht ausgeschieden hat[4] – ohne dass sie dadurch allerdings ihren Wert als Rezeptionszeugnisse der *dicta* verloren hätten.

1. Unechte Gedichte über die Sieben Weisen

Die *Septem sapientium sententiae septenis versibus explicatae*[5] bieten im Gegensatz zum Titel dieses Gedichts keineswegs Exegesen einzelner *dicta* der *septem sapientes*, sondern reihen vielmehr sieben miteinander formal und inhaltlich nur lose verbundene Sentenzen aneinander. Dabei ergeben sich gewisse formale Varianten: Das erste der Gedichte, das Sentenzen des Bias von Priene zum Inhalt hat, erscheint in der klassischen Form des – in der Spätantike beliebten – Rätsels (am Beginn des Hexameters erscheint eine Frage, die in der zweiten Hexameterhälfte beantwortet wird: *quaenam summa boni est? Mens quae sibi conscia recti*, V. 1; gelegentlich wird diese Struktur auch in einzelnen Vershälften durchgeführt: *quis dives? qui nil cupiet. quis pauper? avarus*, V. 3), die folgenden sechs Gedichte dann in gewohnter poetischer Form – die Varianten liegen hier in den verschiedenen Metren, die von Gedicht zu Gedicht verändert werden: Es finden sich nach den Hexametern (1) jambische Trimeter (2), trochäische Septenare (5) und verschiedene chorjambische Metren (3, 4, 6, 7), ohne dass ein innerer Zusammenhang zwischen dem jeweiligen Metrum und dem Gegenstand erkennbar wäre. Ebenso wenig erkennbar ist, worauf die Auswahl der jeweils sieben Sentenzen beruht; sie folgen unverbunden aufeinander,

Auffallend ist zunächst die Thales zugeschriebene Sentenz *errorem in terris ... non caelitus esse* (V. 8), die von der Haupttradition des ἐγγύην φεύγειν/*vadimonia fugisse* abweicht. Hinsichtlich des Stils fällt die Bevorzugung der indirekten Rede bei Luxorius auf: In vier Strophen werden die Maximen in personalisierte Form gebracht; so heisst es schon im ersten Verspaar: *Solon praecipuus, fertur qui natus Athenis, / finem prolixae dixit te cernere vitae.* (V. 1f); ähnlich auch die Strophen 2, 3 und 6. Bemerkenswert ist schließlich das offenkundige Bemühen, bei der Nennung des Herkunftsorts größtmöglichen Variantenreichtum unter Beweis zu stellen.

[4] Vgl. GREEN 1991 (dies die im Folgenden maßgebliche Ausgabe), zu den beiden Gedichten 674ff.

[5] Die bislang einzige monographische Untersuchung dieses Werks von BRUNCO 1885.

die Anordnung wirkt assoziativ, gelegentlich scheint eine Paarbildung angestrebt: So folgt in der Bias-Strophe auf das Thema der *pudicitas* das der *castitas* (V. 4f), unmittelbar darauf werden ein *prudens* und ein *stultus* miteinander in Kontrast gebracht (V. 6f); vergleichbare Strukturen finden sich z.B. auch in der Pittakos- (V. 3f, *demens* als Stichwort, und 6f, *amici* als Schlüsselbegriff) und der Periandros-Strophe (V. 6f, *fortuna* – *labores* als Leitbegriffe). Neben den unklaren Auswahlkriterien fallen schließlich vor allem zwei Abweichungen gegenüber der lateinischen Tradition ins Auge: Thales von Milet ist in der letzten Strophe durch Anacharsis den Skythen ersetzt, zudem ist bei keinem der Sieben Weisen seine traditionelle Hauptmaxime angeführt, sondern auf weniger geläufiges Sentenzenmaterial zurückgegriffen. Die *Septem sapientium sententiae septenis versibus explicatae* repräsentieren mithin einen Seitenzweig der lateinischen Tradition, bei unklarer Quellenlage, denn es ist nicht erkennbar, ob der Verfasser dieses Gedichts auf eine lateinische Spruchsammlung zurückgegriffen hat oder ihm eine griechische Sentenzensammlung vorlag, die er dann ins Lateinische übertragen hätte.

Das Epigramm *De septem sapientibus ex Graeco* erscheint in den Ausonius-Ausgaben erstmals mit der *editio* des Jahres 1499 durch Thaddaeus Ugoletus, den GREEN auch als seinen Autor ins Auge fasst.[6] Darin folgen auf zwei Verse, die Inhalt und Gestalt des Gedichts beschreiben, *monosticha*, die Name, Herkunft und die jeweilige Maxime nennen. In seiner Gestalt lehnt sich dieses Gedicht eng an Anth.Pal. IX 366 an und teilt mit ihm auch die knappe Struktur des Prologs,[7] nicht erkennbar ist allerdings der Grund, der den Dichter der lateinischen Fassung dazu veranlasst haben könnte, Kleobulos von Lindos entgegen der griechischen Vorlage erst an vierter Stelle aufzuführen – eine einheitliche Reihenfolge der *septem sapientes* in den lateinischen Behandlungen des Stoffs ist ohnehin nicht zu erkennen[8]. Mit dem Gedicht *Septem sapientium sententiae septenis versibus explicatae* teilt das Epigramm neben dem Inhalt auch wesentliche Aspekte seiner äußeren Struktur. Dabei sind zwei Elemente zentral: Zum Einen handelt es sich bei beiden Gedichten um Lehrdichtung – die Aufgabe beider Texte, ungeachtet ihrer unterschiedlichen Länge, ist die ethische Unterweisung; die Maximen sollen in prägnanter Formulierung dem Lernenden bereit gestellt werden. Zum Anderen aber gehören sowohl das Epigramm wie auch die ps.-ausonischen *Septem sapientium sententiae* in den Bereich artifizieller Dichtung, einer Dichtung, die noch über den ohnehin künstlichen Rahmen gebundener Rede hinausreicht. Dabei ergibt sich zwar die Siebenzahl der Verse bzw.

[6] Vgl. GREEN 1991, 674.

[7] *Septenis patriam sapientium nomina voces / versibus expediam* (V. 1f) erscheint geradezu als eine Übersetzung von Ἑπτὰ σοφῶν ἐρέω κατ' ἔπος πόλιν, οὔνομα, φωνήν (Anth. Pal. IX 366,1).

[8] Vgl. hierzu die tabellarische Zusammenstellung (1) am Ende dieses Beitrags.

Strophen schlüssig aus dem Sujet, das Bemühen aber, im Falle des Epigramms Name, Herkunft eines *sapiens* und seine Maxime in einem *monostichon* zusammenzubinden, im Falle der *Septem sapientium sententiae* einen möglichst großen metrischen Variantenreichtum vorzuführen, erfüllt allein die Funktion, die poetische Virtuosität der Verfasser anschaulich unter Beweis zu stellen. Beide Gedichte stehen damit in enger Beziehung zu Werken wie den Figurengedichten des Optatianus Porphyrius oder auch dem *Technopaegnion* des Ausonius selbst, gehören also ganz in den Horizont spätantiken Schulvirtuosentums. Die mentalitätsgeschichtlichen Hintergründe dieser Art von Dichtung sollen dabei zunächst einmal außer Betracht bleiben, sie werden im Zusammenhang der Frage nach der Relevanz der *dicta* später noch aufgegriffen werden.

2. Die Sieben Weisen in den *Parentalia*

In der Reihenfolge der Ausgaben des Ausonius werden die Sieben Weisen zunächst in einem Passus im ersten Gedicht der *Parentalia* erwähnt, jener Gedichtsammlung also, die dem Andenken verstorbener Familienmitglieder gewidmet ist[9]. Das erste dieser Gedichte rühmt den Vater Iulius Ausonius *quem ponere primum ... ordo iubet* (V. 1f) und ist nach dem Jahr 378, seinem mutmaßlichen Todesjahr[10], entstanden. Nach einer knappen Rechtfertigung für die Spitzenstellung des Vaters im Gedichtzyklus (V. 1f) und der Angabe seines Lebensalters (V. 3f) folgt als Hauptteil des Gedichts eine Rühmung seines glücklichen und erfüllten Lebens aufgrund der Bescheidenheit seiner Lebensziele und seiner praktischen Tätigkeit als Arzt (V. 5-14). Den Schluss bildet die Feststellung, dass der Vater ebenso ohne Vorläufer gewesen sei, dem er hätte nacheifern können, wie er nun ohne einen Rivalen sei, der ihm nacheifere (*ut nullum Ausonius quem sectaretur habebat, / sic nullum qui se nunc imitetur habet*, V. 17f). Ein wesentliches Element der Rühmung im Hauptteil ist die Betonung der praktischen Lebensgestaltung des Vaters gegenüber einer bloß theoretisch–reflektierenden, was in zwei Distichen unter Rekurs auf die Sieben Weisen hervorgehoben ist:

> *Quem sua contendit septem sapientibus aetas,*
> *quorum doctrinam moribus excoluit,*
> *viveret ut potius quam diceret arte sophorum,*
> *quamquam et facundo non rudis ingenio, ...* (V. 9-12).

9 Hierzu eingehend FRANCA ELA CONSOLINO, Al limite della tarda antichità: I *Parentalia* di Ausonio, in: SCO 26 (1977) 105-127.

10 Vgl. zur Biographie des Iulius Ausonius FRIEDRICH MARX, Art. „Ausonius 2", in: RE II 2 (1894) 2562.

Das Distichenpaar zeigt Iulius Ausonius im Wettstreit mit den *septem sapientes*, deren Lehre (*doctrina*) er in seinem praktischen Leben, seinem Benehmen und Lebenswandel (*mores*) befolgt. Gerade die nur kursorische Erwähnung der *septem sapientes* – Namen fehlen ebenso wie Zitate ihrer jeweiligen Maximen – ist in zweierlei Hinsicht ein aussagekräftiges Testimonium ihrer Rezeption in der lateinischen Spätantike: Sie setzt zum Einen ihre sichere Kenntnis zumindest in den gebildeten Schichten der Zeit voraus, und sie illustriert zum Anderen ihre Funktion als ethische Richtschnur im praktischen Leben. Dabei ist – wie das Beispiel des Iulius Ausonius zeigt – die Befolgung der *dicta* nicht notwendig mit einem intellektuellen Leben im engeren Sinne verbunden: Der Arzt lebt die Maximen, ohne Disputationen über sie zu führen; fern aller philosophischen Erörterungen sind sie praktische Lebensregeln eines gebildeten Mannes.

3. Der *Ludus*: Aufbau und Eigenart

Auf welche Medien aber die Vermittlung der *dicta* zurückgreift, zeigt anschaulich Ausonius' *Ludus septem sapientum* (Text und Übersetzung in Anhang 2), ein in der Forschung entsprechend der generellen Geringschätzung des Ausonius und seiner erst seit jüngerer Zeit beginnenden Aufwertung nur kursorisch behandeltes Werk,[11] dem nicht zuletzt auch deshalb eine besondere Bedeutung

[11] Noch zurückhaltend angesichts seiner Ablehnung des Ausonius („... gähnt nur zu oft aus der Poesie des Ausonius eine entsetzliche Oede, und nicht einmal in der metrischen Form finden wir Ersatz für den mangelnden Gedankeninhalt, ...", 41) bezeichnet etwa MARTIN SCHANZ, in: SCHANZ/HOSIUS IV 1, ^{2}1914, 31 den *Ludus* lediglich als „eigentümliche Dichtung" mit „manche(m) komischen Zug" (ähnlich auch FRIEDRICH MARX, Art. „Ausonius 3", in: RE II2 (1896) 2562-2580, bes. 2565f, der allerdings 2574 auf jede Bewertung des *Ludus* verzichtet), ein Urteil, für das sich beliebige Parallelen anführen lassen. Mit ERNST GÜNTHER SCHMIDT 1961 setzt eine Neubewertung des Ausonius ein, die den Dichter im geistesgeschichtlichen Kontext seiner Zeit verortet und auch den *Ludus* als einen der „beiden größeren philosophischen Beiträge(n) im Werk des Dichters" (415) würdigt. Dass aber auch die Einordnung des Dichters in den Zeithorizont nicht wirklich eine Neubewertung seiner literarischen Leistung gegenüber älteren Einschätzungen bedeuten muss, belegt anschaulich JOHN R. HUSSEY, Ausonius and His Concept of the Worthwhile Life, Diss. Tufts University 1974, dessen Darlegungen auch zum *Ludus* (88ff) traditionellen Bewertungen verpflichtet bleiben. Den entscheidenden Durchbruch bedeuten dann wohl die umfassende Darstellung von WOLF-LÜDER LIEBERMANN, in: HLL V (1989) § 554, und die bei MANFRED JOACHIM LOSSAU (Hrsg.) 1991 versammelten Beiträge (vgl. in diesem Zusammenhang auch JOACHIM GRUBER, Ausonius und der Beginn der spätantiken lateinischen Literatur, in: Udo Kindermann u.a. (Hrsg.), Festschrift für Paul Klopsch, Göppingen 1988, 67-82, der die Bedeutung des Ausonius für die Entwicklung einer spätantiken Literatur, vor allem in ihren auf die mittelalterliche Literatur vorausweisenden Zügen, hervorhebt).

zukommt, weil es als eines von nur wenigen Werken – wenigstens dem Titel nach[12] – die dramatische Gattung in der Spätantike vertritt. Wenn auch nicht geklärt werden kann, in welchem Rahmen eine Aufführung dieses *Ludus* vorgestellt werden muss – GREEN spricht von einem fiktiven Bühnenstück, das zuvor im Kontext der Rhetorenschule einmal eine tatsächliche Aufführung erlebt haben mag,[13] und verbindet so die Auffassung des *Ludus* als reiner Literatur mit der eines tatsächlichen Dramas[14] –, so ist doch schon durch die Wahl des Werktitels der Anschluss an die dramatischen Gattungen evident.

[12] Dabei stellt sich zunächst die Frage nach dessen Authentizität, denn ausweislich der von KUHLMANN, Art. „*ludus*", in: ThlL VII (1970-1979) 1783-1794 ausgewerteten Belege findet sich eine Junktur „*ludus* mit dem Genitiv der handelnden Personen" in der lateinischen Literatur nicht; KUHLMANN verzeichnet, Sp. 1785, den Genitiv nach *ludus* vor allem in zwei Fällen, nämlich zur Angabe der Götter, denen ein *ludus* geweiht ist, und zur Angabe des *curator ludorum*, unter den weiterhin verzeichneten Varianten des Genitiv-Gebrauchs fehlt das vorliegende Beispiel: Der bei Ausonius belegte Titel ist somit präzedenzlos, weist aber seinerseits voraus auf verwandte Fügungen mittelalterlicher Spiele. Die Überlieferung des Werktitels scheint aber Zweifel an seiner Authentizität auszuschließen. Jedenfalls unternimmt GREEN 1991, 597-606 (hier zum *Ludus*), keinen Versuch der Athetese; schon WILHELM BRANDES, Beiträge zu Ausonius. IV. Die Ephemeris – ein Mimus, Programm Wolfenbüttel 1909, bes. 6f, hat an *ludus septem sapientum* als einem „durch handschriftliche Überlieferung beglaubigten Haupttitel" festgehalten. Die eminente gattungstheoretische Relevanz des Titels ist aber bei der allgemeinen Vernachlässigung des Werks unbeachtet geblieben. Ohnehin scheint eine Analyse der Gattungsbezeichnung *ludus*, auch im Hinblick auf die mittelalterliche Spielliteratur unter diesem Titel zu fehlen: Kennzeichnend – und mit Blick auf Ausonius geradezu irreführend – ist vielmehr die Feststellung bei KARL VOSSLER, Die Antike und die Bühnendichtung der Romanen, in: Vorträge der Bibliothek Warburg 7 (1927-1928 [1930]) 219-256 zum „christlich-katholischen Bühnenspiel des Mittelalters": „*ludus* hieß es kirchenlateinisch, ..." (219f).

[13] GREEN 1991, 597: „imaginative *mise en scène*, ... though it may have been devised for classroom purposes much earlier".

[14] Beide Auffassungen sind in der Forschung vertreten worden: MANFRED JOACHIM LOSSAU, Decimus Magnus Ausonius: vir bonus, Professor, Hofmann, doch auch Dichter, in: LOSSAU (Hrsg.) 1991, 1-10, bezeichnet den *Ludus* als ein „fiktives Bühnenstück", das Ausonius in seiner späteren Schaffensphase gedichtet habe (5), TERNES 1991 spricht lediglich von einem „Gedicht mit 230 Versen" (87) und scheint also ebenfalls von einem reinen Lesestück auszugehen; SCHMIDT 1961, 415 hingegen schließt sich der Auffassung von einer tatsächlich szenischen Funktion des *Ludus* an (die sich bereits bei SCHANZ, GRL IV 1, ^{2}1914, 31 mit Anm. 1, findet), wenn er ihn als „kleine(s) dramatische(s) Lehrstück(s)" bezeichnet und fortfährt: „Man nimmt meist an, der *ludus* sei für Schüleraufführungen in Bordeaux geschrieben. Ebensogut kann er aber für den Kaiserhof verfasst sein, für eine Feier zu Ehren des jungen Gratianus." Unentschieden in dieser Frage ist HEINRICH MARTI 1974, bes. 169: „Ob der *Ludus* ein reines Lesestück, ein

Abgesehen von dem einleitenden Widmungsgedicht an den *proconsul* Pacatus Drepanius[15] besteht der *Ludus* aus neun Einzelauftritten: eines *prologus*, der die Sieben Weisen ankündigt und allgemeinere Erwägungen zum Theaterwesen in Rom selbst bietet, des *Ludius*, der das anschließende Geschehen erläutert[16], und schließlich der *septem sapientes* selbst, die in unterschiedlich langen Reden ihre berühmtesten Maximen vortragen, häufig in griechischer Originalwendung[17]

Textbuch für die Schule oder ein Laienspiel im Stile der Palliata sein sollte, bleibt eine offene Frage."

[15] Vgl. zu ihm neben dem im Corpus der Panegyrici Latini überlieferten und von ihm verfassten Panegyricus auf Theodosius vor allem RUDOLF HANSLIK, Art. „Pacatus 2", in: RE XVIII 2 (1942) 2058-2060, ferner – in einem weiteren prosopographischen Zusammenhang – DIETER NELLEN, Viri litterati. Gebildetes Beamtentum und spätrömisches Reich im Westen zwischen 284 und 395 nach Christus (Bochumer Historische Studien, Alte Geschichte Nr. 2), Bochum 1977, 85f.

[16] Wie schon die Werkbezeichnung *ludus* wirft auch die Einführung der Bühnengestalt des *ludius* in der Funktion des Prologredners Fragen hinsichtlich der Praxis dramatischer Aufführungen der Spätantike auf (so auch GREEN 1991, 600 zur Stelle, der vermerkt, dass „there is no parallel for such a speaker in Roman drama"). Denn das Nomen *ludius*, in der Literatur seit Plautus belegt (*Aulularia* 402; vgl. ferner KUHLMANN, Art. „*ludius*", in: ThlL VII [1970-1979] 1768-1769), dient gemeinhin der Bezeichnung des Schauspielers und pantomimischen Tänzers (vgl. vor allem die eingehenden etymologischen Erörterungen bei Tertullian, *spect.* 5,2 f.), der am eigentlichen dramatischen Geschehen teilnimmt; seine im *Ludus* wahrgenommene Funktion entspricht am ehesten der des *praeco*, der jedoch, wie GREEN 1991 ebd. vermerkt, hinter der Bühne agiert. Beachtung verdient in diesem Zusammenhang ferner die Tatsache, dass KUHLMANN, Sp. 1768, lediglich zwei Belege verwandten Wortgebrauchs anführt, die beide in spätantike Literatur gehören, zum einen die Iuvenal-Scholien zu 8,198, zum anderen Prudentius (*peristeph.* 10,222): Es ist also offenbar mit einer Bedeutungsverschiebung zu rechnen. MARTI 1974, 169, der den *ludius* als „Conférencier" bezeichnet, verwischt daher das Problem. Seltsamerweise nicht in die Diskussion einbezogen worden ist der Begriff des *edissertator*, der bei Ausonius mit dem *ludius* gleichgesetzt erscheint (V. 51): Dieser Terminus ist allein bei Ausonius belegt und als *ad hoc* geschaffene Ableitung des seit Plautus belegten Verbs *edisserto* im Sinne von „ausführlich besprechen, erläutern" denkbar (vgl. dazu: ThlL V [1931-1953] 78 s.v. *edissertator* und *edisserto*); der *ludius* wäre in diesem Sinne als derjenige zu bestimmen, der das dramatische Geschehen im Vorfeld ausführlich bespricht. In der Tat entspricht diese Definition der bei Ausonius durch den *ludius* wahrgenommenen Funktion: Der *ludius* erscheint auf der Bühne vor dem eigentlichen Bühnengeschehen, kündigt die nachfolgenden *septem sapientes* namentlich an und gibt durch das Zitat ihrer griechischen Sinnsprüche, durch deren lateinische Übertragung oder Paraphrase sowie durch Ansätze zu ihrer Erläuterung ihre Interpretation vor. Der *ludius* ist damit einerseits eine mit dem dramatischen Geschehen nicht unmittelbar verknüpfte Bühnenfigur, andererseits ist er aber Bestandteil des Dramas.

[17] Die hier in den griechischen Originalwendungen zitierten Sentenzen bieten Anlass zu der Frage nach den Griechischkenntnissen des Ausonius. Vgl. hierzu neben der stark

mit anschließender lateinischer Paraphrase und Erläuterung: Den Anfang macht dabei Solon, es folgen Chilon, Kleobulos, Thales, Bias, Pittakos und schließlich Periandros. Die Zusammenstellung ist vollkommen traditionell und entspricht der seit Demetrios von Phaleron kanonischen Konstellation. Eine Abweichung demgegenüber ergibt sich dadurch, dass die von Ausonius aufgegriffenen Sentenzen der einzelnen *sapientes* sich in der Auflistung des Demetrios stets an erster Stelle finden, ausgenommen allein Solon, dessen ὅρα τέλος μακροῦ βίου (V. 56.85) sich bei Demetrios überhaupt nicht findet: Er nämlich führt an erster Stelle das delphische μηδὲν ἄγαν, das Ausonius den Kleobulos nachtragen lässt (V. 155f). Wem aber Ausonius seine Fassung verdankt, ist nicht erkennbar, mit umlaufenden Varianten ist zu rechnen, zumal bei einem Autor wie Solon, der auch sonst ein literarisches Eigenleben entwickelt hat. Die Verbindung dieser Einzelauftritte wird gelegentlich hergestellt durch die Ankündigung des Nachfolgers bzw. durch den Rückverweis auf den Vorgänger, ansonsten bildet die Gruppe der Sieben Weisen das einheitsstiftende Element dieses *Ludus*.

Der Aufbau dieses „Spiels" ist mithin eher anspruchslos, es besteht aus aufeinander folgenden Auftritten von Einzelpersonen, eine wirkliche Interaktion der Bühnengestalten findet ungeachtet der Querbezüge nicht statt. Oder, um es mit den Worten BRUNO SNELLS zu sagen: „Wie die Figuren eines Uhrwerks treten die Weisen nacheinander auf: jeder sagt sein Sprüchlein her und verschwindet wieder. Eigenes ursprüngliches Leben haben diese Gestalten nicht, ...".[18] Alle Elemente wirklicher Dramatik fehlen, es ist Belehrung im Spiel auf die Bühne gebracht, was nicht zuletzt auch durch die Tatsache unterstützt wird, dass die Sieben Weisen deutliche Elemente der Typisierung zeigen: In besonderem Maße erkennbar – und auch von Ausonius durch seine Gestalten explizit gemacht – ist dies in den Auftritten des Atheners Solon und des Spartaners Chilon (V. 73-130 und 131-146). Denn Solon, durch den *ludius* als *legifer* angekündigt (V. 72), erscheint als Inbegriff attischer Beredsamkeit, seine Darlegungen umfassen mit 58 von 212 auf die szenische Handlung entfallenden Versen mehr als ein Viertel der Bühnendarstellung (dabei bleibt der Umfang der nach V. 108 ausgewiesenen Textlücke unklar). Dies ist nur zum Teil dem Umstand geschuldet, dass es Solons als des ersten *sapiens* Aufgabe ist, die Ebenbürtigkeit der *septem sapientes* untereinander zu beteuern, ungeachtet der Tatsache, dass er als

auf die Epigramme konzentrierten Studie von MANFRED LOSSAU, Ausonius und Litterae Graecae, in: Maia 41 (1989) 125-142, vor allem ROGER P.H. GREEN, Greek in Late Roman Gaul. The Evidence of Ausonius, in: E.M. Clark (ed.), 'Owls to Athens'. Essays on Classical Subjects Presented to Sir Kenneth Dover, Oxford 1990, 311-319, bes. 318f mit knappen Bemerkungen zum *Ludus*.

18 SNELL 1971, 145-161, das Zitat 145. In verwandter Metaphorik spricht LEO 1896, 783, von einem „puppenspielartige(n) Surrogat der palliata".

erster auf der Bühne erscheint[19]. Vielmehr verweilt er mit großer Ausführlichkeit bei der Erläuterung der ihm zugeschriebenen Sentenz ὅρα τέλος μακροῦ βίου (V. 85),[20] die er zunächst lateinisch paraphrasiert (*spectare vitae iubeo cunctos terminum*, V. 87), um dann die Geschichte seiner Begegnung mit Kroisos von Lydien und später mit Kyros darzulegen (V. 91-125);[21] sie dient nichts anderem als der Schlussfolgerung: *ergo duorum regum testimonio / laudatus et probatus ambobus fui* (V. 126f). Als Kontrast zu dieser Weitschweifigkeit Solons ist der Spartaner Chilon gesetzt, der ihm unmittelbar nachfolgt und darüber hinaus in fünf Versen seiner nur sechzehn Verse umfassenden Darlegungen spöttisch-sarkastisch auf Solon Bezug nimmt[22] – es ist dies zugleich der einzige Passus im *Ludus*, wo neben den Vorankündigungen des nachfolgenden *sapiens* von einem Auf-einander-Bezug-Nehmen der Bühnenpersonen gesprochen werden kann. Solon erscheint durch Chilons verallgemeinerndes Wort als typischer *Atticus* (V. 133), Chilon selbst charakterisiert sich als typischen Spartaner (*Spartanus ego sum ... / brevitate nota, qua Lacones utimur*, V. 136f)[23]. Dabei

[19] Vgl. V. 76f (*neque me esse primum nec vero imum existimo, / aequalitas quod ordinem nescit pati*) und V. 82 (*eorum e medio prodeo gyro Solon*).

[20] Hierin liegt eine gewisse Inkongruenz zu den einleitenden Bemerkungen des *ludius*; denn dieser hatte dem Solon das delphische Γνῶθι σεαυτόν zugeschrieben, wenngleich mit der Einschränkung *multi hoc Laconis esse Chilonis putant* (V. 52ff). Umgekehrt erscheint bei ihm das ὅρα τέλος μακροῦ βίου als Sentenz des Chilon, abermals mit der Konzession: *sit tuum necne ambigunt* (V. 55f), zudem mit der später zugrunde gelegten Geschichte der Begegnung von Solon und Kroisos (V. 58). Warum sich schließlich Ausonius dafür entschieden hat, diese Inkongruenz in Kauf zu nehmen und seinen Bühnengestalten die Sentenzen entgegen der Ankündigung des *ludius* zuzuschreiben, ist nicht erkennbar; dass es sich um ein Versehen handelt, ist angesichts der Kürze des Werks und seiner Aufnahme in die Sammlung – doch wohl zu einem späteren Zeitpunkt als seine Entstehung, was eine neuerliche Redaktion wahrscheinlich macht – kaum denkbar (vgl. hierzu auch TERNES 1991, 88f, der sich ebenfalls darauf beschränkt, die vorliegende Inkongruenz aufzuzeigen, ohne zu einer Erklärung des Sachverhalts zu gelangen).

[21] Es besteht dabei kaum Anlass, die Darstellung des Ausonius unmittelbar auf Herodot zurückzubeziehen (vgl. in diesem Sinne auch GREEN, Greek [s. Anm. 17] 318: „it would be rash to assert that the account of Solon and Croesus in *Ludus* 91 ff. comes straight from Herodotus, though it might do"), selbst wenn Ausonius Herodot gekannt haben mag, vermittelt vielleicht durch Staphylius von Auch, den er selbst als Kenner Herodots rühmt (*prof.* 20,8: *historiam callens Livii et Herodoti*): Die Geschichte von Solon und Kroisos war längst Allgemeingut einer gebildeten Öffentlichkeit geworden.

[22] *Lumbi sedendo, oculo spectando dolent, / manendo Solonem, quoad sese recipiat. / hui pauca quam diu locuntur Attici! / unam trecentis versibus sententiam / tandem peregit meque respectans abit* (V. 131-135).

[23] Parallelstellen zu dieser sprichwörtlichen lakonischen Kürze bei A. OTTO, Die Sprichwörter und sprichwörtlichen Redensarten der Römer, Leipzig 1890 (repr. Hildesheim 1964), 184 s.v. *Laconicus*.

ist diese Charakterisierung bis in die Stilistik der beiden Reden durchgehalten: Während Solons Rede breit erzählend dahinfließt und die einzelnen Sätze nicht selten mehrere Versenden überspringen, fallen Satzgedanke und Versende in der Rede Chilons meist zusammen, die Sätze sind knapp, hypotaktische Konstruktionen weit weniger häufig als in der Rede Solons. Auch die Abschlüsse beider Reden sind kontrastiv: Solon kündigt seinen Nachfolger an und fordert den Applaus des Publikums, Chilon hingegen signalisiert mit einem *dixi* den Abschluss seiner Überlegungen, verabschiedet sich mahnend vom Publikum und verzichtet hochmütig auf den Beifall. In der Wendung an das Publikum zeigt sich zugleich ein Heraustreten der Bühnenfiguren aus der Ebene des Spiels.[24]

4. Die Frage nach Gattung und Funktion

Mit den Auftritten Solons und Chilons sind die beiden signifikantesten Beispiele der Typisierung in der Darstellung der *septem sapientes* beschrieben. Denn inwieweit auch die übrigen fünf Weisen derartige typische Züge tragen, ist nicht ohne Weiteres erkennbar. Dies mag daran liegen, dass die individuellen Züge dieser fünf, vor allem aber ihre Nationalität, die ja auch der Typisierung Solons und Chilons zugrunde liegt, hierfür weniger Anhalt boten. Gleichwohl ist festzuhalten, dass der *Ludus septem sapientum* die Typisierung handelnder Figuren mit den Bühnengestalten der römischen Komödie teilt: So stellt sich gerade mit Blick auf Solon die Frage, ob sich in den ruhmredigen Greisen der römischen Komödie nicht ein Vorbild für seine Gestaltung durch Ausonius findet. Ohnehin sind enge Bezüge des *Ludus* zu den Komödien des Plautus und des Terenz bereits gesehen[25] wie auch generell an der Verfügbarkeit dieser Autoren für die gebildeten Kreise der Spätantike und des Mittelalters kein Zweifel bestehen kann: Neben offensichtlichen, als solchen auch ausgewiesenen Zitaten wie dem des Pittakos von Mytilene aus dem *Heautontimorumenos* des Terenz,[26] das auch insofern von Bedeutung ist, als der offensichtliche Anachronismus ein Heraustreten der Bühnenfigur aus der zeitlichen Ebene des Spiels darstellt, sind weitere

[24] Vgl. hierzu WALTHER KRAUS, „*Ad spectatores*“ in der römischen Komödie, in: WS 52 (1934) 66-83, bes. 74, mit der Erörterung der auch bei Ausonius vorliegenden formelhaften Wendungen *plaudite* und *vos valete et plaudite* vor allem hinsichtlich der Frage, ob hier eine Störung der szenischen Illusion vorliegt.

[25] ROGER P.H. GREEN, Ausonius' Use of the Classical Latin Poets: Some New Examples and Observations, in: CQ 27 (1977) 441-452 spricht geradezu davon, der *Ludus* sei „carefully and thoroughly Plautine“.

[26] Terentius, *Haut.* 364f in V. 204-210, mit einer ausführlichen Exegese des Zitats und einer Einordnung in den Kontext.

verdeckte Zitate zu beachten,[27] ferner metrische Parallelen.[28] Auf der Grundlage all dessen sowie aus dem Hinweis des *prologus*, die *sapientes* träten *hodie in orchestram palliati* (V. 21), als Figuren der römischen Komödie griechischen Stils also, hat die Forschung die Deutung abzuleiten versucht, das Stück gebe sich „bewusst als Palliata"[29], ohne dass mit dieser Klassifizierung Wesentliches an Klarheit gewonnen wäre. Denn mögen die sprachlichen und metrischen Parallelen zu den Komödien des Plautus und des Terenz auch evident sein, mögen sich selbst hinsichtlich der Personengestaltung Übereinstimmungen ergeben, so bleibt doch der Stoff des *Ludus septem sapientum* ohne eine Entsprechung: Kein einziges der die römische Komödien prägenden inhaltlichen Elemente findet sich bei Ausonius.

Hingegen ist dieses Werk deutlich der spätantiken Schultradition zuzuordnen, sowohl formal wie inhaltlich. Formal steht der *Ludus* des Ausonius zwischen den lateinischen dramatischen Gattungen in ihrer im Laufe der Gattungsgeschichte stark vereinfachten Form und der spätantiken Scholienliteratur, die die Erklärungen literarischer und philosophischer Autoritäten der klassischen Epochen antiker Literatur bietet; sie hält damit der gebildeten Oberschicht eine literarische Tradition bereit, die in einer Zeit staatlichen Niedergangs, äußerer Bedrohung und innerer Ablösung durch das Christentum längst nicht mehr selbstverständlich ist. Worum es dem Stoff nach geht, ist offenbar die Vermittlung eben dieses Weisheitswissens, dessen Befolgung Ausonius in den *Parentalia* an seinem Vater lobend hervorhebt. Diese Bewertung wird gestützt durch die von CHARLES MARIE TERNES vorgeschlagene „thematische Gliederung" der Werke des Ausonius: Innerhalb dieser Neugruppierung käme der *Ludus septem sapientium* unter den *Sapientalia* zu stehen, in der Untergruppe der *Didactica*[30] – im Grunde lässt sich das Werk damit als für den Schulbetrieb bestimmte Weisheitsliteratur definieren. Mit der Zugehörigkeit zur Schulliteratur ist zudem ein Erklärungsansatz für die exegetischen Abschnitte mit der Auslegung der einzelnen *dicta* gegeben. Dabei ist gelegentlich die Rede von einer „Mythologisierung und Heroisierung" der *septem sapientes*, die „sie zu Trägern, Sprachrohren, ja Propheten einer gewissen, sehr alten Weisheit macht, in Sprüchen, die ...

[27] Vgl. hierzu vor allem die Hinweise im Kommentar von GREEN 1991, passim, mit den Angaben einzelner Parallelstellen.

[28] Hierzu vor allem BRANDES 1895, passim, und LEO 1896, passim; bei LEO, 785, auch die Schlussfolgerung, „dass Ausonius genau die Technik des Senars befolgt, die er für die plautinisch-terenzische hält, dass wir also hier, wie in den Komödienargumenten, aber in größerer Masse und von einem Verskünstler von Profession herrührend, ein Zeugnis besitzen für das, was die Gelehrten der Archaistenzeit als plautinisch-terenzische Technik ansahen."

[29] So die Formulierung bei MARTI 1974, 190, an derselben Stelle ist auch die Rede von einem „Laienspiel im Stile der Palliata".

[30] TERNES 1991, 82f; hier auch die zitierten Termini.

mehr das Moralische als das Metaphysische anvisieren".[31] In der Tat steht bei den *dicta* das Lebenspraktische im Vordergrund und ist auf theologische Spekulation verzichtet. Es bleibt aber die Frage, welche Funktion ein „Zeugnis volkstümlicher griechischer Ethik", wie DIETER ZELLER die Sprüche der Sieben Weisen in seinem Beitrag nennt, in der Geisteswelt der lateinischen Spätantike zu erfüllen vermochte, stellte doch die christliche Ethik längst einen ähnlich prägnanten Schatz von Handlungsmaximen bereit. Zudem sind bereits mit Clemens von Alexandria die ersten Versuche einer Christianisierung der Sieben Weisen zu erkennen (*strom.* V 4,24,1), der die *dicta* allegorisch in einem christlichen Sinne deutet – hieraus entwickelt sich eine Tradition, die auf byzantinischer Seite bis weit in die neuere Zeit hineinreicht.[32]

Möglicherweise liefert auch hier der literatursoziologische Ansatz, den MARKUS ASPER mit Blick auf die griechische Tradition entwickelt hat, eine Deutung des Befundes. Dafür wird es sinnvoll sein, sich die geistesgeschichtliche Situation des Ausonius und seiner Kreise in Erinnerung zu rufen. Denn in dem Prinzenerzieher Ausonius begegnet uns ein Spitzenvertreter der geistigen Elite theodosianischer Zeit, seine Stellung als Freund des Symmachus und als Lehrer des Paulinus von Nola zeigt ihn an der Nahtstelle zwischen paganer Welt und Christentum: Von den *Versus paschales* und seiner Korrespondenz mit Paulinus abgesehen, hat das Christentum im Werk des Ausonius aber nur geringe Spuren hinterlassen, er dürfte allenfalls formal ein Christ gewesen sein. Viel enger – und sein ganzes Werk durchziehend – ist seine Bindung an die geistige Welt der klassischen Latinität, und es ist gewiss kein Zufall, dass ihn seine Zeitgenossen neben Vergil gestellt haben. Es ist diese Rückbesinnung auf die pagane römische Welt, auf die *vetustas*, in der ULRICH EIGLER „ein entscheidendes Kennzeichen der politischen Elite der lateinischen Spätantike" gesehen hat, als „Ausdruck ihres Lebensstils, in dem Sprache und historisches Selbstverständnis untrennbar miteinander verknüpft sind und als verbindlicher Maßstab für die *mores* in Grammatik- und Rhetorikunterricht vermittelt werden".[33] Mit der sukzessiven Verdrängung der paganen Kulte aus der Öffentlichkeit hat die geistige Welt der Antike ihre äußeren Repräsentationsformen nach und nach verloren. Es folgt ein Rückzug in eine pagane Innerlichkeit, auf die Bildung und Literatur, in der die Tradition bewahrt wird. Dieser Bewegung entsprechen die *dicta* der Sieben Weisen gerade im Fehlen jeglicher metaphysischer Dimension: Sie liefern eine lebbare Ethik ohne religiöse Bindung im engeren Sinne, und sie stehen damit in Rivalität zu einer christlichen Ethik, die ohne diese metaphysische Bindung nicht auskommt. Neben dieser Bewahrung einer paganen Alternative zur christ-

[31] So TERNES 1991, 89.

[32] Vgl. ein Beispiel bei ASPER, o. S. 102, Anm. 88.

[33] ULRICH EIGLER, *Lectiones vetustatis*. Römische Literatur und Geschichte in der lateinischen Literatur der Spätantike (Zetemata 115), München 2003, 10.1.

lichen Lebenswelt bieten die *dicta* auch in der Welt der paganen Eliten der Spätantike die Möglichkeit der „Selbsteinordnung", wie es ASPER nennt:[34] Ganz wie die ersten Tradenten der Sprüche der Sieben Weisen verständigen sich auch die nur oberflächlich christianisierten Träger lateinischer Bildung im Westen des Reichs durch die Bewahrung und Auslegung dieses Spruchgutes als Vertreter einer weit zurückreichenden Geistigkeit. Sie teilen dieselben Verhaltensnormen, die auf die ältesten Träger antiker Bildung zurückverweisen, und sie geben sie an ihre Kinder weiter. Gerade Ausonius ist hierfür das beste Zeugnis, indem er eine Lebenshaltung, die er an seinem Vater rühmt, seinerseits mit Hilfe des *Ludus septem sapientum* an die ihm selbst nachfolgende Generation weitervermittelt.

5. Die weitere Rezeption im lateinischen Mittelalter

Zugleich erklärt diese Stellung der *dicta* als ein Zeugnis der paganen Ethik auch ihre nur spärliche Rezeption im lateinischen Westen nach dem Untergang der paganen Welt. Außer bei Laurentius von Durham (gest. um 1154), der Sidonius Apollinaris ausschöpft, um in seinem *Hypognosticon* unter anderem im Rückgriff auf die Sieben Weisen die Weisheit Salomons zu illustrieren (*Hypogn.* V 463-494),[35] und sie so in ein typologisches Verhältnis bringt zur christlich-biblischen Weisheitsliteratur (V. 463f: *prestat enim sapiens* (= Salomon) *septem sapientibus idem, / quorum doctrinam Grecia tota probat*), und Johannes de Hauvilla (geb. um 1150, gest. nach 1200), der in seinem *Architrenius*, einem satirischen Reiseroman in Hexametern, die *sapientes* anführt als *duces* Griechenlands *mundus ne titubet, ne cecus et invius erret* (VII 220-228) – wobei der Kontext, ein überbordender Katalog von Vergleichen (VII 203-219), und der Tenor des Gesamtwerks ihre Aufzählung als ein Element rhetorischen Prunks erscheinen lassen – finden sich keine Belege für die *Septem Sapientes* als Vertreter einer paganen Weisheitsliteratur; ihre Christianisierung vermochte sich anscheinend im Westen nicht durchzusetzen. Aufschlussreich ist in dieser Hinsicht die in SNELLs Anthologie in einem kurzen Auszug ausgehobene *historia de septem sapientibus* des sonst unbekannten Johannes de Saxonia, vollendet der Unterschrift zufolge am Epiphanias-Tag des Jahres 1407.[36] Die *septem sapientes* bleiben namenlos, mit der Ausnahme eines *Sindebar*, der gleichsam als Wortführer der Gruppe auftritt und dessen Name in denselben orientalischen

[34] Vgl. oben S. 86.

[35] Dazu umfassend GÄRTNER 2002.

[36] Noch immer am besten greifbar in der Ausgabe von ALFONS HILKA 1912.

Kontext weist wie zahlreiche Einzelmotive der Erzählung:[37] Auf eine Einleitung, die den erzählerischen Rahmen liefert, ohne dass durch sie Ort und Zeit des Geschehens deutlich würden, und die auch die übrigen Beteiligten namenlos lässt (*fuit quidam rex, ...*), folgen zwanzig einzelne Erzählungen gleichnishaften Charakters, die zu Vorsicht und Mäßigung raten. Die ganze *historia*, von eher anspruchslosem Latein, verwendet die *septem sapientes* nurmehr als Repräsentanten einer volkstümlichen Ethik; eine tatsächliche Kenntnis der *sapientes* als Gruppe oder einzelner ihrer *dicta* ist nicht mehr zu belegen. Die *septem sapientes*, ihres ursprünglichen paganen Kontextes entkleidet, fungieren nurmehr als Chiffren einer östlichen Märchenwelt. Erst mit der Renaissance, die wieder auf die antiken Texte selbst zurückgreift und den griechischen Traditionsstrang der *septem sapientes* für das westliche Abendland wiedergewinnt, erhalten sie ihren alten Stellenwert zurück.

[37] Dies entspricht ganz der Tradition des Textes: Denn allem Anschein liegt der *Historia* des Johannes de Saxonia eine hebräische Fassung zugrunde, die wiederum auf eine arabische Vorlage zurückgeht.

Anhang 1:
Die Reihenfolge der *Septem sapientes* in den literarischen Quellen der lateinischen Kaiserzeit und Spätantike

	Hyg.1	Hyg.2	Aus., *Ludus*	Ps.-Aus. 1	Ps.-Aus. 2	Sidon. 1	Sidon. 2	Sidon. 3	Luxor.	Anth.Pal.
Pittakos von Mytilene	1	3	6	2	3	6	6	5	3	4
Periander von Korinth	2	2	7	4	2	3	3	3	6	3
Thales von Milet	3	5	4	- [1]	7	1	1	1	4	7
Solon von Athen	4	7	1	5	5	4	4	6	1	5
Chilon von Sparta	5	6	2	6	1	7	7	7	2	2
Kleobulos von Lindos	6	1	3	3	4	2	2	2	7	1
Bias von Priene	7	4	5	1	6	5	5	4	5	6

[1] Thales von Milet durch Anacharsis den Skythen ersetzt.

Anhang 2: Text[1]

Ausonius' *Ludus septem sapientum.*

(Die Widmung an den Prokonsul Drepanius ist weggelassen)

PROLOGUS

Septem sapientes, nomen quibus istud dedit
superior aetas nec secuta sustulit,
hodie in orchestram palliati prodeunt.
quid erubescis tu, togate Romule,
scaenam quod introibunt tam clari viri?
nobis pudendum hoc, non et Atticis quoque,
quibus theatrum curiae praebet vicem.
nostris negotis sua loca sortito data:
campus comitiis, ut conscriptis curia,
forum atque rostra separat ius civium.
una est Athenis atque in omni Graecia
ad consulendum publici sedes loci,
quam in urbe nostra sero luxus condidit.
aedilis olim scaenam tabulatam dabat
subito excitatam nulla mole saxea.
Murena sic et Gallius: nota eloquor.
postquam potentes nec verentes sumptuum
nomen perenne crediderunt, si semel
constructa moles saxeo fundamine
in omne tempus conderet ludis locum,
cuneata crevit haec theatri immanitas.
Pompeius hanc et Balbus et Caesar dedit
Octavianus, concertantes sumptibus.
sed quid ego istaec? non hac <de> causa huc prodii,
ut expedirem quis theatra, quis forum,
quis condidisset privas partes moenium,
sed ut verendos disque laudatos viros
praegrederer aperiremque quid vellent sibi.

[1] Nach GREEN 1991.

Das Spiel von den Sieben Weisen
(Übersetzung: L. Spahlinger)

(Die Widmung an den Prokonsul Drepanius ist weggelassen)

VORREDE
Die Sieben Weisen, denen diesen Namen die Vorzeit gab
und auch die Folgezeit nicht wieder nahm,
die treten heute im *pallium* auf die Bühne.
Was errötest Du, Romulus in Deiner *toga*,
weil so berühmte Männer die Bühnenfront betreten werden?
Wir schämen uns darüber, doch nicht die Athener:
Ihnen dient das Theater als Rathaus.
Jeder unserer Angelegenheiten ist ihr eigener Ort zugewiesen:
das Marsfeld den Komitien, wie den Senatoren die Kurie;
das Forum und die Rednerbühne nimmt die bürgerliche Gerichtsbarkeit für [sich.
In Athen und in ganz Griechenland gibt es einen
öffentlichen Ort, um Rat zu pflegen,
den in unserer Stadt erst der Luxus späterer Zeit gegründet hat.
Einst gab uns der Ädil die Bretterbühne,
rasch aufgerichtet ohne eine steinerne Last.
So Murena, auch Gallius: Bekanntes sage ich.
Nachdem aber mächtige Männer, die keinen Aufwand scheuten,
geglaubt hatten, ihr Name werde ewig sein, wenn einmal
ein auf steinernem Fundament gegründetes Bauwerk
für alle Zeiten den Spielen einen Ort böte:
Da wuchs die in Keile gegliederte Masse des Theaters.
Pompeius baute es und Balbus und Caesar
Octavianus, im Aufwand miteinander wettstreitend.
Aber was erzähl' ich das? Nicht deswegen bin ich hierher vorgetreten,
um darzulegen, wer die Theater, wer das Forum,
wer die einzelnen Gebäude aufgerichtet hat:
Sondern um ehrfurchtgebietenden und gottgelobten Männern
voranzuschreiten und aufzudecken, was ihre Absicht ist.

pronuntiare suas solent sententias,
quas quisque iam prudentium anteverterit.
scitis profecto quae sint: sed si memoria
rebus vetustis claudit, veniet ludius,
edissertator harum quas teneo minus.

LUDIUS

Delphis Solonem scripse fama est Atticum
Γνῶθι σεαυτόν, *quod est Latinum ,nosce te'.*
multi hoc Laconis esse Chilonis putant.
Spartane Chilon, sit tuum necne ambigunt,
quod †introfertur†: Ὅρα τέλος μακροῦ βίου,
finem intueri longae vitae quo iubes.
multi hoc Solonem dixe Croeso existimant.
et Pittacum dixisse fama est Lesbium
Γίγνωσκε καιρόν. *tempus ut noris iubet,*
sed καιρὸς *iste tempestivum tempus est.*
Bias Prieneus dixit οἱ πλεῖστοι κακοί,
quod est Latinum ,plures hominum sunt mali'.
sed imperitos scite quos dixit malos.
Μελέτη τὸ πᾶν *est Periandri Corinthii,*
esse meditationem totum qui putat.
Ἄριστον μέτρον *esse dixit Lindius*
Cleobulus, hoc est ,optimus cunctis modus.'
Thales <et> ἐγγύα· πάρα δ' ἄτα *protulit,*
spondere qui nos, noxa quia praesto est, vetat.
hoc nos monere faeneratis non placet.
dixi; recedam. legifer venit Solon.

SOLON

De more Graeco prodeo in scaenam Solon,
septem sapientum fama cui palmam dedit.
sed fama non est iudicii severitas:
neque me esse primum <nec> vero imum existimo,
aequalitas quod ordinem nescit pati.
recte olim ineptum Delphicus iussit deus
quaerentem, quisnam primus sapientum foret,
ut in orbe tereti nomina septem incideret,
ne primus esset ne vel imus quispiam.

Sie pflegen ihre Worte aufzusagen,
die ein jeder als ein kluger Mann als erster gefügt hat.
Ihr kennt sie in der Tat, welche es sind. Aber wenn die Erinnerung
an alte Dinge nun einmal hinkt: Der Spielführer wird kommen,
der sie ausführlicher entfalten wird, die mir zu wenig im Gedächtnis sind.

DER SPIELFÜHRER

In Delphi schrieb der Athener Solon, so geht die Kunde,
γνῶθι σεαυτόν, was auf Lateinisch heißt: Erkenne Dich selbst.
Viele glauben, dass dies ein Wort des Lakoniers Chilon ist.
Chilon aus Sparta, ob dies dein Spruch ist oder nicht, sind sie auch unsicher,
den man Dir zuweist: ὅρα τέλος μακροῦ βίου,
der befiehlt, das Ende eines langen Lebens zu betrachten.
Viele glauben, dass diesen Satz Solon dem Kroisos gesagt habe.
Und Pittakos, der Lesbier, hat gesagt, so geht die Kunde:
Γίγνωσκε καιρόν; er befiehlt, dass Du den Zeitpunkt erkennen sollst.
Aber καιρός, das ist „der rechte Zeitpunkt".
Bias von Priene hat gesagt: οἱ πλεῖστοι κακοί,
was auf Lateinisch heißt: Die Mehrzahl der Menschen ist schlecht.
Aber wisse, dass es die Unerfahrenen sind, die er schlecht genannt hat.
Μελέτη τὸ πᾶν, das ist das Wort Perianders von Korinth:
Der glaubt, dass Nachdenken alles vermöge.
Ἄριστον μέτρον lehrt von Lindos
Kleobulos; das heißt: Das Beste ist in allem das Maß.
Thales aber brachte vor: ἐγγύα, πάρα δ' ἄτα.
Der uns zu bürgen verbietet, weil das Schaden bringt.
Dass uns dieses Wort warnt, missfällt den Wucherern.
Ich habe gesprochen, nun werde ich zurücktreten, es kommt Solon, der [Gesetzgeber.

SOLON

In griechischer Weise betrete ich, Solon, diese Bühnenfront,
dem unter den Sieben Weisen der Ruhm die Siegespalme gab.
Aber der Ruhm ist nicht die Strenge des gerechten Urteils.
Denn ich glaube auch nicht, dass ich der erste bin, sondern nur einer,
weil Gleichheit keine Rangordnung zu dulden versteht.
Zu Recht hat einst der Gott von Delphi einem Toren befohlen,
der fragte, wer denn der Erste unter den Weisen sei,
dass er auf einen ebenmäßigen Kreis den Kranz der Namen schreiben solle,
damit es keinen Ersten, damit es auch keinen Letzten gebe.

eorum e medio prodeo gyro Solon,
ut quod dixisse Croeso regi existimor,
id omnis hominum secta sibi dictum putet.
Graece coactum ὅρα τέλος μακροῦ βίου.
quod longius fit, si Latine edisseras.
spectare vitae iubeo cunctos terminum;
proinde miseros aut beatos dicier,
eventa quod sunt semper ancipiti statu.
id adeo sic est. si queam, paucis loquar.

rex, an tyrannus, Lydiae Croesus fuit,
sibi beatus, dives insanum in modum,
lateribus aureis templa qui divis dabat.
is me evocavit. venio dicto oboediens,
meliore ut uti rege possint Lydii.
rogat beatum prodam, si quem noverim.
Tellena dico, civem non ignobilem:
pro patria pugnans iste vitam abiecerat.
despexit, alium quaerit. inveni Aglaum:
fines is agelli proprii numquam excesserat.
at ille ridens, ,quo dein me ponis loco,
beatus orbe toto qui solus vocor?'
spectandum dico terminum vitae prius,
tum iudicandum, si manet felicitas.
dictum moleste Croesus †accepit. ego†
relinquo regem. bellum ille in Persas parat.
profectus, victus, vinctus, regi deditus.
†at ille captans funeris instar sui,†
****
qua flamma totum se per ambitum dabat
volvens in altum fumidos aestu globos.
ac paene sero Croesus ingenti sono,
,o vere vates', inquit, ,o Solon, Solon!'
clamore magno ter Solonem nuncupat.
qua voce Cyrus motus exstingui iubet
gyrum per omnem et destrui ardentem pyram.
et commodum profusus imber nubibus
repressit ignem. Croesus ad regem ilico
†per ministrorum† ducitur lectam manum.
interrogatus quem Solonem diceret
et quam ciendi causam haberet nominis,
seriem per omnem cuncta regi edisserit.

Mitten aus deren Kreis trete ich nun hervor, Solon,
damit, was ich einst dem König Kroisos gesagt haben soll,
ebendies das ganze Menschengeschlecht sich gesagt glaube.
Auf Griechisch heißt es, knapp gedrängt: ὅρα τέλος μακροῦ βίου.
Was länger wird, wenn man es auf Lateinisch sagt:
Ich befehle allen, auf das Ende des Lebens zu schauen.
Deswegen, jemanden unglücklich oder glücklich zu nennen,
das vermeide, weil er sich stets im Ungewissen befindet.
Dies ist so. Wenn ich kann, will ich es mit wenigen Worten kurz darlegen.

Der König, Tyrann vielmehr, Lydiens, Kroisos war
unter diesen Glücklichen, reich bis zu einem irrsinnigen Maße,
der den Göttern Tempel baute mit goldenen Wänden.
Er rief mich zu sich. Ich komme, seinem Wort gehorchend,
damit die Lydier einen besseren König haben könnten.
Er bittet mich, ihm einen Glücklichen zu nennen, wenn ich einen kennte.
Den Telles nenne ich, einen recht edlen Bürger:
Dieser hatte im Kampfe für sein Vaterland sein Leben hingegeben.
Er sah abschätzig, fragt nach einem anderen: Ich fand den Aglaos:
Er hatte niemals die Grenzen seines eignen Ackerländchens überschritten.
Aber jener unter Lachen: „An welche Stelle setzt Du dann mich,
der ich glücklich genannt werde als einziger auf der ganzen Erde?"
„Ich sage, dass man zuvor auf das Ende eines Lebens achten muss:
Dann erst darf man urteilen, wenn das Glück Bestand hat."
Kroisus ärgert sich über dieses Wort. Ich
verlasse den König. Jener rüstet Krieg gegen die Perser.
Ins Feld gezogen, bezwungen, gefesselt, dem König übergeben
steht jener da, ein Bild schon seines Scheiterhaufens vor Augen,
*****
da die Flamme schon sich über den ganzen Raum ausbreitete,
Rauchschwaden mit Glut in die Höhe wälzend.
Und fast zu spät schon sprach Kroisos mit mächtiger Stimme:
„O Solon, Solon, ein wahrer Prophet!"
Mit mächtigem Ruf ließ er dreimal „Solon" ertönen.
Von welchem Klang Kyros bewegt befahl, auszulöschen
ringsum und zu zerstreuen den brennenden Scheiterhaufen:
Und bequemerweise ergoss sich ein Regenschauer aus den Wolken
und löschte das Feuer. Sogleich wird Kroisos zum König
geführt durch eine ausgewählte Soldatenschar;
er wird befragt, von welchem Solon er gesprochen habe
und welchen Grund er habe, diesen Namen zu nennen.
Der Reihe nach berichtete er dem König alles.

miseratur ille vimque fortunae videns
laudat Solonem, Croesum <inde> in amicis habet
vinctumque pedicis aureis secum iubet
reliquum quod esset vitae totum degere.

ergo duorum regum testimonio
laudatus et probatus ambobus fui.
quodque uni dictum est, quisque sibi dictum putet.

ego iam peregi, qua de causa huc prodii.
venit ecce Chilon. vos valete et plaudite.

CHILON

Lumbi sedendo, oculi spectando dolent,
manendo Solonem, quoad sese recipiat.
hui pauca quam diu locuntur Attici!
unam trecentis versibus sententiam
tandem peregit meque respectans abit.
Spartanus ego sum Chilon, qui nunc prodeo.
brevitate nota, qua Lacones utimur,
commendo nostrum γνῶθι σεαυτόν – *nosce te* –
quod in columna iam tenetur Delphica.
labor molestus iste fructi est optimi,
quid ferre possis quidve non dinoscere,
noctu diuque quae geras, quae gesseris,
ad usque puncti tenuis instar quaerere.
officia cuncta, pudor, honor, constantia
in hoc et illa spreta nobis gloria.
dixi. valete memores. plausum non moror.

CLEOBULUS

Cleobulus ego sum, parvae civis insulae,
magnae sed auctor qua cluo sententiae,
ἄριστον μέτρον *quem dixisse existimant.*
interpretare tu, qui orchestrae proximus
gradibus propinquis in quattuordecim sedes:
ἄριστον μέτρον *an sit optimus modus*
dic. annuisti; gratiam habeo. persequar
per ordinem. iam dixit ex isto loco
Afer poeta vester ‚ut ne quid nimis'

Jener empfindet Mitleid und, weil er die Macht des Glücks sieht,
lobt er Solon: Von da an zählt er Kroisos unter seine Freunde
und befiehlt ihm, mit einer goldenen Fußfessel gebunden, mit ihm,
was von seinem Leben noch übrig ist, ganz zu verbringen.

Ich aber war durch das Zeugnis zweier Könige
hoch gelobt, und beide hatten es gebilligt.
Und was einem gesagt worden ist, das soll jeder sich gesagt sein lassen.

Ich bin am Ende damit, weshalb ich hier aufgetreten bin.
Seht, Chilon kommt. Ihr lebt wohl und spendet Beifall.

CHILON

Die Lenden schmerzen schon vom Sitzen, die Augen vom Zuschauen,
vom Warten auf Solon, bis er sich zurückzieht.
Owei, über wie wenig reden die Athener so lange !
In dreihundert Versen hat er dieses eine Wort
endlich abgehandelt, und auf mich zurückblickend geht er fort.
Ich bin der Spartaner Chilon, der ich nun auftrete.
In bekannter Kürze, deren wir Lakonier uns bedienen,
empfehle ich mein Γνῶθι σεαυτόν, „Erkenne Dich“,
das schon in Delphi an einer Säule steht.
Eine lästige Mühe ist's, doch bringt sie besten Ertrag,
zu unterscheiden, was Du ertragen kannst oder was nicht;
nachts und tags, was Du tust, was Du getan hast,
bis hin zum feinsten Punkt zu erforschen.
Alle Pflichten, Scham, Ehre, Beständigkeit
liegen darin, und ein uns verächtlicher Ruhm.
Ich habe gesprochen, lebt wohl, dessen eingedenk; auf Beifall wart' ich [nicht.

KLEOBULOS

Ich bin Kleobulos, Bürger einer kleinen Insel,
aber Autor, wie ich höre, eines großen Spruchs:
Ἄριστον μέτρον soll ich gesagt haben, glauben sie.
Übersetze du es, der du nächst der Bühne
auf den ersten vierzehn Stufen sitzt:
Ἄριστον μέτρον, ob das Maß das Beste ist?
Sag ! Du hast genickt. Ich danke dir. Ich werde nun ordnungsgemäß
fortfahren. Von dieser Stelle aus hat auch schon
euer Dichter Afer gesagt: „Nur nicht allzu sehr“,

et noster quidam μηδὲν ἄγαν *huc pertinet*
uterque sensu, Italus seu Dorius.
fandi tacendi somni vigiliae est modus,
beneficiorum gratiarum iniuriae
studii laborum: vita in omni quicquid est,
istum requirit optimae pausae modum.

dixi, recedam; sit modus. venit Thales.

THALES

Milesius Thales sum, aquam qui principem
rebus creandis dixi, ut vates Pindarus.
.... (Verse ausgefallen, ergänze „den Dreifuß“)
dedere piscatores extractum mari.
namque hi iubente Delio me legerant,
quod ille munus hoc sapienti miserat.
ego recusans non recepi et reddidi
ferendum ad alios quos priores crederem.
dein per omnes septem sapientes viros
missum ac remissum rursus ad me deferunt.
ego receptum consecravi Apollini.
nam si sapientem deligi Phoebus iubet,
non hominem quemquam, sed deum credi decet.
is igitur ego sum. causa sed in scaenam fuit
mihi prodeundi quae duobus ante me,
assertor ut sententiae fierem meae.
ea displicebit, non tamen prudentibus,
quos docuit usus et peritos reddidit.
<en> ἐγγύα· πάρα δ’ ἄτα *Graece dicimus;*
Latinum est ‚sponde; noxa <sed> praesto tibi.‘
per mille possem currere exempla ut probem
praedes vadesque paenitudinis reos,
sed nolo nominatim quemquam dicere.
sibi quisque vestrum dicat et secum putet,
spondere quantis damno fuerit et malo.
gratum hoc officium maneat, ambobus tamen.
pars plaudite ergo, pars offensi explodite.

und einer von uns: μηδὲν ἄγαν. Darauf bezieht sich
beider Worte Sinn, ob Italisch oder Dorisch,
im Reden, Schweigen, Schlafen, Wachen gibt es ein Maß,
im Wohltun, im Dank Erweisen, im Unrechttun,
im Streben und in den Mühsalen; was immer es im ganzen Leben gibt,
das erfordert der besten Pause Maß.

Ich habe gesprochen, ich werde mich zurückziehen: Es herrsche Maß.
[Es kommt Thales.

THALES

Thales von Milet bin ich: der ich das Wasser als Ursprung
für die Entstehung aller Dinge benannt habe, wie der Dichter Pindar.
.... *(Verse ausgefallen, ergänze „den Dreifuß")*
gaben mir Fischer, nachdem sie ihn aus dem Meer gezogen hatten.
Denn sie hatten mich ausgewählt auf Befehl Apolls,
weil jener dem Weisen diesen als Geschenk bestimmt hatte.
Ich aber weigerte mich, nahm ihn nicht an und gab ihn zurück,
ihn Anderen zu bringen, die ich für mir überlegen hielt.
Dann aber, nachdem er allen Sieben Weisen
zugesandt und wieder zurückgeschickt worden war, bringen sie ihn wieder
ich nahm ihn an und weihte ihn dem Apoll; [zu mir,
denn wenn Phoebus befiehlt, ein Weiser solle ausgewählt werden,
so ist es angemessen, dass man nicht einen Menschen, sondern Gott dafür
Der also bin ich. Aber der Grund für meinen Auftritt hier [hält.
auf die Bühnenfront ist derselbe wie für die beiden vor mir,
dass ich ein Verteidiger meines Wortes werde.
Es wird missfallen, freilich nicht den Klugen,
die der Gebrauch schon gelehrt und erfahren gemacht hat.
Wohlan, ἐγγύα, πάρα δ' ἄτα, sagen wir auf Griechisch:
Lateinisch heißt das: Bürge, und schon hast Du Deinen Schaden.
An tausenden von Beispielen könnte ich es zeigen, um vorzuführen
Beutemacher und Bürgen, der Reue angeklagt;
aber ich will keinen namentlich nennen.
Ein jeder von euch mag mit sich zu Rate gehen und errechnen,
wie vielen schon eine Bürgschaft Schaden und Übel brachte.
Den Nichtsnutzen bleibt dieses Geschäft gleichwohl willkommen.
Ein Teil von Euch spende also Beifall, der andere – beleidigt – buhe mich
[aus.

Bias

Bias Prieneus <sum>; dixi οἱ πλεῖστοι κακοί:
Latine dictum suspicor ,plures mali.'
dixisse nollem: veritas odium parit.
malos sed imperitos dixi et barbaros,
qui ius <et> aequum <et> sacros mores neglegunt.
nam populus iste, quo theatrum cingitur,
totus bonorum est. hostium tellus habet,
dixisse quos me creditis, plures malos.
sed nemo quisquam tam malus iudex fuat
quin iam bonorum partibus se copulet.
sive ille vere bonus est seu dici studet,
iam fugit illud nomen invisum mali.
abeo. valete et plaudite, plures boni.

Pittakos

Mitylena <ego> ortus Pittacus sum Lesbius,
γίγνωσκε καιρὸν *qui docui sententiam.*
sed iste καιρός, *tempus ut noris, monet*
et esse καιρὸν *tempestivum quod vocant.*
Romana sic est vox, ,venite in tempore.'
vester quoque ille comicus Terentius
rerum omnium esse primum tempus autumat,
ad Antiphilam quom venerat servus Dromo
nullo impeditam, temporis servans vicem.
reputate cuncti, quotiens offensam incidat
spectata cui non fuerit opportunitas.
tempus me abire, molestus ne sim: plaudite.

Periandros

Ephyra creatus huc Periander prodeo,
μελέτη τὸ πᾶν *qui dixi et dictum <iam> probo,*
meditationem esse omne quod recte geras.
is quippe solus rei gerendae est efficax,
meditatur omne qui prius negotium.
adversa rerum vel secunda praedicat
meditanda cunctis comicus Terentius.
aedes locare, bellum gerere aut ponere,

Bias

Was ich, Bias von Priene, sprach: οἱ πλεῖστοι κακοί,
lautet lateinisch, wie ich vermute: Die Mehrzahl ist schlecht.
Ich hätte das nicht sagen wollen: Die Wahrheit gebiert Hass.
Aber ich habe „schlecht" genannt die Unerfahrenen und die Barbaren,
die Recht und Gesetz und fromme Sitten vernachlässigen.
Denn dieses Volk, von dem der Theaterraum umschlossen wird,
besteht ganz und gar aus Guten. Das Feindesland trägt
die schlechte Mehrzahl, die habe ich gemeint, glaubt mir!
Aber keiner sei so ein schlechter Richter,
dass er sich nicht auf die Seite der Guten schlägt,
sei es, dass er wirklich gut ist, sei es, dass er sich bemüht, so genannt zu werden.
Und schon ist jener verhasste Name „ein Schlechter" entschwunden.
Ich gehe ab. Lebt wohl und spendet Beifall, ihr in der Mehrzahl Guten.

Pittakos

In Mytilene bin ich geboten, der Lesbier Pittakos,
der ich den Spruch lehrte: Γίγνωσκε καιρόν.
Aber dieser καιρός mahnt dazu, die Zeit zu kennen,
und dass καιρός ist, was sie „rechtzeitig" nennen.
So gibt es die römische Redewendung: „Komme zur rechten Zeit!"
Auch euer Komödiendichter Terenz
behauptet, von allen Dingen das erste sei die Zeit,
als der Sklave Dromo zu Antiphila gekommen war,
die von nichts behindert war, sorgfältig den Lauf der Zeit beachtend.
Berechnet nun alle, wie oft in Ungnade fällt,
wer nicht den rechten Zeitpunkt ausersehen hat.
Die Zeit mahnt, euch nicht lästig zu sein. Spendet Beifall.

Periandros

In Ephyra geboren, trete ich, Periander, hier auf,
der ich Μελέτη τὸ πᾶν gesagt habe und mein Wort nun beweise,
dass nämlich Nachdenken alles sei, was du in rechter Weise tust.
Der freilich ist allein wirkungsvoll in seinem Handeln,
der zuvor die ganze Angelegenheit bedenkt.
Unglück oder Glück in den Dingen zu bedenken,
empfiehlt der Komödiendichter Terenz allen.
Ein Haus zu vermieten, Krieg zu führen oder zu beenden,

magnas modicasque res, etiam parvas quoque
agere volentem semper meditari decet.
nam segniores omnes in coeptis novis,
meditatio si rei gerendae defuit.
nil est quod ampliorem curam postulet
quam cogitare quid gerendum sit dehinc.
incogitantes fors, non consilium, regit.
meditamini ut vestram rem curetis probe;
sed ego me †ad patres[2]*† iam recipio. plaudite.* 229

[2] Die deutsche Übersetzung folgt jedoch der Lesart *ad partes*.

wer große und mäßige Angelegenheiten, auch kleine sogar
tun will, dem steht es wohl an, stets nachzudenken.
Denn träger wird jeder bei neuen Unternehmungen,
wenn das rechte Nachdenken über die Sache gefehlt hat.
Nichts gibt es, was größere Sorgfalt erfordert,
als nachzudenken, was man tun soll. Daher
beherrscht die Unbedachten das Geschick, nicht der kluge Plan.
Ihr sollt dafür sorgen, dass ihr euren Staat richtig führt.
Aber ich ziehe mich schon auf die Seite zurück. Spendet Beifall.

Abgekürzt zitierte Literatur

Texteditionen

A. BERTINI MALGARINI, ΑΡΧΑΙΩΝ ΦΙΛΟΣΟΦΩΝ ΓΝΩΜΑΙ ΚΑΙ ΑΠΟΦΘΕΓΜΑΤΑ, in: Elenchos 5 (1984) 155-200

J.FR. BOISSONADE, Anecdota Graeca e codicibus regiis, I, Paris 1829, Nachdruck Hildesheim 1962

W. BRUNCO, Zwei lateinische Spruchsammlungen, Progr. Königl. Bayer. Studienanstalt Bayreuth 1885, 1-44

H. CHADWICK, The Sentences of Sextus, Cambridge 1959

A. DELATTE, Les sentences des sept sages du manuscrit d'Athènes 1070, in: Miscellanea G. Galbiati, Milano 1951, 13-18

H. DIELS, Die Fragmente der Vorsokratiker, hrsg. v. W. KRANZ, Zürich/ Hildesheim ¹⁸1989 (unveränderter Nachdruck der 6. Auflage 1951)

W. DITTENBERGER, Sylloge inscriptionum Graecarum, 4 Bd., Leipzig ³1915-1924

J.W. – A.M. DUFF (eds.), Latin minor poets, Cambridge (Mass.)/London 1935, Nachdruck 1982

M.-O. GOULET-CAZÉ u.a., Diogène Laërce, Vies et doctrines des philosophes illustres (Le livre de poche), ohne Ort 1999

R.P.H. GREEN, The Works of Ausonius. Edited with Introduction and Commentary, Oxford 1991

S. JAEKEL, Menandri Sententiae, Leipzig 1964

M. MARCOVICH (ed.), Diogenes Laertius, vitae philosophorum, vol. I, libri I-X (BT), Stuttgart/Leipzig 1999

A. MEINEKE, Iohannis Stobaei Florilegium, vol. IV, Leipzig 1857

R. MERKELBACH/J. STAUBER, Jenseits des Euphrat. Griechische Inschriften, München/Leipzig 2005

I.C. ORELLI, Opuscula Graecorum veterum sententiosa et moralia, I-II, Leipzig 1819-1821

B.E. PERRY, Aesopica, Urbana 1952

D. YOUNG, Theognis (BT), Leipzig 1961

C. WACHSMUTH/O. HENSE (edd.), Ioannis Stobaei Anthologium, Berlin 1894-1912

F. WEHRLI (Hrsg.), Die Schule des Aristoteles, Heft III Klearchos, Basel/ Stuttgart 1948, [2]1969; Heft IV Demetrios von Phaleron, Basel/Stuttgart 1949, [2]1968; Suppl. II Sotion, Basel/Stuttgart 1978

E. WOELFFLIN, L. Annaei Senecae Monita et eiusdem morientis extremae voces, Erlangen 1878

E. WÖLFFLIN, Sprüche der sieben Weisen, SB Bayer. Akad., philos.-philol. u. hist. Cl., 1886, 287-298

Sonstige Literatur

G.J.D. AALDERS, Political Thought in Plutarch's Convivium Septem Sapientium, in: Mnemosyne 30 (1977) 28-39

B. ALSTER, Väterliche Weisheit in Mesopotamien, in: ASSMANN 1991, 103-115

B. ALSTER, Proverbs from Ancient Mesopotamia, in: Proverbium 10 (1993) 1-19

A. ASSMANN (Hrsg.), Weisheit (Archäologie der Kommunikation 3), München 1991

O. BARKOWSKI, Art. „Sieben Weise", in: RE II 2 (1923) 2255-2261

K. BERGER, Hellenistische Gattungen im Neuen Testament, in: ANRW II 25.2 (1984) 1031-1883

M.W. BLUNDELL, Helping Friends and Harming Enemies. A Study in Sophocles and Greek Ethics, Cambridge 1989

W. DEN BOER, Private Morality in Greece and Rome (Mn.Suppl. 57), Leiden 1979

H. BOLKESTEIN, Wohltätigkeit und Armenpflege im vorchristlichen Altertum (1939). Nachdruck Groningen 1967

J. BOLLANSÉE, Fact an Fiction, Falsehood and Truth: D. Fehling and Ancient Legendry about the Seven Sages, in: MH 56 (1999) 65–75

W. BRANDES, Beiträge zu Ausonius. II. Der iambische Senar des Ausonius, insbesondere im Ludus septem sapientium (Wiss. Beil. zum Jahresbericht d. Herzogl. Gymnasium zu Wolfenbüttel 1895), Wolfenbüttel 1895

CH.L. BRIGGS, The Pragmatics of Proverb Performances in New Mexican Spanish, in: Amer. Anthropologist 87 (1985) 793–810

G. BRUNCO, De dictis VII sapientium a Demetrio Phalereo collectis, in: Acta Seminarii Philologici Erlangensis 3 (1884) 299-397

L. BRUIT ZAIDMAN, Le commerce des dieux, Paris 2001

H. BRUNNER, Altägyptische Weisheit, Zürich/München 1988

W. BÜHLER, Zur handschriftlichen Überlieferung der Sprüche der sieben Weisen, Nachr. der Akad. der Wiss. in Göttingen, philol.-hist. Kl., Göttingen 1989, Nr. 1, 1-36

W. BURKERT, Die Griechen und der Orient. Von Homer bis zu den Magiern, München ^{2}2004

A. BUSINE, Les sept sages de la Grèce antique. Transmission et utilisation d'un patrimoine légendaire d'Herodote à Plutarque, Paris 2002

P. COURCELLE, Connais-toi toi-même de Socrate à Saint Bernard (EAug), 3 Bd., Paris 1974 bzw. 1975

J. DEBUT, Les documents scolaires, in: ZPE 63 (1986) 251-278

J. DEFRADAS, Les thèmes de la propagande delphique, Paris ^{2}1972

M. DETIENNE, The Masters of Truth in Archaic Greece (orig. Paris 1967), New York 1996

A. DIHLE, Die Goldene Regel (SAW 7), Göttingen 1962

S. DJURIČ, Mosaic of Philosophers in an early Byzantine Villa at Nerodimlje, in: VI Cologuio internacional sobre mosaico antiguo, Palencia/ Mérida 1990, 123-134

K.J. DOVER, Greek Popular Morality in the time of Plato and Aristotle, Oxford 1974

N.CH. DÜHRSEN, Die Briefe der Sieben Weisen bei Diogenes Laertios. Möglichkeiten und Grenzen der Rekonstruktion eines verlorenen griechischen Briefromans, in: N. Holzberg (Hrsg.), Der griechische Briefroman. Gattungstypologie und Textanalyse, München 1994, 84–115

B.C. EWALD, Der Philosoph als Leitbild. Ikonographische Untersuchungen an römischen Sarkophagreliefs, Mainz 1999

D. FEHLING, Die sieben Weisen und die frühgriechische Chronologie, Bern/ Frankfurt a. M./New York 1985

R. FELDMEIER, Die Christen als Fremde (WUNT 64), Tübingen 1992

J. FERGUSON, Moral Values in the Ancient World, London 1958

J.T. FITZGERALD, The Problem of Perjury in Greek Context, in: L.M. White/O.L. Yarbrough (eds.), The Social World of the First Christians. FS W.A. Meeks, Philadelphia 1995, 156-177

H. FLASHAR (Hrsg.), Grundriss der Geschichte der Philosophie, begründet von Fr. Ueberweg, völlig neubearbeitete Ausgabe, Die Philosophie der Antike Bd. 3: Ältere Akademie – Aristoteles – Peripatos, Basel [2]2004, Bd: 4/1: Die hellenistische Philosophie, 1. Kap. Epikur, Basel 1994

R. FÜHRER, Zur handschriftlichen Anordnung der inschriftlichen 7-Weisen-Sprüche, in: ZPE 118 (1997) 153-161

H. GÄRTNER, Art. „Die Sieben Weisen", in: KlP V (1979) 177f

TH. GÄRTNER, Die sieben Weisen bei Sidonius Apollinaris und Laurentius von Durham, in: WS 115 (2002) 321-327

H. VON HEINTZE, Die erhaltenen Darstellungen der sieben Weisen, in: Gymnasium 84 (1977) 437-443

A. HILKA, Eine bisher unbekannte lateinische Übersetzung einer orientalischen Fassung der sieben weisen Meister (Mischle Sendabar) (Sammlung mittellateinischer Texte 4), Heidelberg 1912

K. HORNA, Art. „Gnome", in: RE Suppl. VI (1935) 74-87

M. HUYS, P.Oxy. 61.4099: A Combination of Mythographic Lists with Sentences of the Seven Wise Men, in: ZPE 113 (1996) 205-212

E.A. JUDGE, Ancient Beginnings of the Modern World, in: T.W. Hillard (ed.), Ancient History in a Modern University, vol. 2 Early Christianity, Late Antiquity and Beyond, Grand Rapids 1998, 468-482

J.FR. KINDSTRAND, Diogenes Laertius and the *Chreia* Tradition, in: Elenchos 7 (1986) 217-243

M. KÜCHLER, Frühjüdische Weisheitstraditionen (OBO 26), Fribourg/Göttingen 1979

F. LEO, Rez. W. Brandes, Beiträge zu Ausonius, in: GGA 158 (1896) 778-792

M.J. LOSSAU (Hrsg.), Ausonius (WdF 652), Darmstadt 1991

P. MARSHALL, Enmity in Corinth (WUNT II 23), Tübingen 1987

H. MARTI, Zeugnisse zur Nachwirkung des Dichters Terenz im Altertum, in: U. Reinhardt/K. Sallmann (Hrsg.), Musa iocosa. Festschrift Andreas Thierfelder, Hildesheim/New York 1974, 158-178

R. MARTIN, The Seven Sages as Performers of Wisdom, in: C. Dougherty/L. Kurke (eds.), Cultural Poetics in Archaic Greece: Cult, Performance, Politics, Cambridge 1993, 108–28

H.-P. MATTHYS/R. HEILIGENTHAL, Art. „Goldene Regel", in: TRE 13 (1984) 570-575

CH. MEIER, Die Entstehung einer autonomen Intelligenz bei den Griechen, in: Sh.N. Eisenstadt (Hrsg.), Kulturen der Achsenzeit [...], Bd. 1, Frankfurt a. M. 1987, 89–127

H.J. METTE, ΜΗΔΕΝ ΑΓΑΝ, München 1933

J.D. MIKALSON, Athenian Popular Religion, Chapel Hill/London 1983

T. MORGAN, Literate Education in the Hellenistic and Roman Worlds, Cambridge 1998

A. MOSSHAMMER, The Epoch of the Seven Sages, in: Calif. Stud. in Class. Antiqu. 9 (1976) 165-180

A.K. NARAIN, On the Foundation and Chronology of Ai-Khanum: a Greek-Bactrian City, in: G. Pollet (ed.), India and the Ancient World (Orientalia Lovaniensia Analecta 25), Leuven 1987, 115-130

H.F. NORTH, Sophrosyne, Ithaka 1966

A.N. OIKONOMIDES, The Lost Delphic Inscription with the Commandments of the Seven and P.Univ. Athen. 2782, in: ZPE 37 (1980) 179-183

A.N. OIKONOMIDES, Records of „*The Commandments of the Seven Wise Men*“ in the 3rd c. B.C., in: CB 63 (1987) 67–76

L. PEARSON, Popular Ethics in Ancient Greece, Stanford (Cal.) 1962

R. PINTAUDI/P.J. SIJPESTEIJN, Ostraka di contenuto scolastico provenienti da Marmuthis, in: ZPE 76 (1989) 85-94

M. REISER, Erkenne dich selbst, in: TThZ 101 (1992) 81-100

M. REISER, Love of Enemies in the Context of Antiquity, in: NTS 47 (2001) 411-427

G.M.A. RICHTER, The Portraits of the Greeks, I, London 1965

L. ROBERT, De Delphes à l'Oxus. Inscriptions Grecques nouvelles de la Bactriane, in: CRAI 1968, 416-457

W. RÖSLER, Die Sieben Weisen, in: ASSMANN 1991, 357–65

A. SANTONI, Temi e motivi di interesse socio-economico nella leggenda dei ‚Sette Sapienti‘, ASNSP.L ser. III 13 (1983) 91-160

W. SCHADEWALDT, Der Gott von Delphi und die Humanitätsidee, in: DERS., Hellas und Hesperien I, Zürich/Stuttgart 1970, 669-685 bzw. Der Gott von Delphi, Frankfurt a. M. 1975, 9-31

E.G. SCHMIDT, Bemerkungen zu den Gedichten des Ausonius, in: StudClas 3 (1961) 413-420

L. SCHMIDT, Die Ethik der alten Griechen, Berlin 1882, 2 Bd., Nachdruck Stuttgart-Bad Cannstatt 1964

W. SCHMITZ, Griechische und nahöstliche Spruchweisheit. Die *Erga kai hemerai* Hesiods und nahöstliche Weisheitsliteratur, in: R. Rollinger/Chr. Ulf (Hrsg.), Griechische Archaik. Interne Entwicklungen – externe Impulse, Berlin 2004, 311–333

F. SCHULTZ, Die sprüche der delphischen Säule, in: Philologus 24 (1866) 193-226

E. SCHWARTZ, Ethik der Griechen (Vorlesungsnachschrift, hrsg. von Will Richter), Stuttgart 1951

B. SNELL, Mahnung zur Tugend, in: Ders., Die Entdeckung des Geistes, Hamburg ³1955, 218-257

B. SNELL, Zur Geschichte vom Gastmahl der Sieben Weisen (1954), in: Ders., Gesammelte Schriften, Göttingen 1966, 115-118

B. SNELL, Leben und Meinungen der Sieben Weisen, München 1938, ³1952, ⁴1971. It. Neuausgabe von M. RAMELLI, I Sette Sapienti, vite e opinioni, Mailand 2005

J. STANJEK, Quaestionum de sententiarum septem sapientium collectionibus pars I, Breslau 1891

R. STRÖMBERG, Griechische Sprichwörter, Göteborg 1961

Ch.M. TERNES, Griechische Weisheit im Werk des Ausonius, in: LOSSAU (Hrsg.) 1991, 81-99

H. TRÄNKLE, ΓΝΩΘΙ ΣΕΑΥΤΟΝ, in: WJfA 10 (1984) 19-31

K. TREU, Art. „Freundschaft“, in RAC 8 (1972) 418-435

M. TZIATZI-PAPAGIANNI, Die Sprüche der sieben Weisen. Zwei byzantinische Sammlungen (Beitr. zur Altertumskunde 51), Stuttgart/Leipzig 1994

M. TZIATZI-PAPAGIANNI, Eine gekürzte Fassung der delphischen Sprüche der 7 Weisen, in: Hermes 125 (1997) 309-329

F. WEHRLI, ΛΑΘΕ ΒΙΩΣΑΣ, Leipzig/Berlin 1931

F. WEHRLI, Gnome, Anekdote und Biographie, in: MH 30 (1973) 193-208

U. VON WILAMOWITZ-MOELLENDORFF, Erkenne dich selbst, in: ders., Reden und Vorträge II, Berlin ⁴1926, 171-189

E. G. WILKINS, The Delphic Maxims in Literature, Chicago 1929

D. ZELLER, Die weisheitlichen Mahnsprüche bei den Synoptikern (FzB 17), Würzburg ²1983

D. ZELLER, Die Worte der Sieben Weisen und die neutestamentliche Paränese, in: H. Bürkle (Hrsg.), Grundwerte menschlichen Verhaltens in den Religionen (Religionswissenschaft 6), Frankfurt a. M. usw. 1993, 89-100

D. ZELLER, Selbstbezogenheit und Selbstdarstellung in den Paulusbriefen, in: TThQ 196 (1996) 40-52